全国高等职业教育财经类精品规划教材

会计职业基础实训教程

- 主　编　王志辉　彭　珊　张　静
- 副主编　施　颖　杨　哲　游运芝
　　　　　左嘉旋　袁　美

电子工业出版社
Publishing House of Electronics Industry
北京·BEIJING

内容简介

本书是《会计职业基础——"教、学、做"一体化实用教程》的配套实训用书，包含三个模块内容：分项目练习与实训、综合模拟实训和附录。所有实训内容体现系统性、完整性。学生通过对两个公司三个月的经济业务全盘会计处理的学习，可快速提升实践能力，达到举一反三的目的，为后续课程学习奠定扎实基础。

本书适合作为高职院校或本科院校财经类专业实践用教材，也可作为经济管理人员培训教材和参考资料。

未经许可，不得以任何方式复制或抄袭本书之部分或全部内容。
版权所有，侵权必究。

图书在版编目（CIP）数据

会计职业基础实训教程 / 王志辉，彭珊，张静主编．— 北京：电子工业出版社，2020.10
ISBN 978-7-121-39831-5

Ⅰ．①会⋯ Ⅱ．①王⋯ ②彭⋯ ③张⋯ Ⅲ．①会计学－高等职业教育－教材 Ⅳ．① F230

中国版本图书馆 CIP 数据核字（2020）第 205475 号

责任编辑：祁玉芹
印　　刷：中国电影出版社印刷厂
装　　订：中国电影出版社印刷厂
出版发行：电子工业出版社
　　　　　北京市海淀区万寿路 173 信箱　邮编：100036
开　　本：787×1092　1/16　印张：24.25　字数：575 千字
版　　次：2020 年 10 月第 1 版
印　　次：2021 年 3 月第 2 次印刷
定　　价：59.80 元

凡所购买电子工业出版社图书有缺损问题，请向购买书店调换。若书店售缺，请与本社发行部联系，联系及邮购电话：（010）88254888，88258888。

质量投诉请发邮件至 zlts@phei.com.cn，盗版侵权举报请发邮件至 dbqq@phei.com.cn。
本书咨询联系方式：qiyuqin@phei.com.cn。

前言

本书是《会计职业基础——"教、学、做"一体化实用教程》的配套实训用书，包含三个模块内容：分项目练习与实训、综合模拟实训和附录。

分项目练习与实训部分紧扣教材内容，用于对学习任务的巩固。其中项目三到项目七以长沙李氏家具有限公司2019年12月发生的经济业务为例，完成从记账凭证填制到会计账簿登记、对账、结账、会计报表编制的全部处理。

综合模拟实训部分应安排在完成各项目教学，根据长沙远东服饰有限公司2020年12月发生的经济业务，由学生独立完成从记账凭证填制到会计账簿登记、对账、结账、会计报表编制全盘经济业务的处理。

附录是长沙远东服饰有限公司2019年12月发生经济业务的原始凭证，在教材项目三任务三填制制造企业主要经济业务记账凭证教学过程中使用。项目三填制的记账凭证是项目四登记会计账簿的依据，项目四登记的会计账簿是项目五对账和结账，以及项目六编制财务报表的依据。

学生通过对两个公司、三个月经济业务的全盘会计处理，可快速提升实践能力，达到举一反三的目的，为后续课程学习奠定扎实基础。

本书由长沙商贸旅游职业技术学院会计专业教学团队、邵阳职业技术学院、湖南有色金属职业技术学院、湖南水利水电职业技术学院、娄底职业技术学院的老师和湖南中德安普大数据网络科技有限公司合作开发。教材和实训教程中的实训案例与"专一网"新商科实理教一体化平台课程实训中的《基础会计综合实训》同步，可线上、线下混合教学。

本书由王志辉、彭珊、张静任主编，施颖、杨哲、游运芝、左嘉旋、袁美任副主编，冯云、欧亦兰、胡文艳、刘璐宁、龚娜、杜雪花、李莉莉、周睿、武美玲、邓小华、常惠等参与编写。

由于时间仓促和作者水平有限，不足之处在所难免，敬请广大读者批评指正。

编者
2020年8月

目录

▶ **模块一　分项目练习与实训　/ 1**

　　项目一　　会计职业入门认知　　/ 1

　　项目二　　填制和审核原始凭证　　/ 6

　　项目三　　填制和审核记账凭证　　/ 19

　　项目四　　设置和登记会计账簿　　/ 106

　　项目五　　对账和结账　　/ 132

　　项目六　　编制财务报表　　/ 147

　　项目七　　选择和应用账务处理程序　　/ 161

　　项目八　　整理和保管会计档案　　/ 181

　　测试题一　　/ 184

　　测试题二　　/ 187

　　测试题三　　/ 196

▶ **模块二　综合模拟实训　/ 204**

▶ **附录　/ 301**

模块一　分项目练习与实训

项目一　会计职业入门认知

一、单项选择题

1. 会计的基本职能是（　　　　）。
   A. 核算与决策　　　　　　　　B. 核算与监督
   C. 分析与监督　　　　　　　　D. 预测与决策

2. （　　　　）是会计确认、计量和报告的空间范围。
   A. 持续经营　　　　　　　　　B. 会计分期
   C. 会计主体　　　　　　　　　D. 货币计量

3. 会计核算采用的主要计量单位是（　　　　）。
   A. 货币计量单位　　　　　　　B. 空间计量单位
   C. 劳动计量单位　　　　　　　D. 实物计量单位

4. "会计"一词最早出现在（　　　　）。
   A. 唐朝　　　　　　　　　　　B. 西周
   C. 宋朝　　　　　　　　　　　D. 明末清初

5. 唐宋时期我国发明了（　　　　）的结账和报账方法。
   A. 龙门账　　　　　　　　　　　　B. 四柱清册
   C. 天地合账　　　　　　　　　　　D. 复式记账

6. 四柱清册的关系是（　　　　）。
   A. 旧管＋新收－开除＝实在　　　　B. 旧管＋新收＋开除＝实在
   C. 进－该＝缴－存　　　　　　　　D. 进－缴＝存－该

7. 在我国国民经济核算中，将（　　　　）视同为第三产业。
   A. 制造企业　　　　　　　　　　　B. 商品流通企业
   C. 服务企业　　　　　　　　　　　D. 物流运输企业

8. 负责办理企业现金收付和结算业务是指企业的（　　　　）。
   A. 会计机构负责人岗位　　　　　　B. 出纳岗位
   C. 工资核算岗位　　　　　　　　　D. 资金核算岗位

9. 我国的会计年度是指（　　　　）。
   A. 公历1月1日至12月31日　　　　B. 公历4月1日至次年3月31日
   C. 公历7月1日至次年6月30日　　D. 公历10月1日至次年9月30日

10. 复式记账属于（　　　　）。
    A. 会计核算方法　　　　　　　　　B. 会计监督方法
    C. 会计分析方法　　　　　　　　　D. 会计预测方法

二、多项选择题

1. 下列属于会计核算基本前提的是（　　　　）。
   A. 持续经营　　　　　　　　　　　B. 会计分期
   C. 会计主体　　　　　　　　　　　D. 货币计量

2. 会计核算中采用的计量单位包括（　　　　）。
   A. 货币计量单位　　　　　　　　　B. 空间计量单位
   C. 劳动计量单位　　　　　　　　　D. 实物计量单位

3. 下列能作为会计主体的有（　　　　）。
   A. 企业　　　　　　　　　　　　　B. 企业集团
   C. 分公司　　　　　　　　　　　　D. 法人

4. 会计方法包括（　　　　）。
   A. 会计核算方法　　　　　　　　　B. 会计分析方法
   C. 会计预测方法　　　　　　　　　D. 会计检查方法

5. 以下属于会计核算方法的是（　　　　）。

A. 复式记账 B. 填制和审核会计凭证
C. 登记会计账簿 D. 编制财务会计报告

6. 货币计量假设包含的意义是（　　）。
A. 以货币作为会计的统一计量单位
B. 作为会计计量单位的货币，其币值可能发生变化
C. 以实物作为会计的统一计量单位
D. 作为会计计量单位的货币，其币值是稳定不变的

7. 以下属于会计核算具体内容的是（　　）。
A. 款项和有价证券的收付 B. 财物的收发、增减和使用
C. 债权、债务的发生和结算 D. 财务成果的计算和处理

8. 企业按照财产的组织形式和所承担的法律责任可分为（　　）。
A. 独资企业 B. 合伙企业
C. 公司企业 D. 股份公司

9. 会计人员职业道德包括（　　）。
A. 爱岗敬业 B. 依法办事
C. 客观公正 D. 保守秘密

10. 会计的两大分支是（　　）。
A. 财务会计 B. 管理会计
C. 成本会计 D. 基础会计

三、判断题

1. 《企业会计准则》规定，企业应当以权责发生制为基础进行会计确认、计量和报告。（　　）

2. 所有的会计主体都是法律主体。（　　）

3. 企业的会计岗位可以一人一岗、一人多岗，也可以一岗多人。（　　）

4. 会计主体不一定都具有法人资格。（　　）

5. 凡是特定会计主体的经济活动都是会计核算和监督的内容，也就是会计对象。（　　）

6. 我国以公历年度作为企业的会计年度，即从公历1月1日起至12月31日止。（　　）

7. 我国的行政单位会计和事业单位会计都采用权责发生制。（　　）

8. 1494年，意大利数学家卢卡·帕乔利出版的《算术几何及比例概要》，第一次系统阐述了复式记账原理及其运用。他被称之为"现代会计之父"。（　　）

9. 在权责发生制下，凡是当期已经实现的收入和已经或应当负担的费用，无论款项是否收付，都应当作为当期收入和费用。（   ）

10. 设置会计机构应当配备会计机构负责人，并至少设置一个会计岗位，即会计机构负责人（会计主管）岗位。（   ）

四、应用分析题

1. 长沙天逸有限公司于 2019 年 12 月发生下列经济活动：
（1）从外地购进材料，用银行存款支付货款；
（2）制订公司人才招聘计划；
（3）收到投资人投入的设备一台；
（4）与供货方签订一份购销合同计划；
（5）向希望工程捐款；
（6）向电视台支付广告费；
（7）销售商品收到货款；
（8）召开新进员工培训会；
（9）向销售部门下达销售任务书；
（10）从银行借入一年期借款。
要求：分析上述经济活动中哪些属于会计的对象？并说出理由。

2. 长沙天逸有限公司于 2020 年 7 月发生下列经济业务：
（1）销售产品收入 100 000 元，货款已存入银行；
（2）销售产品收入 200 000 元，货款暂未收到；
（3）收到中天公司归还的货款 50 000 元；
（4）预付公司 2020 年 7—12 月的房屋租金 60 000 元；
（5）计提本月银行短期借款利息 2000 元；
（6）购进办公用品 1000 元，用银行存款支付；
（7）预收佰联公司货款 20 000 元；
（8）用银行存款支付上季度短期借款利息 6000 元。
要求：按权责发生制和收付实现制确认公司本月的收入和费用，将确认和计算的结果填入下表。

收入、费用确认计算表

单位：元

业务	权责发生制		收付实现制	
	收入	费用	收入	费用
1				
2				
3				
4				
5				
6				
7				
8				
合计				

项目二 填制和审核原始凭证

一、单项选择题

1. 下列原始凭证中，属于企业自制原始凭证的是（　　）。
   A. 采购货物的增值税专用发票　　B. 出差的火车票
   C. 材料入库单　　　　　　　　　D. 住宿费发票

2. 下列凭证中属于累计凭证的是（　　）。
   A. 领料单　　　　　　　　　　　B. 收料单
   C. 发货单　　　　　　　　　　　D. 限额领料单

3. 审核原始凭证形式上的合法性，主要是审查其是否符合（　　）的规定。
   A.《会计法》　　　　　　　　　　B.《全国发票管理办法》
   C.《税法》　　　　　　　　　　　D. 以上均包括

4. 原始凭证的来源可分为（　　）。
   A. 自制原始凭证和外来原始凭证　　B. 一次性原始凭证和累计原始凭证
   C. 自制原始凭证和汇总原始凭证　　D. 汇总原始凭证和累计原始凭证

5. 下列不属于自制原始凭证的是（　　）。
   A. 收料单　　　　　　　　　　　B. 发票
   C. 差旅费报销单　　　　　　　　D. 领料单

6. 下列表示金额方法正确的是（　　）。
   A. 人民币陆拾伍元　　　　　　　B. 人民币捌拾伍元整
   C. 人民币柒拾叁元捌角整　　　　D. 人民币伍拾叁元陆角伍分整

7. 下列属于通用凭证的是（　　）。
   A. 领料单　　　　　　　　　　　B. 增值税专用发票
   C. 借款单　　　　　　　　　　　D. 入库单

8. 下列各项中不属于原始凭证要素的是（　　）。
   A. 凭证名称　　　　　　　　　　B. 经济业务的基本内容
   C. 会计人员记账标记　　　　　　D. 凭证日期和编号

9. 在一定时期多次记录若干项同类型经济业务时，用于填制手续分次完成的原始凭证是（　　）。

A. 一次凭证 B. 汇总凭证
C. 累计凭证 D. 专用凭证

10. 对于真实、合法、合理但内容不够完整、填写有错误的原始凭证,下列各项中正确的处理方法是（　　　　）。

A. 由本单位经办人更正,并由单位财务负责人签章
B. 由出具单位重开
C. 应退回给有关经办人,由其负责补充完整、更正错误或重开后,再办理正式的会计手续
D. 不予接受,并向单位负责人报告

二、多项选择题

1. 对原始凭证完整性审核的具体措施有（　　　　）。
A. 从外单位取得的原始凭证须盖有填制单位的公章
B. 从个人取得的原始凭证必须有填制人员的签名或盖章
C. 必须有税务部门的盖章
D. 对外开出的原始凭证,必须加盖本单位公章

2. 下列原始凭证中属于自制原始凭证的是（　　　　）。
A. 领料单 B. 工资计算表
C. 入库单 D. 购货发票

3. 下列属于原始凭证审核的内容是（　　　　）。
A. 合法性 B. 合理性
C. 正确性 D. 及时性

4. 下列凭证属于外来原始凭证的是（　　　　）。
A. 领料单 B. 增值税普通发票
C. 银行进账单（收账通知） D. 增值税专用发票

5. 原始凭证的基本内容包括（　　　　）。
A. 原始凭证的名称 B. 接受原始凭证单位的名称
C. 经济业务的基本内容 D. 填制原始凭证的日期和编号

6. 对于经审核的原始凭证,处理的方法是（　　　　）。

A. 对于真实、合法、合理但信息内容不够完整或填写有错误的原始凭证,应退回给有关经办人员,由其负责将有关凭证补充完整,更正错误或重开后,再办理正式的会计手续
B. 对于不真实、不合法的原始凭证,会计机构和会计人员有权不予接受,并向单位负责人报告
C. 对于基本符合要求的原始凭证,应当及时编制记账凭证入账

D. 对于完全符合要求的原始凭证，应当及时编制记账凭证入账

7. 原始凭证按其格式不同可以分为（　　　　）。
A. 通用凭证　　　　　　　　　　B. 累计凭证
C. 一次凭证　　　　　　　　　　D. 专用凭证。

8. 下列原始凭证属于一次凭证的是（　　　　）。
A. 限额领料单　　　　　　　　　B. 发票
C. 领料单　　　　　　　　　　　D. 收料单

9. 原始凭证的来源可分为（　　　　）。
A. 通用凭证　　　　　　　　　　B. 外来凭证
C. 自制凭证　　　　　　　　　　D. 专用凭证

10. 增值税专用发票的基本联次有（　　　　）。
A. 发票联　　　　　　　　　　　B. 记账联
C. 抵扣联　　　　　　　　　　　D. 存根联

三、判断题

1. 如果原始凭证的金额有错误，应当由出具单位重开或更正，并在更正处加盖出具单位印章。　　　　　　　　　　　　　　　　　　　　　　　（　　　）

2. 对于不真实、不合法的原始凭证，会计人员应退回给有关经办人员，由其更正后，方可办理正式手续。　　　　　　　　　　　　　　　　　　　（　　　）

3. 转账支票只能转账，不能用于支取现金。　　　　　　　　　（　　　）

4. 收料单属于汇总凭证。　　　　　　　　　　　　　　　　　（　　　）

5. 限额领料单属于一次凭证。　　　　　　　　　　　　　　　（　　　）

6. 在签发支票时，"人民币8500.60元"的大写金额应写成"捌仟伍佰元陆角整"。
　　　　　　　　　　　　　　　　　　　　　　　　　　　　　（　　　）

7. 自制原始凭证都是一次凭证。　　　　　　　　　　　　　　（　　　）

8. 支票的出票日期必须大写。　　　　　　　　　　　　　　　（　　　）

9. 仓库保管人员填制的收料单属于企业的自制原始凭证。　　　（　　　）

10. 从外单位取得的原始凭证，必须盖有填制单位的公章。　　（　　　）

四、实践操作题

1. 原始凭证的填制

（1）2019年12月2日，长沙远东服饰有限公司从长沙锦泰纺织品有限公司购入天丝亚麻棉3000米，单价为50元/米，价款为150 000元，增值税率为13%，增值税额

为 19 500 元；真丝乔其纱 2000 米，单价为 60 元/米，价款为 120 000 元，增值税率为 13%，增值税额为 15 600 元；价款合计 270 000 元，增值税额合计 35 100 元，价税合计 305 100 元。材料收到并验收入库，货款暂未支付。

购销双方有关资料如下：

长沙远东服饰有限公司

纳税人识别号：91430541282415L968。

地址、电话：长沙市芙蓉区远大路 256 号，0731-84588790。

开户行及账号：中国建设银行长沙远大支行，43002045026745125。

长沙锦泰纺织品有限公司

纳税人识别号：91430354715869550。

地址、电话：长沙市望城区城际大道 333 号，0731-82110358。

开户行及账号：中国工商银行望城支行，19010036514789521142。

收款人：李丽；复核人：刘兴；开票人：卢哲。

要求：填制长沙锦泰纺织品有限公司开具的增值税专用发票。

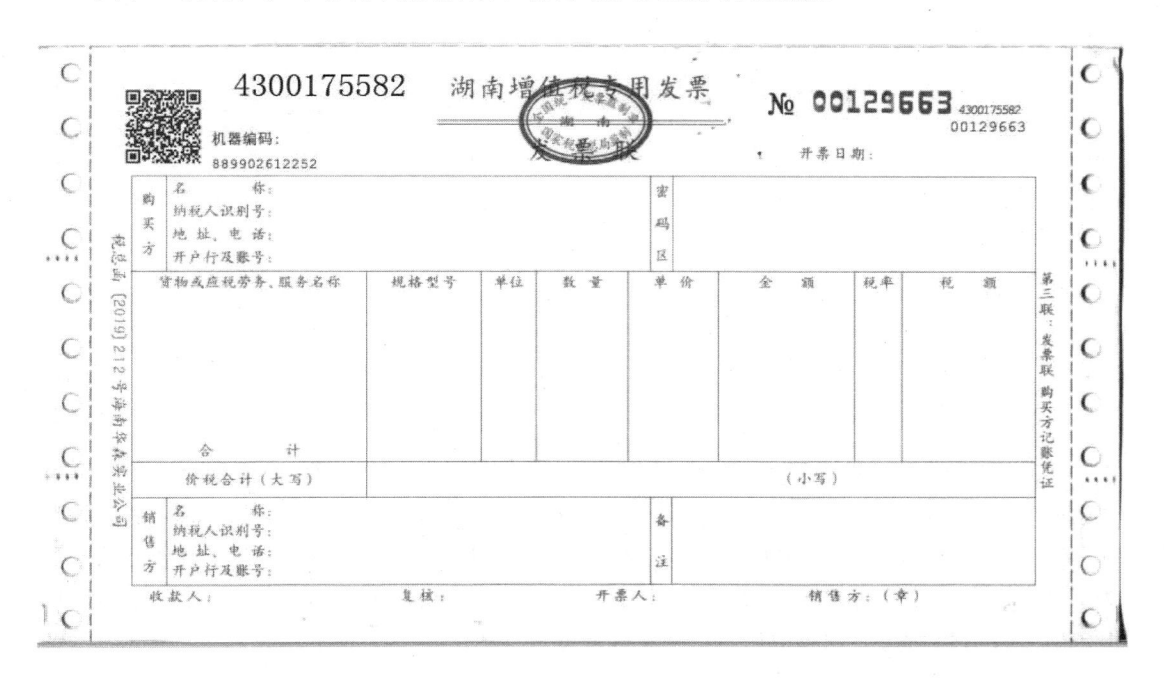

（2）2019 年 12 月 14 日，长沙远东服饰有限公司生产车间从长沙锦利百货公司购买办公用品 2165 元（其中打印纸 20 包，单价为 45 元/包，计 900 元，税率为 3%，税额为 27 元；硒鼓 5 个，单价为 240 元/个，计 1200 元，税率为 3%，税额为 36 元；金额合计 2100 元，税额合计 65 元）。

购销双方有关资料如下：

长沙远东服饰有限公司：

纳税人识别号：91430541282415L968。

地址、电话：长沙市芙蓉区远大路256号，0731-84588790。
开户行及账号：中国建设银行长沙远大支行，43002045026745125。
长沙锦利百货公司：
纳税人识别号：914306487225342305L。
地址、电话：长沙市雨花区中意一路机电大市场，0731-83661247。
开户行及账号：中国工商银行雨花支行，1901006325479984711。
收款人：李俊杰；复核人：陈如；开票人：夏妮妮。
要求：填制长沙锦利百货公司开具的增值税普通发票。

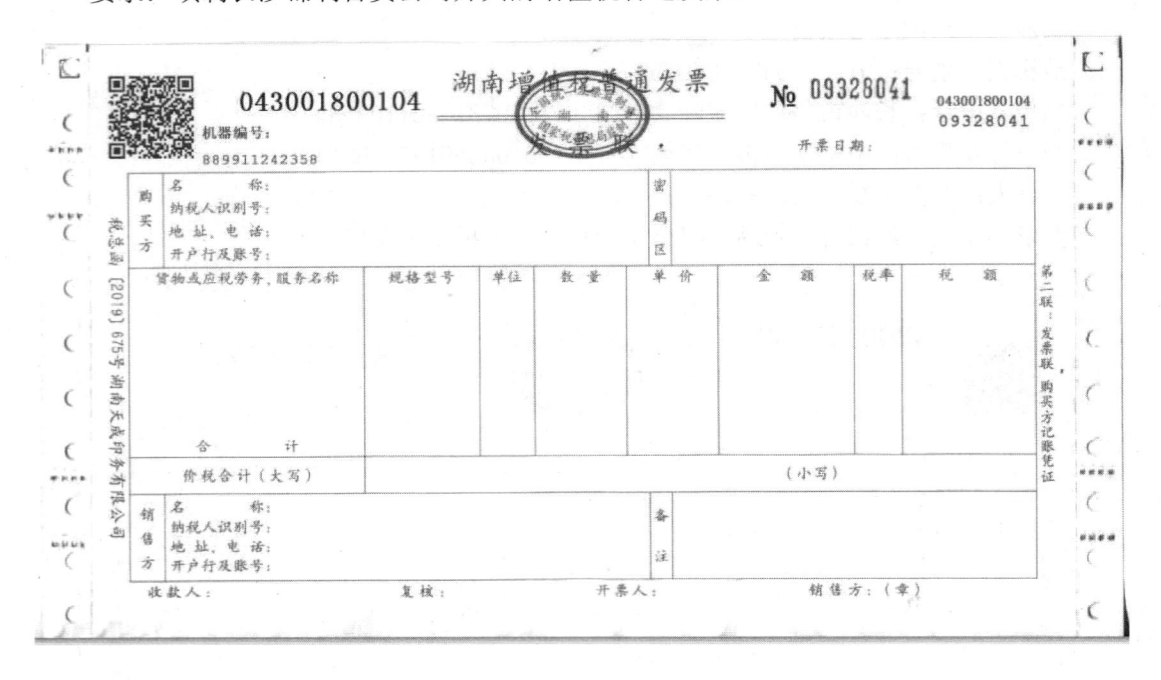

（3）2019年12月2日，长沙远东服饰有限公司从长沙锦泰纺织品有限公司购入天丝亚麻棉3000米，单价为50元/米，价款为150 000元，增值税率为13%，增值税额为19 500元；真丝乔其纱2000米，单价为60元/米，价款为120 000元，增值税率为13%，增值税额为15 600元；价款合计270 000元，增值税额合计35 100元，价税合计305 100元。材料收到验收入库，货款暂未支付。

相关资料如下：
材料类别：原料及主要材料；收料仓库：材料库；材料编号：CL1001。
采购：周浩；会计：张进；收料：陈娟。
要求：填写长沙远东服饰有限公司收到材料验收入库的收料单。

收 料 单

供应单位：　　　　　　　　　年　月　日　　　　　　编　号：第1285号
材料类别：　　　　　　　　　　　　　　　　　　　　收料仓库：

材料编号	材料名称	规格	计量单位	数量		实际成本				
				应收	实收	买价		运杂费	合计	单位成本
						单价	发票金额			
合　　　计										

备　注：

采购：　　　　　　　　　　　会计：　　　　　　　　　　　收料：

第二联　会计联

（4）2019年12月5日，长沙远东服饰有限公司生产车间生产女衬衫领用真丝乔其纱6000米。

相关资料如下：

领料仓库：材料库；材料编号：CL1002；单位成本：50元/米。

领料：张明；发料：陈娟；会计：张进。

要求：填写长沙远东服饰有限公司领用材料的领料单。

领 料 单

仓库：　　　　　　　　　　年　月　日　　　　　　　　编号：第1452号

编号	类别	材料名称	规格	单位	数量		单价	金额
					请领	实发		
合　　　计								
用途							备注	

领料：　　　　　　　　　　记账：　　　　　　　　　　发料：

第二联会计联

（5）2019年12月5日，长沙远东服饰有限公司采购部杨浩去上海出差借支差旅费2500元，以现金支票付讫。（归还日期：2019年12月31日前）

相关资料如下：

单位负责人：赵远洋；会计主管：周天昊；出纳：王清；会计：张进。

要求：填写杨浩借支差旅费办理的借支单。

借 支 单						
年　月　日						
工作部门		职务		姓名		盖章
借支金额						
借款原因				附证件		
归还日期						
核　批						
会计　　　　　　出纳　　　　　　制单						

（6）2019年12月5日，长沙远东服饰有限公司采购部杨浩去上海出差借支差旅费2500元，以现金支票付讫。

相关资料如下：

长沙远东服饰有限公司开户行及账号：

中国建设银行长沙远大支行，43002045026745125。

要求：填写长沙远东服饰有限公司开具的现金支票。

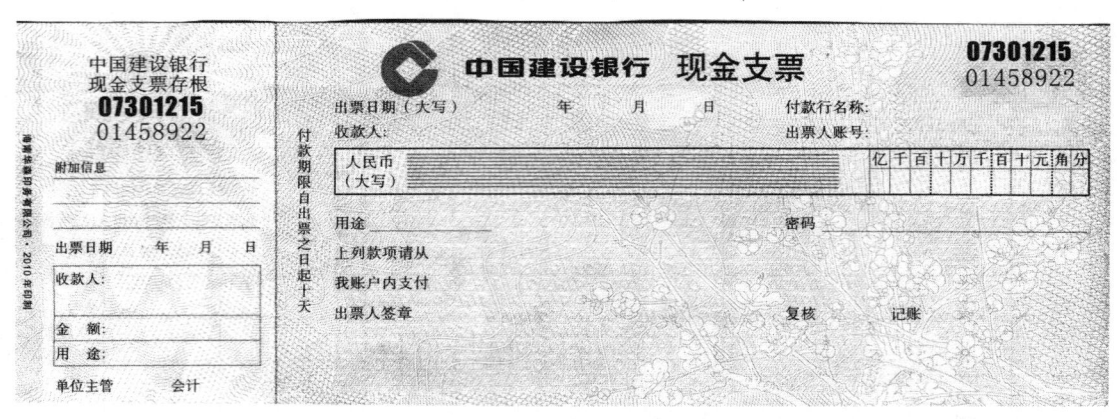

中国建设银行现金支票正面

中国建设银行现金支票背面

（7）2019年12月14日，长沙远东服饰有限公司生产车间从长沙锦利百货公司购买办公用品2165元，以转账支票支付。

相关资料如下：

长沙远东服饰有限公司开户行及账号：

中国建设银行长沙远大支行，43002045026745125。

要求：填写长沙远东服饰有限公司开具的转账支票。

中国建设银行现金支票正面

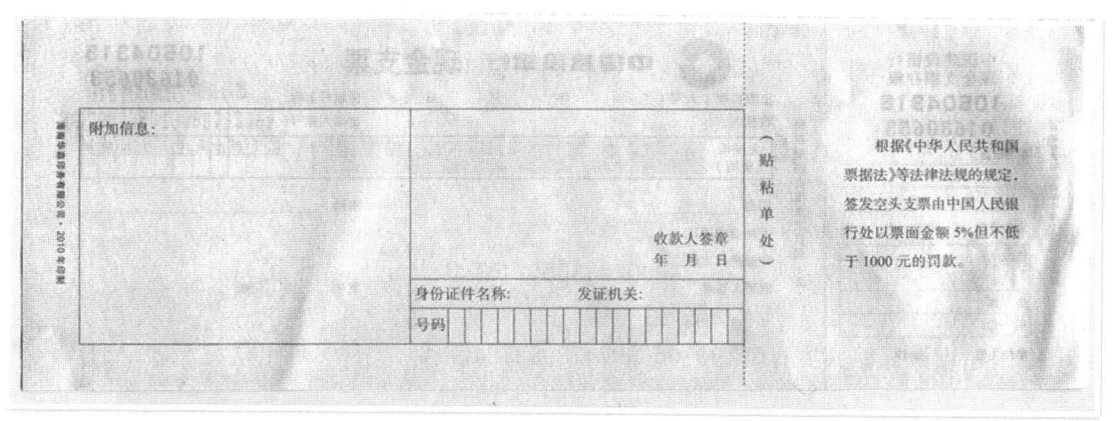

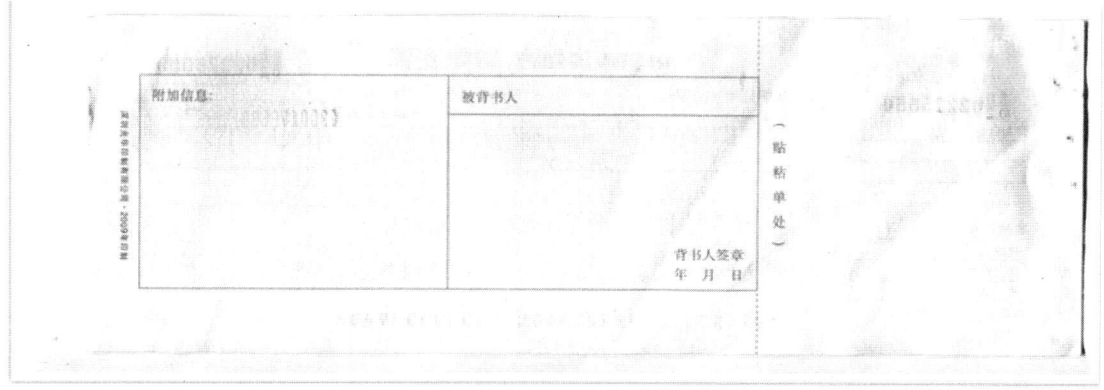

中国建设银行现金支票背面

（8）2019年12月25日，销售给长沙友谊百货公司女衬衫2000件，单价220元/件，价款440 000元，增值税57 200元，价税合计497 200元。收到长沙友谊百货公司开出的转账支票一张，金额497 200元。

相关资料如下：
转账支票号码093590865。
长沙远东服饰有限公司开户行及账号：
中国建设银行长沙远大支行，43002045026745125。
长沙友谊百货公司开户行及账号：
中国建设银行枫林支行，1901006397478985724。
要求：填写长沙远东服饰有限公司办理的银行进账单。

中国建设银行进账单（收账通知）					
年 月 日					
出票人	全称		收款人	全称	
	账号			账号	
	开户银行			开户银行	
金额	人民币（大写）			亿千百十万千百十元角分	
票据种类		票据张数			
票据号码					
备注				（银行盖章）	

此联是收款人开户银行交给收款人的收账通知

（9）2019年12月25日，销售部杨浩从北京出差回来报销差旅费2400元（其中：12月20日从长沙去北京的高铁票650元，12月22日从北京返回长沙的高铁票650元；在北京住宿两天，住宿费为400元/天，计800元；出差补助为100元/天，计300元），借款余额100元交回财务部。

相关资料如下：
财务主管：周天昊；出纳：王清；会计：张进。
要求：填写职工杨浩办理的差旅费报销单。

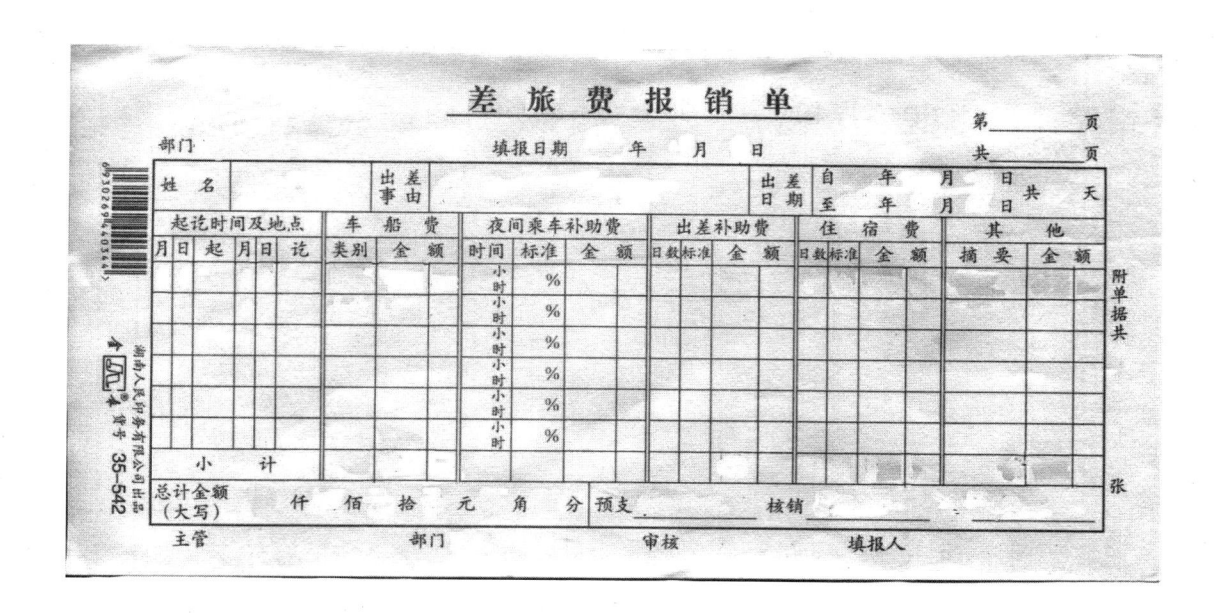

（10）2019 年 12 月 16 日，职工杨浩出差回来报销差旅费 2400 元，并将借款余额 100 元交回财务部。

相关资料如下：

出纳：王清；会计：张进。

要求：填写长沙远东服饰有限公司办理的收款收据。

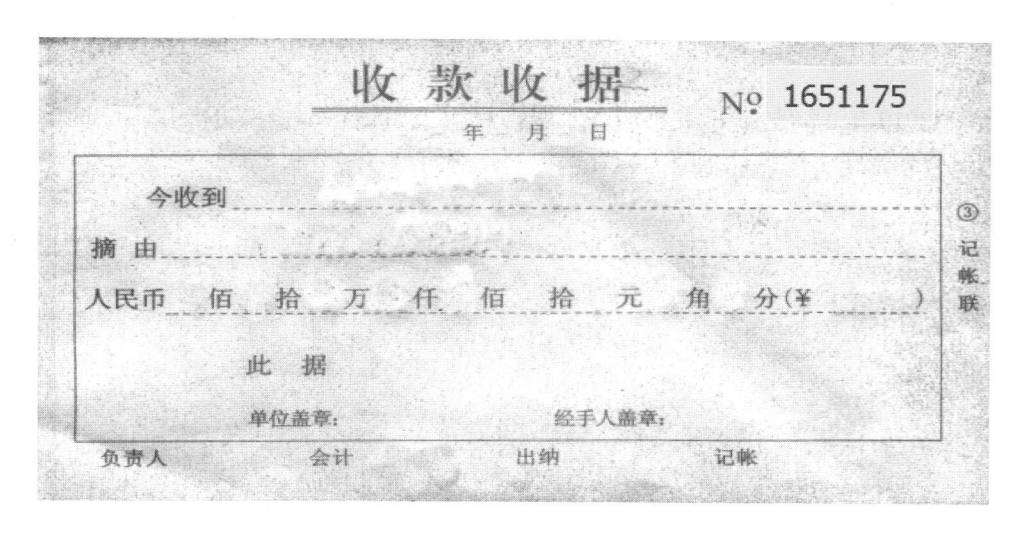

2. 原始凭证的审核

（1）2019 年 12 月 3 日，长沙远东服饰有限公司从长沙威士机械有限公司购入自动拉布机一台，价款为 96 000 元，增值税为 12 480 元，价税合计 108 480 元。采购员持发票到财务处报账，经会计审核后将发票退回拒绝付款，请分析原因。

> >> 会计职业基础实训教程

[发票图：湖南增值税专用发票 No.00129678，购买方长沙远东服饰有限公司，销售方长沙威士机械有限公司，自动拉布机，金额96000.00，税额12480.00]

原因分析：

（2）2019年12月15日，长沙远东服饰有限公司销售部购买办公用品1030元，持发票到财务处报账，经会计审核后将发票退回拒绝付款，请分析原因。

[发票图：湖南增值税普通发票 No.09328044，开票日期2020年12月15日，购买方长沙远东服饰有限公司，办公用品（打印纸、文件夹、签字笔），合计金额¥1000.00，税额¥30.00，价税合计¥1300.00，销售方长沙锦利百货公司]

16

原因分析：

（3）2019年12月14日，长沙远东服饰有限公司的生产车间从长沙锦利百货公司购买办公用品2165元，开出转账支票支付，长沙锦利百货公司收到支票后退回，请分析原因。

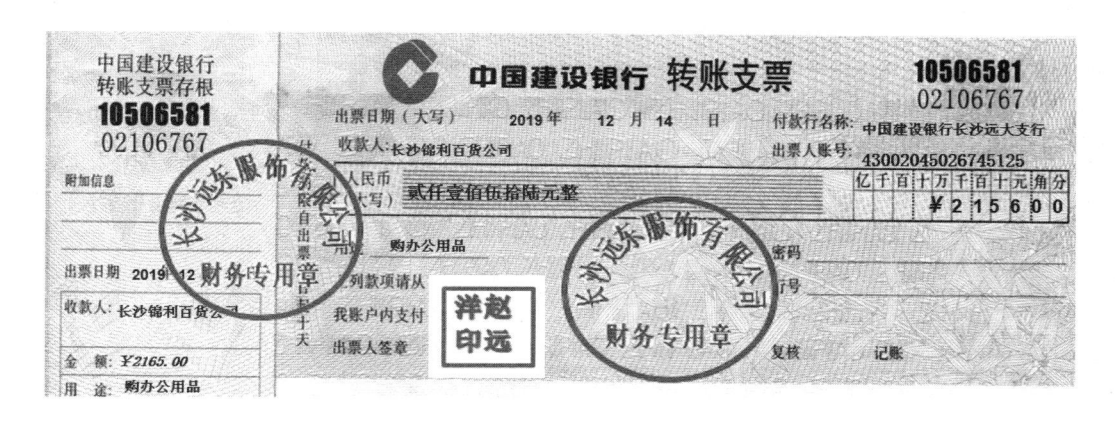

原因分析：

（4）2019年12月5日，长沙远东服饰有限公司采购部杨浩去上海出差借支差旅费2500元。出纳开具现金支票给杨浩去银行提取现金，银行工作人员审核支票后退回，没有办理此项业务，请分析原因。

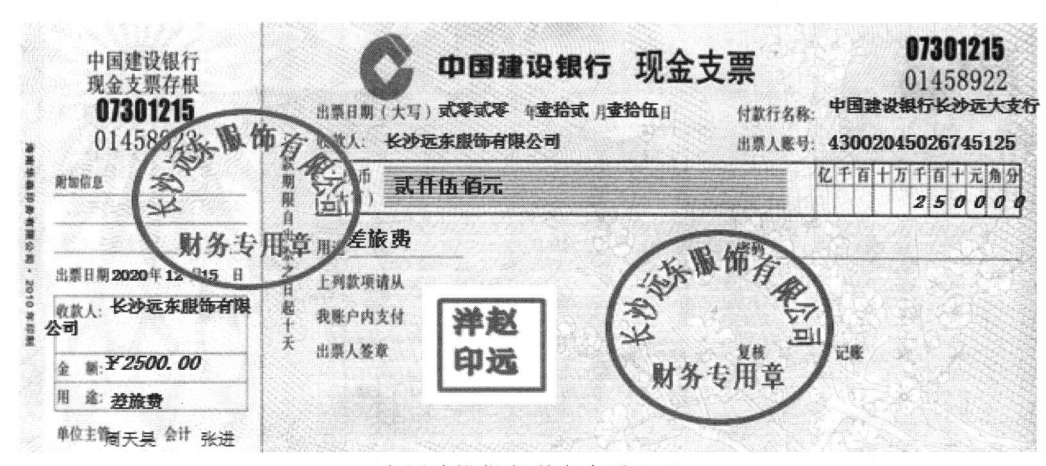

中国建设银行现金支票正面

中国建设银行现金支票背面

原因分析：

（5）2019年12月15日，长沙远东服饰有限公司采购部杨浩去上海出差借支差旅费2500元。经财务主管审核后将借支单退回，请分析原因。

原因分析：

项目三　填制和审核记账凭证

一、单项选择题

1. 下列凭证用于记录不涉及货币资金增减变动业务的是（　　）。
   A. 收款凭证　　　　　　　　　B. 付款凭证
   C. 转账凭证　　　　　　　　　D. 通用记账凭证

2. 下列各项中能够使企业资产总额减少的是（　　）。
   A. 向银行借款　　　　　　　　B. 向银行借款直接偿还应付账款
   C. 以银行存款偿还借款　　　　D. 接受投资者投入的现金

3. 下列账户中，如果月末有余额，一般在贷方的是（　　）。
   A. 应收账款　　　　　　　　　B. 应付账款
   C. 原材料　　　　　　　　　　D. 银行存款

4. 下列科目中属于损益类科目的是（　　）。
   A. 制造费用　　　　　　　　　B. 长期待摊费用
   C. 生产成本　　　　　　　　　D. 管理费用

5. 以下不属于期间费用的是（　　）。
   A. 管理费用　　　　　　　　　B. 销售费用
   C. 制造费用　　　　　　　　　D. 财务费用

6. 下列账户中，月末余额一般在借方的是（　　）。
   A. 短期借款　　　　　　　　　B. 实收资本
   C. 主营业务收入　　　　　　　D. 应收账款

7. 在借贷记账法下，期末结账后没有余额的账户是（　　）。
   A. 成本类账户　　　　　　　　B. 负债类账户
   C. 所有者权益类账户　　　　　D. 损益类账户

8. 借贷记账法的贷方不反映（　　）。
   A. 所有者权益的增加　　　　　B. 资产的减少
   C. 负债的增加　　　　　　　　D. 资产的增加

9. 在借贷记账法下，下列说法正确的是（　　）。

A. 资产增加记借方，负债和所有者权益减少记贷方
B. 资产减少记借方，负债和所有者权益增加记贷方
C. 资产增加记借方，负债和所有者权益增加记贷方
D. 资产减少记贷方，负债和所有者权益增加记借方

10. "应收账款"账户的期初余额为借方 200 000 元，本期贷方发生额为 80 000 元，期末余额为借方 300 000 元，则本期借方发生额为（　　　　）元。
A. 150 000　　　　　　　　　　　B. 180 000
C. 20 000　　　　　　　　　　　　D. 120 000

11. 在转账凭证中，不需要（　　　　）签字。
A. 会计主管　　　　　　　　　　B. 出纳
C. 稽核人员　　　　　　　　　　D. 制单人员

12. 下列经济业务，应填制转账凭证的业务是（　　　　）。
A. 用银行存款偿还应付账款　　　B. 收回应收账款
C. 用现金支付工资　　　　　　　D. 企业管理部门领用原材料

13. 反映货币资金增加业务应编制的记账凭证是（　　　　）。
A. 收款凭证　　　　　　　　　　B. 付款凭证
C. 转账凭证　　　　　　　　　　D. 原始凭证

14. 企业外购一批材料并验收入库，用银行存款支付货款，根据这笔业务的有关原始凭证应填制的记账凭证是（　　　　）。
A. 收款凭证　　　　　　　　　　B. 付款凭证
C. 转账凭证　　　　　　　　　　D. 累计凭证

15. 企业从银行提取现金备用业务，应填制的记账凭证是（　　　　）。
A. 银行存款收款凭证　　　　　　B. 银行存款付款凭证
C. 现金收款凭证　　　　　　　　D. 现金付款凭证

16. 下列不属于资产类会计科目的是（　　　　）。
A. 应收账款　　　　　　　　　　B. 库存商品
C. 累计折旧　　　　　　　　　　D. 预收账款

17. 下列各项不属于反映企业经营成果的会计要素是（　　　　）。
A. 收入　　　　　　　　　　　　B. 费用
C. 所有者权益　　　　　　　　　D. 利润

18. 我国《企业会计准则》规定，企业在对会计要素进行计量时，一般应当采用（　　　　）计量属性。
A. 历史成本　　　　　　　　　　B. 重置成本
C. 公允价值　　　　　　　　　　D. 现值

19. 由国家统一会计制度规定名称、编号、核算内容的科目是（　　　）。
   A. 总账科目　　　　　　　　　B. 二级科目
   C. 明细科目　　　　　　　　　D. 以上都是

20. 记账凭证与所附原始凭证的金额（　　　）。
   A. 必须相等　　　　　　　　　B. 可能相等
   C. 可能不相等　　　　　　　　D. 一定不相等

21. 收入、费用和利润的平衡等式是编制（　　　）的理论依据。
   A. 设置会计账户　　　　　　　B. 复式记账
   C. 编制资产负债表　　　　　　D. 利润表

22. 总账账户使用（　　　）反映经济业务的增减变化。
   A. 货币计量单位和实物计量单位　B. 货币计量单位
   C. 实物计量单位　　　　　　　D. 劳动计量单位

23. "应付账款"账户期初余额贷方为10 000元，本期借方发生额为30 000元，本期贷方发生额为60 000元，则期末余额是（　　　）元。
   A. 借方20 000　　　　　　　　B. 贷方40 000
   C. 贷方20 000　　　　　　　　D. 贷方80 000

24. 在借贷记账法下，期末没有余额的是（　　　）账户。
   A. 资产类　　　　　　　　　　B. 损益类
   C. 负债类　　　　　　　　　　D. 成本类

25. "累计折旧"账户核算企业固定资产的累计损耗价值，属于（　　　）账户。
   A. 资产类　　　　　　　　　　B. 负债类
   C. 所有者权益类　　　　　　　D. 损益类

26. 企业会计准则规定，企业应当采用（　　　）记账。
   A. 复式记账法　　　　　　　　B. 增减记账法
   C. 收付记账法　　　　　　　　D. 借贷记账法

27. 下列各项不属于反映企业财务状况的会计要素是（　　　）。
   A. 资产　　　　　　　　　　　B. 利润
   C. 负债　　　　　　　　　　　D. 所有者权益

28. 以下不属于流动资产的是（　　　）。
   A. 银行存款　　　　　　　　　B. 应收账款
   C. 固定资产　　　　　　　　　D. 库存商品

29. 企业销售材料取得的收入应列入（　　　）。
   A. 主营业务收入　　　　　　　B. 其他业务收入
   C. 营业外收入　　　　　　　　D. 利得

30. 企业向希望工程的捐赠支出应列入（　　　）。
A. 主营业务成本　　　　　　　　　　B. 其他业务成本
C. 营业外支出　　　　　　　　　　　D. 营业支出

二、多项选择题

1. 专用记账凭证包括（　　　）。
A. 收款凭证　　　　　　　　　　　　B. 付款凭证
C. 转账凭证　　　　　　　　　　　　D. 单式凭证

2. 下列属于资产类科目的是（　　　）。
A. 应收账款　　　　　　　　　　　　B. 库存商品
C. 累计折旧　　　　　　　　　　　　D. 预收账款

3. 下列经济业务中引起资产和负债同时增加的业务是（　　　）。
A. 赊购材料　　　　　　　　　　　　B. 从银行提取现金
C. 用银行存款购入各种材料　　　　　D. 向银行借款存入银行

4. 会计要素的计量属性包括（　　　）。
A. 历史成本　　　　　　　　　　　　B. 重置成本
C. 可变现净值　　　　　　　　　　　D. 公允价值

5. 根据借贷记账法的账户结构，账户贷方登记的内容有（　　　）。
A. 收入的增加　　　　　　　　　　　B. 所有者权益的增加
C. 费用的减少　　　　　　　　　　　D. 负债的增加

6. 下列错误中，能够通过试算平衡发现的错误是（　　　）。
A. 一项经济业务被漏记了贷方金额　　B. 应借应贷科目的方向颠倒
C. 借方多记了金额　　　　　　　　　D. 借贷双方同时多记了金额

7. 下列各项属于反映企业经营成果的会计要素是（　　　）。
A. 收入　　　　　　　　　　　　　　B. 费用
C. 负债　　　　　　　　　　　　　　D. 利润

8. 下列各项中，正确的经济业务类型是（　　　）。
A. 一项资产增加，一项所有者权益减少　B. 资产与负债同时增加
C. 一项负债减少，一项所有者权益增加　D. 负债与所有者权益同时增加

9. 复式记账法包括（　　　）。
A. 借贷记账法　　　　　　　　　　　B. 增减记账法
C. 分类记账法　　　　　　　　　　　D. 收付记账法

10. 会计等式是（　　　）的理论依据。

A. 设置会计账户 B. 复式记账
C. 编制资产负债表 D. 编制利润表

11. 借贷记账法的贷方反映（　　）。
A. 资产增加 B. 资产减少
C. 负债增加 D. 所有者权益增加

12. 下列账户中有贷方余额的账户是（　　）。
A. 短期借款 B. 预付账款
C. 预收账款 D. 应收账款

13. 以下属于企业会计事项的是（　　）。
A. 购进原材料支付 500 000 元 B. 购进机器设备一台，价值 300 000 元
C. 签订采购合同 80 000 元 D. 支付广告费 3000 元

14. 以下业务编制的记账凭证中必须附有原始凭证的是（　　）。
A. 购进材料 B. 结账
C. 更正错误 D. 销售产品

15. 各种记账凭证应具备的基本内容包括（　　）。
A. 会计科目的名称和金额 B. 记账凭证的名称
C. 接受单位的名称 D. 记账凭证的编号

16. 下列各项中，属于记账凭证审核内容的是（　　）。
A. 金额是否正确 B. 项目是否齐全
C. 科目是否正确 D. 内容是否真实

17. 付款凭证"贷方科目"可能涉及的账户是（　　）。
A. 库存现金 B. 银行存款
C. 应付账款 D. 应交税费

18. 复合会计分录是指（　　）的分录。
A. 一借多贷 B. 一贷多借
C. 一借一贷 D. 多借多贷

19. 下列属于账户基本结构内容的是（　　）。
A. 账户名称 B. 日期
C. 凭证号数 D. 摘要

20. 账户按经济内容分类包括（　　）。
A. 资产类 B. 负债类、所有者权益类
C. 成本类 D. 损益类

21. 下列账户期末无余额的是（　　）。
A. 主营业务收入 B. 财务费用

C. 制造费用　　　　　　　　　　D. 管理费用

22. 所有者权益按来源包括（　　　　）。
A. 所有者投入资本　　　　　　　B. 其他综合收益
C. 留存收益　　　　　　　　　　D. 债权人借入的资金

23. 营业利润与（　　　　）有关。
A. 主营业务收入　　　　　　　　B. 营业外收入
C. 所得税费用　　　　　　　　　D. 其他业务成本

24. 期间费用包括（　　　　）。
A. 管理费用　　　　　　　　　　B. 财务费用
C. 销售费用　　　　　　　　　　D. 制造费用

25. 记账方法有（　　　　）两种方法。
A. 单式记账法　　　　　　　　　B. 复合记账法
C. 复式记账法　　　　　　　　　D. 分类记账法

26. 下列账户有借方余额的是（　　　　）。
A. 银行存款　　　　　　　　　　B. 库存商品
C. 固定资产　　　　　　　　　　D. 短期借款

27. 下列属于资产类与负债同时增加的经济业务是（　　　　）。
A. 购买材料5000元，货款暂欠
B. 向银行借入长期借款20万元存入银行
C. 以银行存款2000元偿还前欠货款
D. 收到某单位投资的机器一台，价值50万元

28. 材料采购成本具体包括以下项目（　　　　）。
A. 买价　　　　　　　　　　　　B. 运杂费
C. 运输途中合理损耗　　　　　　D. 其他相关费用

29. 生产费用按其经济用途进行分类，称为成本项目。成本项目包括（　　　　）。
A. 直接材料　　　　　　　　　　B. 直接人工
C. 制造费用　　　　　　　　　　D. 采购费用

30. 借贷记账法的试算平衡包括（　　　　）。
A. 发生额试算平衡　　　　　　　B. 余额试算平衡
C. 期末余额试算平衡　　　　　　D. 期初余额试算平衡

三、判断题

1. 收款凭证是专门用来反映货币资金收入业务的凭证。　　　　　（　　　　）

2. 收入是指企业在经营活动中形成的、会导致所有者权益增加的、与所有者投入资本无关的经济利益的总流入。（   ）

3. 企业取得的收入和发生的费用，最终会导致所有者权益发生变化。（   ）

4. 总分类科目对其所属的明细分类科目具有统驭和控制作用，明细分类科目是对其所归属的总分类科目的补充和说明。（   ）

5. 利得是指由企业日常活动所形成的、会导致所有者权益增加的、与所有者投入资本无关的经济利益的流入。（   ）

6. 填制记账凭证日期一般应为填制记账凭证当天的日期，但在下月初编制上月末的转账凭证时，应填上个月最后一天的日期。（   ）

7. 如果试算平衡，则说明账户记录完全正确。（   ）

8. 一借多贷或一贷多借的会计分录不能反映账户的对应关系。（   ）

9. 在《企业会计准则》中明确了会计记账要采用增减记账法。（   ）

10. 会计基本等式是"资产－负债＝所有者权益"。（   ）

11. 借贷记账法的记账规则是"有借必有贷，借贷必相等"。（   ）

12. 资产类账户期末余额＝期初贷方余额＋本期贷方发生额－本期借方发生额。（   ）

13. 会计基本等式是编制资产负债表和利润表的基础。（   ）

14. 借贷记账法的试算平衡包括发生额试算平衡和余额试算平衡。（   ）

15. 企业将现金存入银行，应填制现金付款凭证。（   ）

16. 各种记账凭证可以根据每一张原始凭证单独填制，但不能将若干张同类的原始凭证汇总编制。（   ）

17. 记账凭证的填制日期与原始凭证的填制日期应当相同。（   ）

18. 除结账和更正错误的记账凭证可以不附原始凭证外，其他记账凭证必须附有审核无误的原始凭证。（   ）

19. 对于复杂的会计事项，需要填制两张或两张以上记账凭证的，应使用连续编号，不得进行分号。（   ）

20. 在填制收款凭证和付款凭证时，对于现金和银行存款之间，以及不同的银行存款之间的相互划转，一般只编制一张收款凭证，不编制付款凭证，以避免重复记账。（   ）

21. 二级科目和明细科目须按国家统一会计制度的规定设置，会计主体不得自行确定。（   ）

22. 账户是按照规定的会计科目设置的，会计科目是账户的名称。（   ）

23. 在借贷记账法下，账户的借方登记增加数，贷方登记减少数。（   ）

24. 管理费用、财务费用、销售费用、制造费用账户都属于损益类账户。
（   ）

25. 公允价值是指市场参与者在计量日发生的有序交易中，出售一项资产所能收到或转移一项负债所需支付的价格。（   ）

26. 一借多贷或一贷多借的会计分录不能反映账户的对应关系。（   ）

27. 明细账的计量单位，除使用货币计量单位外，必要时还需使用实物计量单位或劳动计量单位。（   ）

28. 负债类账户期末余额一般在借方。（   ）

29. 利润总额就是应纳税所得额。（   ）

30. 企业提取的法定盈余公积累计超过注册资本10%以上的，可以不再提取。
（   ）

四、应用分析题

1. 长沙天逸有限公司2019年12月末各项目如下：
（1）出纳员保险柜中有现金1000元；
（2）向银行借入的半年期借款20 000元；
（3）应付赊购材料货款80 000元；
（4）应收客户销售商品货款50 000元；
（5）存放在银行的存款250 000元；
（6）存放在仓库的原材料价值120 000元；
（7）生产用机器设备价值500 000元；
（8）投资者投入的资本800 000元；
（9）管理部门的办公楼价值1 200 000元；
（10）上年度尚未分配的利润85 000元；
（11）应交未交的税金50 000元；
（12）专利权价值250 000元；
（13）应付未付的职工工资125 000元；
（14）正在建设中的厂房1 200 000元；
（15）企业销售产品的收入500 000元；
（16）企业已销售产品的成本320 000元；
（17）销售产品的广告费60 000元；
（18）企业管理人员工资58 500元；

（19）企业销售材料的收入 125 000 元；
（20）企业本月实现的利润 321 000 元。

要求：
（1）指出上述项目属于哪类会计要素。
（2）指出上述项目涉及的会计科目及类别。
（3）指出上述项目涉及的会计账户的结构。

2. 长沙天逸有限公司 2019 年 12 月账户资料如下：

长沙天逸有限公司发生额及余额试算平衡表

2019 年 12 月   单位：元

账户名称	期初余额 借方	期初余额 贷方	本期发生额 借方	本期发生额 贷方	期末余额 借方	期末余额 贷方
银行存款	250 000		620 000	480 000	（ ）	
长期借款		100 000	280 000	（ ）		270 000
原材料	56 000		（ ）	196 000	142 000	
应付账款		（ ）	351 000	345 000		74 000
实收资本		540 000	250 000	760 000		（ ）
生产成本	42 000		356 000	（ ）	57 000	
利润分配		185 000	（ ）	572 000		274 000
库存商品	（ ）		765 100	634 200	283 400	
主营业务收入			（ ）	963 000		
管理费用			126 200	（ ）		

要求：计算表格中各账户所空金额栏的数字。

3. 长沙天逸有限公司 2019 年 12 月月初账户余额如下：

长沙天逸有限公司账户余额表

2019 年 12 月 1 日　　　　　　　　　　　　　　　　　　单位：元

账户名称	借方	贷方
库存现金	1 000	
银行存款	380 000	
原材料	211 000	
库存商品	198 000	
固定资产	180 000	
短期借款		30 000
应付账款		380 000
实收资本		200 000
资本公积		140 000
利润分配		220 000
合计	970 000	970 000

2019 年 12 月发生的部分经济业务如下：

（1）12 月 1 日，收到三禾公司投入的机器设备一台，价值 200 000 元；

（2）12 月 5 日，从银行借入半年期借款 100 000 元，二年期借款 300 000 元；

（3）12 月 8 日，以银行存款归还前欠中加公司货款 50 000 元；

（4）12 月 10 日，公司按法定程序减资 100 000 元，以银行存款支付；

（5）12 月 12 日，从长丰公司购入甲材料 80 000 元，以银行存款支付；

（6）12 月 15 日，从银行借入三个月期借款 90 000 元，直接用于归还前欠日辰公司货款；

（7）12 月 20 日，用资本公积 120 000 元转增资本；

（8）12 月 25 日，经与旭日公司协商，同意将所欠旭日公司应付账款 150 000 元转作对本公司的投资；

（9）12 月 31 日，经公司董事会经决议，向投资者分配利润 160 000 元。

要求：

（1）分析上述业务属于哪一种类型的经济业务，并说明其变化对会计等式的影响。

（2）根据上述业务编制会计分录。（有明细账户的请写出明细账户）

（3）根据期初余额和会计分录登记"丁"字账户。

（4）编制发生额及余额试算平衡表。

（5）根据上述业务编制通用记账凭证。

（6）根据上述业务编制专用记账凭证。

解析：

（1）分析上述业务属于哪一种类型的经济业务，并说明其变化对会计等式的影响。

（2）根据上述业务编制会计分录（有明细账户的请写出明细账户）。

（3）根据期初余额和会计分录登记"丁"字账户。

（4）编制发生额及余额试算平衡表。

长沙天逸有限公司发生额及余额试算平衡表

年　　月　　日　　　　　　　　　　　　　　　　　　　　　　单位：元

账户名称	期初余额		本期发生额		期末余额	
	借方	贷方	借方	贷方	借方	贷方

（5）编制通用记账凭证。

记 账 凭 证

年　月　日　　　　　　　　　　　　　字第　　　号

摘　要	会　计　科　目		借方金额	贷方金额	记账
	总账科目	明细科目	亿千百十万千百十元角分	亿千百十万千百十元角分	(签章)
合　　　　　　　　　　　　计					

附件　　　张

会计主管　　　　　　出纳　　　　　　审核　　　　　　制单

记 账 凭 证

年　月　日　　　　　　　　　　　　　字第　　　号

摘　要	会　计　科　目		借方金额	贷方金额	记账
	总账科目	明细科目	亿千百十万千百十元角分	亿千百十万千百十元角分	(签章)
合　　　　　　　　　　　　计					

附件　　　张

会计主管　　　　　　出纳　　　　　　审核　　　　　　制单

记 账 凭 证

年　月　日　　　　　　　　　　　　　字第　　　号

摘　要	会　计　科　目		借方金额	贷方金额	记账
	总账科目	明细科目	亿千百十万千百十元角分	亿千百十万千百十元角分	(签章)
合　　　　　　　　　　　　计					

附件　　　张

会计主管　　　　　　出纳　　　　　　审核　　　　　　制单

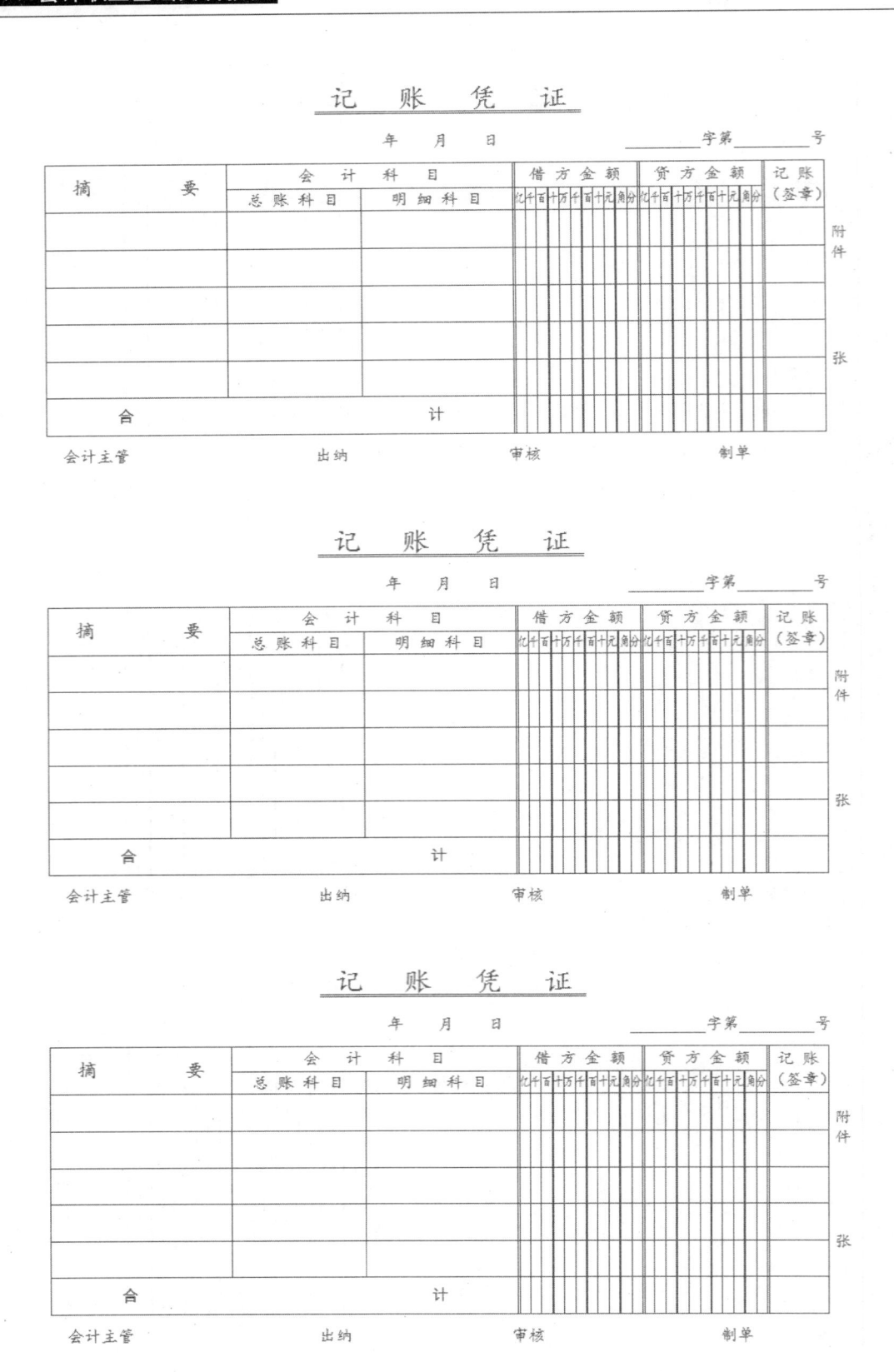

记 账 凭 证

年　月　日　　　　　　　　　字第　　　号

摘　要	会　计　科　目		借方金额	贷方金额	记账(签章)
	总账科目	明细科目	亿千百十万千百十元角分	亿千百十万千百十元角分	
合　　　　　　　　　计					

附件　　　张

会计主管　　　　　出纳　　　　　审核　　　　　制单

记 账 凭 证

年　月　日　　　　　　　　　字第　　　号

摘　要	会　计　科　目		借方金额	贷方金额	记账(签章)
	总账科目	明细科目	亿千百十万千百十元角分	亿千百十万千百十元角分	
合　　　　　　　　　计					

附件　　　张

会计主管　　　　　出纳　　　　　审核　　　　　制单

记 账 凭 证

年　月　日　　　　　　　　　字第　　　号

摘　要	会　计　科　目		借方金额	贷方金额	记账(签章)
	总账科目	明细科目	亿千百十万千百十元角分	亿千百十万千百十元角分	
合　　　　　　　　　计					

附件　　　张

会计主管　　　　　出纳　　　　　审核　　　　　制单

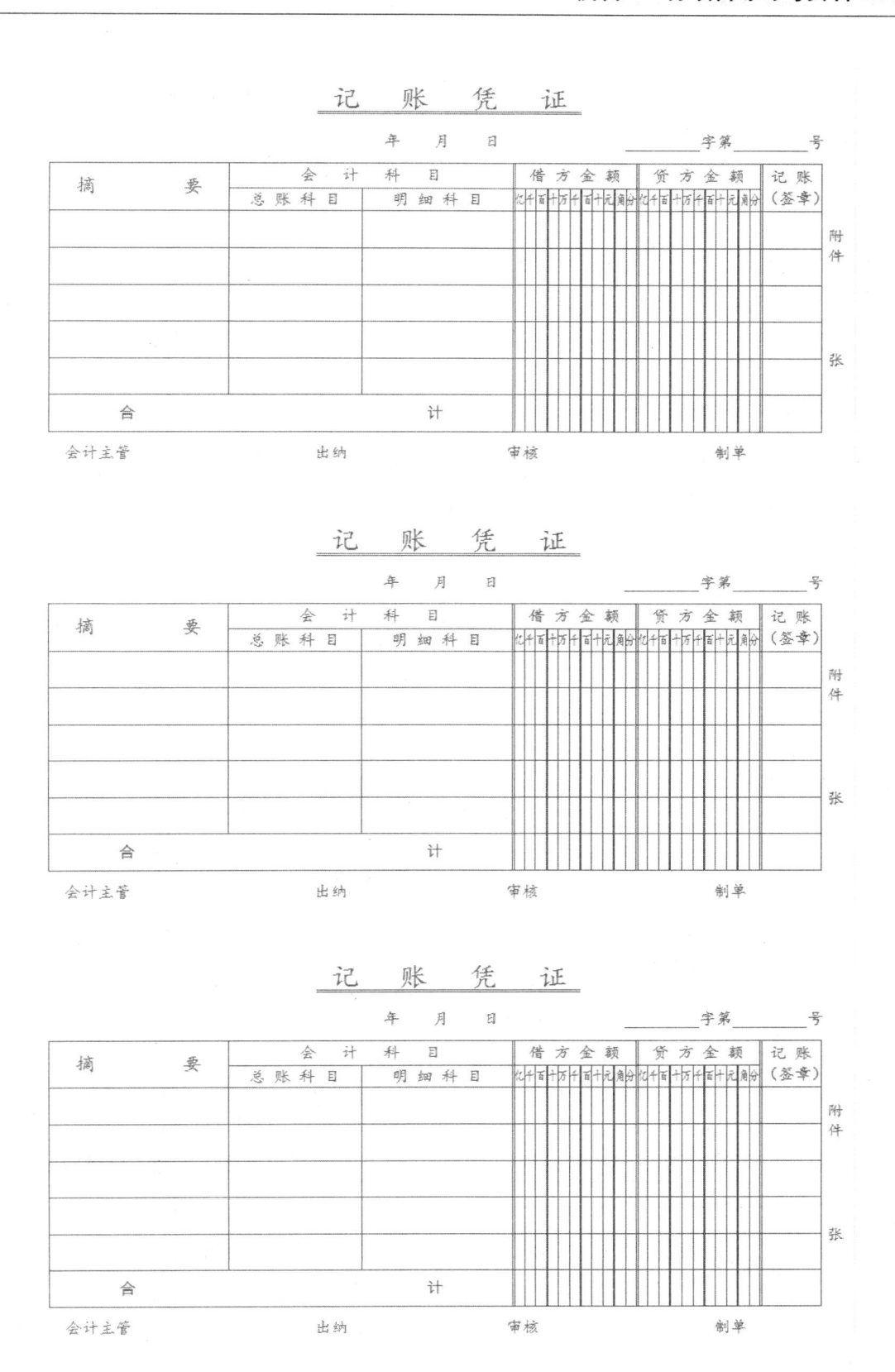

记 账 凭 证

年　月　日　　　　　　　　　　　字第　　　号

摘　要	会　计　科　目		借方金额	贷方金额	记账
	总账科目	明细科目	亿千百十万千百十元角分	亿千百十万千百十元角分	（签章）
合　　　　　　　　　计					

附件　　　张

会计主管　　　　　　出纳　　　　　　审核　　　　　　制单

记 账 凭 证

年　月　日　　　　　　　　　　　字第　　　号

摘　要	会　计　科　目		借方金额	贷方金额	记账
	总账科目	明细科目	亿千百十万千百十元角分	亿千百十万千百十元角分	（签章）
合　　　　　　　　　计					

附件　　　张

会计主管　　　　　　出纳　　　　　　审核　　　　　　制单

记 账 凭 证

年　月　日　　　　　　　　　　　字第　　　号

摘　要	会　计　科　目		借方金额	贷方金额	记账
	总账科目	明细科目	亿千百十万千百十元角分	亿千百十万千百十元角分	（签章）
合　　　　　　　　　计					

附件　　　张

会计主管　　　　　　出纳　　　　　　审核　　　　　　制单

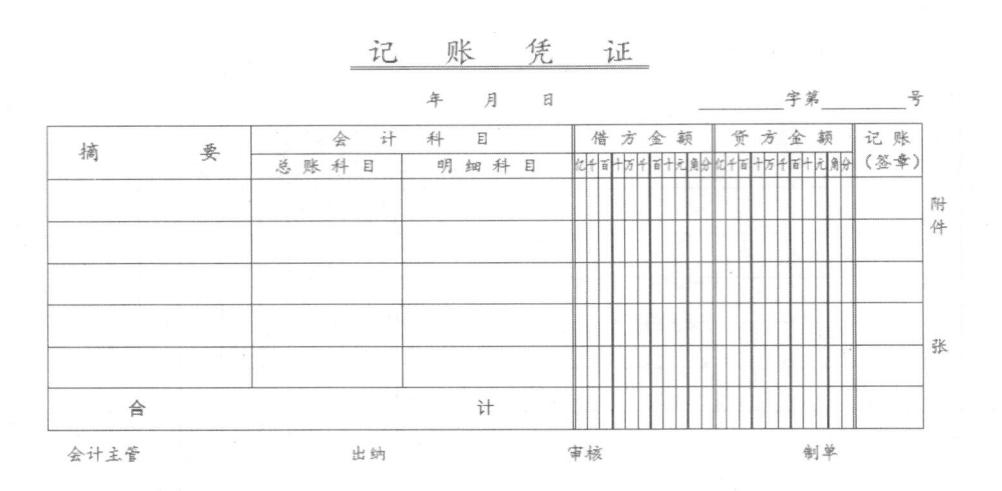

记 账 凭 证

年 月 日　　　　　　　　字第____号

摘要	会计科目		借方金额	贷方金额	记账
	总账科目	明细科目	亿千百十万千百十元角分	亿千百十万千百十元角分	(签章)
合　　　计					

会计主管　　　　出纳　　　　审核　　　　制单

附件　　张

（6）编制专用记账凭证。

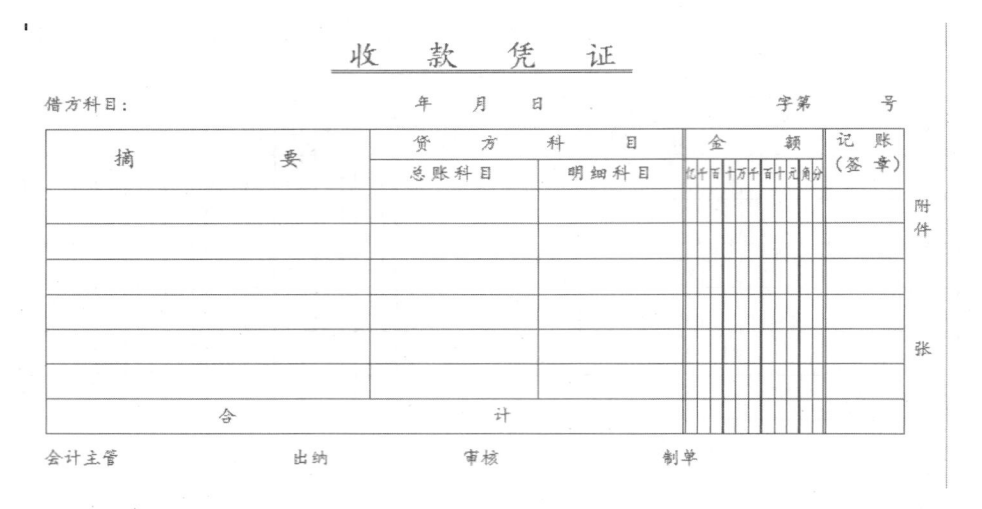

收 款 凭 证

借方科目：　　　　　　年 月 日　　　　　　字第　号

摘　　要	贷方科目		金额	记账
	总账科目	明细科目	亿千百十万千百十元角分	(签章)
合　　　计				

会计主管　　　　出纳　　　　审核　　　　制单

附件　　张

付 款 凭 证

贷方科目：　　　　　　年 月 日　　　　　　____字第_____号

摘　　要	借方科目		金额	记账
	总账科目	明细科目	亿千百十万千百十元角分	(签章)
合计金额（大写）	亿 仟 佰 拾 万 仟 佰 拾 元 角 分			

会计主管　　　　出纳　　　　审核　　　　制单

附件　　张

付 款 凭 证

贷方科目：　　　　　　　　　　　年　月　日　　　　　　　　_____字第_____号

摘　　要	借　方　科　目		金　　　额	记账
	总账科目	明细科目	亿千百十万千百十元角分	（签章）
合计金额 （大写）	亿　仟　佰　拾　万　仟　佰　拾　元　角　分			

附件　　　　张

会计主管　　　　　　　出纳　　　　　　　审核　　　　　　　制单

付 款 凭 证

贷方科目：　　　　　　　　　　　年　月　日　　　　　　　　_____字第_____号

摘　　要	借　方　科　目		金　　　额	记账
	总账科目	明细科目	亿千百十万千百十元角分	（签章）
合计金额 （大写）	亿　仟　佰　拾　万　仟　佰　拾　元　角　分			

附件　　　　张

会计主管　　　　　　　出纳　　　　　　　审核　　　　　　　制单

转 账 凭 证

年　月　日　　　　　　　　_____字第_____号

摘　　要	会　计　科　目		借方金额	贷方金额	账页
	总账科目	明细科目	亿千百十万千百十元角分	亿千百十万千百十元角分	或√
合　　　　　　　计					

附件　　　　张

会计主管　　　　　　　记账　　　　　　　审核　　　　　　　制单

转 账 凭 证

年 月 日　　　　　＿＿＿＿＿字第＿＿＿＿＿号

摘要	会计科目		借方金额	贷方金额	账页
	总账科目	明细科目	亿千百十万千百十元角分	亿千百十万千百十元角分	或√
合计					

附件　　　张

会计主管　　　　　记账　　　　　审核　　　　　制单

转 账 凭 证

年 月 日　　　　　＿＿＿＿＿字第＿＿＿＿＿号

摘要	会计科目		借方金额	贷方金额	账页
	总账科目	明细科目	亿千百十万千百十元角分	亿千百十万千百十元角分	或√
合计					

附件　　　张

会计主管　　　　　记账　　　　　审核　　　　　制单

转 账 凭 证

年 月 日　　　　　＿＿＿＿＿字第＿＿＿＿＿号

摘要	会计科目		借方金额	贷方金额	账页
	总账科目	明细科目	亿千百十万千百十元角分	亿千百十万千百十元角分	或√
合计					

附件　　　张

会计主管　　　　　记账　　　　　审核　　　　　制单

转 账 凭 证

年 月 日　　　　　　　＿＿＿＿字第＿＿＿＿号

摘要	会计科目		借方金额	贷方金额	账页
	总账科目	明细科目	亿千百十万千百十元角分	亿千百十万千百十元角分	或√
合		计			

会计主管　　　　　　记账　　　　　　审核　　　　　　制单

附件　　　张

五、实践操作题

长沙李氏家具有限公司成立于 2017 年 8 月，企业基本情况如下：

企业名称：长沙李氏家具有限公司。

注册地址：长沙市开福区芙蓉北路 102 号。

注册资金：360 万元。

电话号码：0731-84782605。

开户银行及账号：中国建设银行长沙金霞支行，1050321165224506。

税务登记类型：增值税一般纳税企业，增值税税率为 13%，城市维护建设税率为 7%，教育费附加征收率为 3%，地方教育费附加征收率为 2%，企业所得税税率为 25%。

纳税人识别号：914300103460273251。

法人代表：周敏。

财务部门人员：会计主管：李霞；会计：刘岚；出纳：沈俐。

主营业务：高档办公家具的生产及销售。

2019 年 12 月长沙李氏家具有限公司的主要经济业务如下，请根据经济业务情况填制部分原始凭证、编制会计分录并填制记账凭证。

（1）12 月 1 日，收到投资人周敏追加投资货币资金 20 万元，款项存入银行。

原始凭证：①网上银行支付回单 1-1；　②股东投资入股协议书 1-2。

		NO.770		
中国建设银行	**中国建设银行单位客户专用回单**		流水号:	106151954548848618210614300QB5585ELA20UBQB
币别: 人民币	2019年12月01日			

付款人	全 称	周敏	收款人	全 称	长沙李氏家具有限公司
	账 号	123560986431087		账 号	1050321165224506
	开户行	中国建设银行长沙五一支行		开户行	中国建设银行长沙金霞支行
金 额	(大写) 人民币贰拾万圆整			(小写) ¥200000.00	
凭证种类	电子转账凭证		凭证号码	02316796	
结算方式	转账		用 途	投资款	

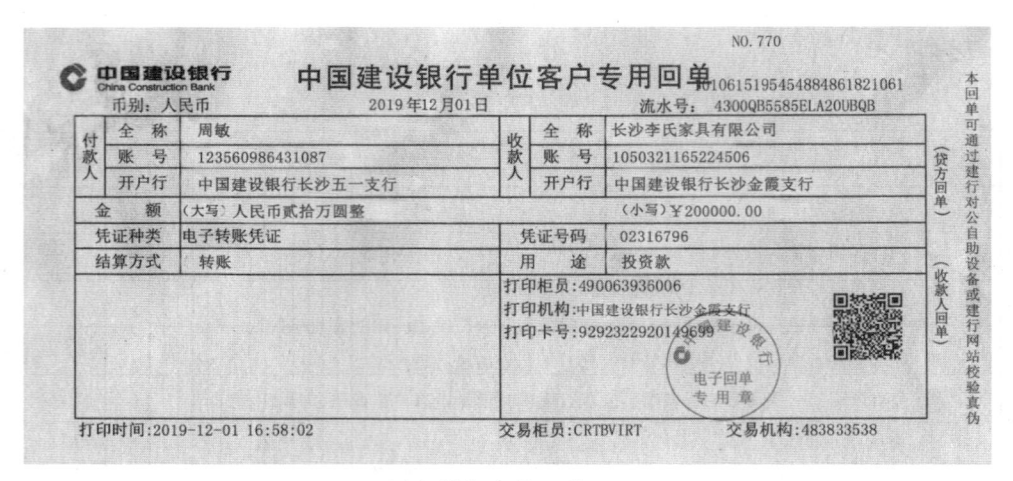

打印柜员: 490063936006
打印机构: 中国建设银行长沙金霞支行
打印卡号: 929232292014969

打印时间:2019-12-01 16:58:02   交易柜员:CRTBVIRT   交易机构:483833538

网上银行支付回单 1-1

股东投资入股协议书

甲 方: 长沙李氏家具有限公司   乙 方: 周敏（自然人）

经甲、乙双方协商，就乙方入股给甲方发展产业，甲、乙双方本着公平、平等、互利的原则订立合作协议如下：

第一条 长沙李氏家具有限公司由自然人周敏和张强于2017年8月共同投资成立，注册资本叁佰陆拾万元整，两人分别占公司股份的50%。2018年12月01日，周敏向长沙李氏家具有限公司追加投资人民币贰拾万元整（¥200,000.00）。

第二条 本协议各方的权利和义务

根据《公司法》的规定组成股东大会及董事会，投资各方承诺公司的机构及其产生办法、职权、议事规则、法定代表人的担任和财务会计按照《公司法》等国家相关法律规定制定。

第三条 本协议的修改、变更和终止

1. 本协议一经签订，投资各方不得中途撤股、撤资，但允许投资各方之间或与其他投资股东实行购买、转让、合并等。

2. 对本协议及其补充协议所作的任何修改、变更，须经投资各方共同在书面协议上签字方能生效。

第四条 违约责任

投资各方如有不按期履行本协议约定的出资义务的，则视作违约方单方终止本协议，其他守约方有权共同书面决定取消违约方的股东资格，违约方所出的投资金额将作为违约金赔偿给守约方；违约方未出资的，其他守约方有权共同书面决定取消违约方的股东资格，并有权按照违约方应当出资额追究违约方的违约责任。

第五条 争议的解决

凡因执行本协议所发生的或与本协议有关的一切争议，双方应通过友好协商解决。如果协商不能解决的，则任何各方均有权通过诉讼途径解决。

第六条 本协议自投资各方签字之日起生效。一式 贰 份，每方各执 壹 份，每份具有同等法律效力。

甲方盖章：   乙方签字： 周敏
2019 年 12 月 01 日   2019 年 12 月 01 日

股东投资入股协议书 1-2

会计分录：

记账凭证：

记 账 凭 证

年　月　日　　　　　　　　字第　　　号

摘　要	会 计 科 目		借方金额	贷方金额	记账
	总账科目	明细科目	亿千百十万千百十元角分	亿千百十万千百十元角分	(签章)
合　　计					

会计主管　　　　　出纳　　　　　审核　　　　　制单

（2）12月1日，投资人张强追加投资生产设备一台，价值20万元，已办理增资手续。
原始凭证：①固定资产验收单 2-1；②股东投资入股协议书 2-2；③资产评估报告 2-3。

固 定 资 产 验 收 单

2019年12月01日　　　　　　　　　　　　　编号：第1118号

固定资产名称	型号	计量单	数量	来　源				
生产设备（刨床）		台	1	股东张强追加投资				
总价（元）	价值	安装费	运杂费	包装费	其他	合计（元）	预计使用年限	净残值率	月折旧率
	200000.00					200000.00	10	4%	0.80%
验收意见	合格	验收人签章	袁玄	保管使用人签章		袁玄		
备　注								

固定资产验收单 2-1

股东投资入股协议书

甲 方：__长沙李氏家具有限公司__　　乙 方：____张强（自然人）____

经甲、乙双方协商，就乙方入股给甲方发展产业，甲、乙双方本着公平、平等、互利的原则订立合作协议如下：

第一条　长沙李氏家具有限公司由自然人周敏和张强于2017年8月共同投资成立，注册资本叁佰陆拾万元整，两人分别占公司股份的50%。2019年12月1日，张强向长沙李氏家具有限公司追加投资生产设备刨床一台，设备价值以投资日的市场价格为准，价值为人民币贰拾万元整（¥200,000.00），由投资方提供资产评估报告。

第二条　本协议各方的权利和义务

根据《公司法》的规定组成股东大会及董事会，投资各方承诺公司的机构及其产生办法、职权、议事规则、法定代表人的担任和财务会计按照《公司法》等国家相关法律规定制定。

第三条　本协议的修改、变更和终止

1. 本协议一经签订，投资各方不得中途撤股、撤资，但允许投资各方之间或与其他投资股东实行购买、转让、合并等。

2. 对本协议及其补充协议所作的任何修改、变更，须经投资各方共同在书面协议上签字方能生效。

第四条　违约责任

投资各方如有不按期履行本协议约定的出资义务的，则视作违约方单方终止本协议，其他守约方有权共同书面决定取消违约方的股东资格，违约方所出的投资金额将作为违约金赔偿给守约方；违约方未出资的，其他守约方有权共同书面决定取消违约方的股东资格，并有权按照违约方应当出资额追究违约方的违约责任。

第五条　争议的解决

凡因执行本协议所发生的或与本协议有关的一切争议，双方应通过友好协商解决；如果协商不能解决的，则任何各方均有权通过诉讼途径解决。

第六条　本协议自投资各方签字之日起生效。一式　贰　份，每方各执　壹　份，每份具有同等法律效力。

甲方盖章：　　　　　　　　　　　　　　　乙方签字：张强

2019 年 12 月 01 日　　　　　　　　　　2019 年 12 月 01 日

股东投资入股协议书 2-2

湖南鹏程资产评估事务所资产评估报告

鹏程[2019]字第 451 号

　　湖南鹏程资产评估事务所接受张强的委托，对其投入的生产设备自动裁衣机一台进行评估。本公司评估人员根据国家有关资产评估的规定，本着独立、客观、公正、科学的原则，按照公认的资产评估方法，实施了包括实地查勘、市场调查与询证、评定估算等必要的资产评估方法，对张强投入的生产设备刨床一台在评估基准日时所表现的价值做出了公允反映。现将评估情况及评估结果简要报告如下：

一、评估委托方：张强。

二、产权持有者：张强。

三、评估目的：为委托方资产投资提供价值参考依据。

四、评估范围与对象：张强所申报的固定资产。

五、评估基准日：2019 年 12 月 01 日。

六、评估方法：本次评估主要采用成本法。

七、评估结论：在评估基准日 2019 年 12 月 01 日，委托方估资产的评估值为 200,000.00 元，人民币大写为贰拾万元整。

八、本评估结论的有效使用期限自评估基准日 2019 年 12 月 01 日起至 2020 年 12 月 01 日止。

　　评估报告的使用者应关注特别事项及使用限制对评估结论所产生的影响。

　　评估报告成立的前提、假设条件、特别事项说明及使用限制说明详见资产评估报告书正文。

　　本评估报告书仅供委托方及"资产评估业务约定书"中约定的评估报告其他使用者为本次评估目的的参考使用和送交资产评估主管机关审查使用。我们只对评估结论本身符合职业规范要求负责，而不对报告使用者业务定价决策负责。

法定代表人：张启鹏

湖南鹏程资产评估事务所　　　　注册资产评估师

湖南·长沙　　　　　　　　　　二〇一九年十二月〇一日

资产评估报告 2-3

会计分录：

记账凭证：

记 账 凭 证

年 月 日　　　　　　　　　字第　　　号

摘要	会计科目		借方金额	贷方金额	记账(签章)
	总账科目	明细科目	亿千百十万千百十元角分	亿千百十万千百十元角分	
合计					

会计主管　　　　　　出纳　　　　　　审核　　　　　　制单

（3）12月1日，从银行借入两年期借款 800 000 元存入银行，年利率为6%（利息按季度支付，按月预提）。

原始凭证：①借款借据 3-1；②银行借款合同 3-2。

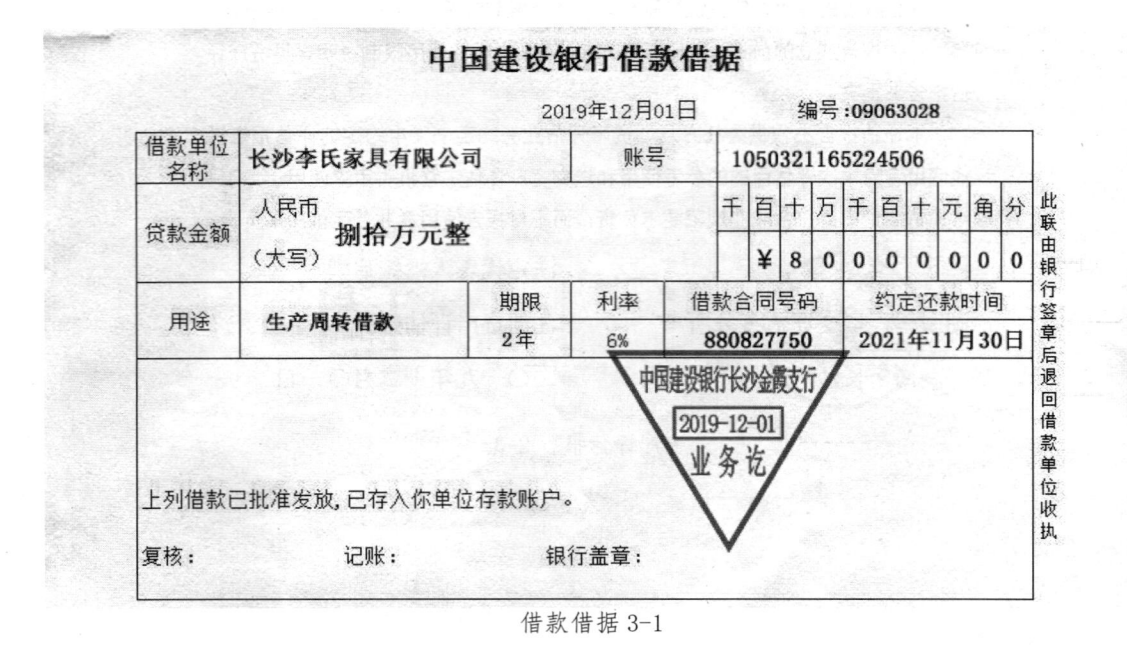

中国建设银行借款借据

2019年12月01日　　编号：09063028

借款单位名称	长沙李氏家具有限公司	账号	1050321165224506
贷款金额	人民币（大写）　捌拾万元整		￥ 800 000 00
用途	生产周转借款	期限 2年	利率 6%	借款合同号码 880827750	约定还款时间 2021年11月30日

中国建设银行长沙金霞支行
2019-12-01
业务讫

上列借款已批准发放，已存入你单位存款账户。

复核：　　　　记账：　　　　银行盖章：

借款借据 3-1

中国建设银行流动资产借款合同

借款人：（下简称甲方）__长沙李氏家具有限公司__

贷款人：（下简称乙方）__中国建设银行长沙金霞支行__

甲方因扩大生产经营活动，向乙方借款，经双方友好协商，特订立本合同，并共同遵守执行。

一、借款金额：__人民币捌拾万元整__

二、借款期限：从 _2019_ 年 _12_ 月 _01_ 日至 _2021_ 年 _11_ 月 _30_ 日止，借款期限为 _24_ 月。借款到期后如双方无异议，则本借款合同可顺延，顺延期限另行约定。

三、借款利息为年利率 6%。

四、借款用途：借款方应按协议使用贷款，不得转移用途，否则，乙方有权停止发放新贷款，直至收回已发放的贷款。

五、借款偿还

1. 如甲方不能按期还款，最迟在借款到期前十五天应向乙方提出延期申请，届时乙方可在双方协商的基础上决定是否延期。

2. 如乙方临时需要收回借款，应提前十五天向甲方提出还款申请。

六、违约和违约处理

1. 甲方不按合同规定的用途使用借款，乙方有权收回部分或全部贷款。

2. 乙方应按期、按额向甲方提供贷款，否则，按违约数额和延期天数，付给甲方违约金。违约金数额的计算利率与逾期贷款罚息的计算利率相同，为每日万分之五。

七、合同生效：本合同经甲、乙双方签字（盖章）后生效。本合同共贰份，双方各执壹份。本合同签有其他未交事宜，双方进一步商定补充条款。

甲方:__长沙李氏家具有限公司__　　　乙方:__中国建设银行长沙金霞支行__

甲方代表签字:__周敏__　　　乙方代表签字:__文海__

签约日期:2019 年 12 月 01 日　　　签约日期:2019 年 12 月 01 日

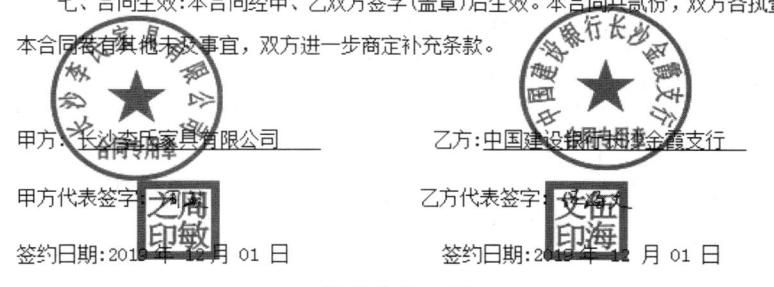

银行借款合同 3-2

会计分录：

记账凭证：

记　账　凭　证

　　　　年　月　日　　　　　　　　　　　字第　　　号

摘　要	会　计　科　目		借方金额	贷方金额	记账
	总账科目	明细科目	亿千百十万千百十元角分	亿千百十万千百十元角分	(签章)
					附
					件
					张
合　　　　　　　　　　　计					

会计主管　　　　　　出纳　　　　　　　　审核　　　　　　　　制单

（4）12月1日，计提从银行借入的两年期借款 800 000 元的利息。（说明：按照权责发生制原则，企业一般于月末计提银行借款利息。因考虑经济业务的连续性，在此假定提前至月初计提银行借款利息）

原始凭证：应付利息计提表 4-1。

要求：计算本月应计提的银行借款利息，编制应付利息计提表。

应付利息计提表

2019 年 12 月 01 日　　　　　　　　　　　　　　　　　　单位：元

贷款银行	借款种类	借款时间	借款金额	年利率	本月利息

审核：李霞　　　　　　　　　　　　　　　　　制单：刘岚

应付利息计提表 4-1

会计分录：

记账凭证：

记 账 凭 证

年　月　日　　　　　　　　　　字第　　　号

摘要	会计科目		借方金额	贷方金额	记账
	总账科目	明细科目	亿千百十万千百十元角分	亿千百十万千百十元角分	(签章)
合　　计					

会计主管　　　　　出纳　　　　　审核　　　　　制单

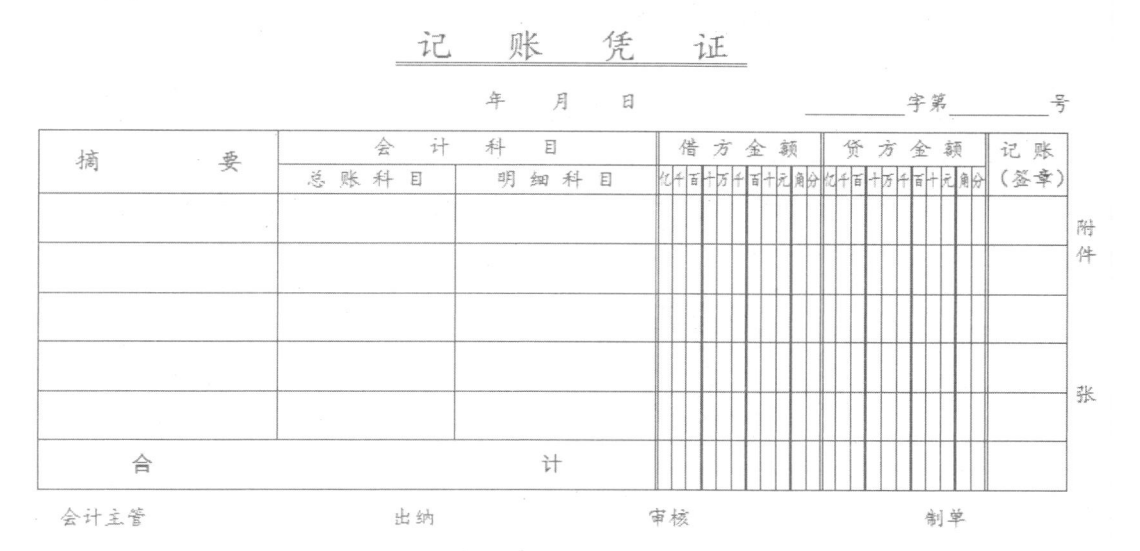

（5）12月1日，归还2018年12月2日从银行借入的一年期借款450 000元及利息6750元（利息按季度支付，按月预提）。

原始凭证：①银行贷款还款凭证5-1；②银行贷款利息通知单5-2。

中国建设银行贷款还款凭证

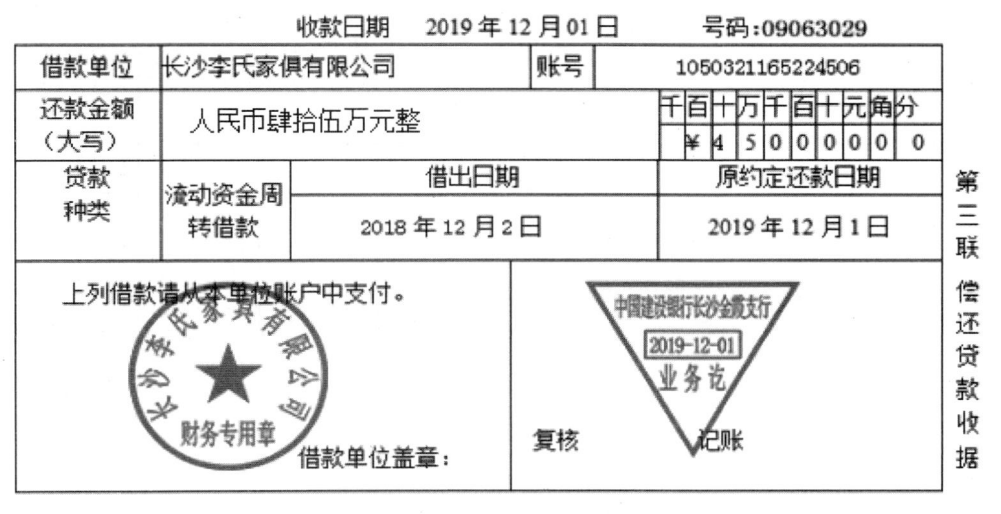

收款日期　2019年12月01日　　号码：09063029

借款单位	长沙李氏家俱有限公司		账号	1050321165224506	
还款金额（大写）	人民币肆拾伍万元整			千百十万千百十元角分 ¥ 4 5 0 0 0 0 0 0	
贷款种类	流动资金周转借款	借出日期 2018年12月2日		原约定还款日期 2019年12月1日	第三联 偿还贷款收据
上列借款请从本单位账户中支付。 (长沙李氏家具有限公司 财务专用章) 借款单位盖章：			(中国建设银行长沙金霞支行 2019-12-01 业务讫) 复核　　　记账		

银行贷款还款凭证5-1

中国建设银行贷款利息清单

2019年12月01日

户名	长沙李氏家具有限公司	账号	1050321165224506
开户银行	中国建设银行长沙金霞支行		

起息日期	结息日期	天数	基数	利率（月）	利息
2019年09月01日	2019年12月01日	90	¥450 000 00	0.5%	¥6 750 00

上列贷款利息已从你单位账户中支付。

银行盖章：中国建设银行长沙金霞支行 2019-12-01

银行贷款利息通知单 5-2

会计分录：

记账凭证：

记 账 凭 证

　　　　年　月　日　　　　　　字第　　　号

摘要	会计科目		借方金额	贷方金额	记账
	总账科目	明细科目	亿千百十万千百十元角分	亿千百十万千百十元角分	（签章）
	合　　计				

会计主管　　　　　出纳　　　　　审核　　　　　制单

（6）12月2日，从上海骏美服装设备有限公司购入数控开料机一台，价款为145 000元，增值税为18 850元。款项支付。

原始凭证：①增值税专用发票（发票联）6-1；②固定资产验收单6-2；
③网上银行支付回单 6-3。

46

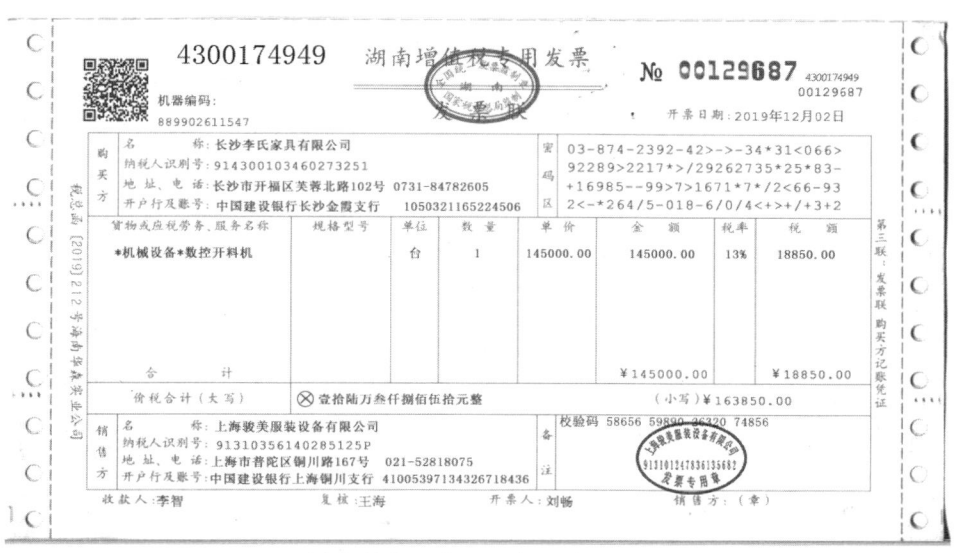

增值税专用发票（发票联）6-1

湖南增值税专用发票 No 00129687
4300174949
机器编码：889902611547
开票日期：2019年12月02日

购买方：
名称：长沙李氏家具有限公司
纳税人识别号：914300103460273251
地址、电话：长沙市开福区芙蓉北路102号 0731-84782605
开户行及账号：中国建设银行长沙金霞支行 1050321165224506

货物或应税劳务、服务名称	规格型号	单位	数量	单价	金额	税率	税额
*机械设备*数控开料机		台	1	145000.00	145000.00	13%	18850.00
合　计					¥145000.00		¥18850.00

价税合计（大写）：壹拾陆万叁仟捌佰伍拾元整　（小写）¥163850.00

销售方：
名称：上海骏美服装设备有限公司
纳税人识别号：91310356140285125P
地址、电话：上海市普陀区铜川路167号 021-52818075
开户行及账号：中国建设银行上海铜川支行 41005397134326718436

校验码：58656 59890 06320 74856
收款人：李智　复核：王海　开票人：刘畅　销售方：（章）

固定资产验收单 6-2

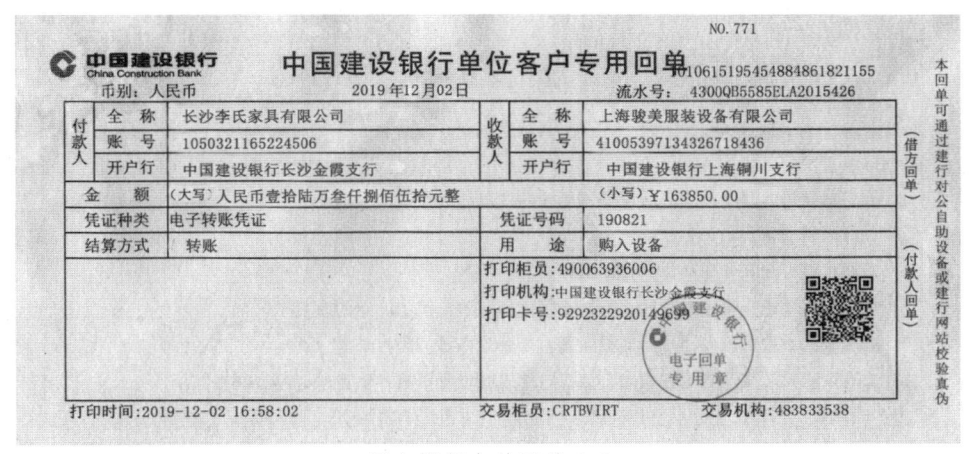

固定资产验收单
2019年12月01日　编号：第1119号

固定资产名称	型号	计量单位	数量	来源
生产设备（数控开料机）		台	1	购入

总价（元）	价值	安装费	运杂费	包装费	其他	合计（元）	预计使用年限	净残值率	月折旧率
	145000.00					145000.00	10	4%	0.80%

验收意见	合格	验收人签章	李智	保管使用人签章	李智
备注					

网上银行支付回单 6-3

中国建设银行单位客户专用回单　NO.771
币别：人民币
2019年12月02日　流水号：4300QB5585ELA2015426

付款人：
全称：长沙李氏家具有限公司
账号：1050321165224506
开户行：中国建设银行长沙金霞支行

收款人：
全称：上海骏美服装设备有限公司
账号：41005397134326718436
开户行：中国建设银行上海铜川支行

金额：（大写）人民币壹拾陆万叁仟捌佰伍拾元整　（小写）¥163850.00
凭证种类：电子转账凭证　凭证号码：190821
结算方式：转账　用途：购入设备

打印柜员：490063936006
打印机构：中国建设银行长沙金霞支行
打印卡号：9292322920149699

打印时间：2019-12-02 16:58:02
交易柜员：CRTBVIRT　交易机构：483833538

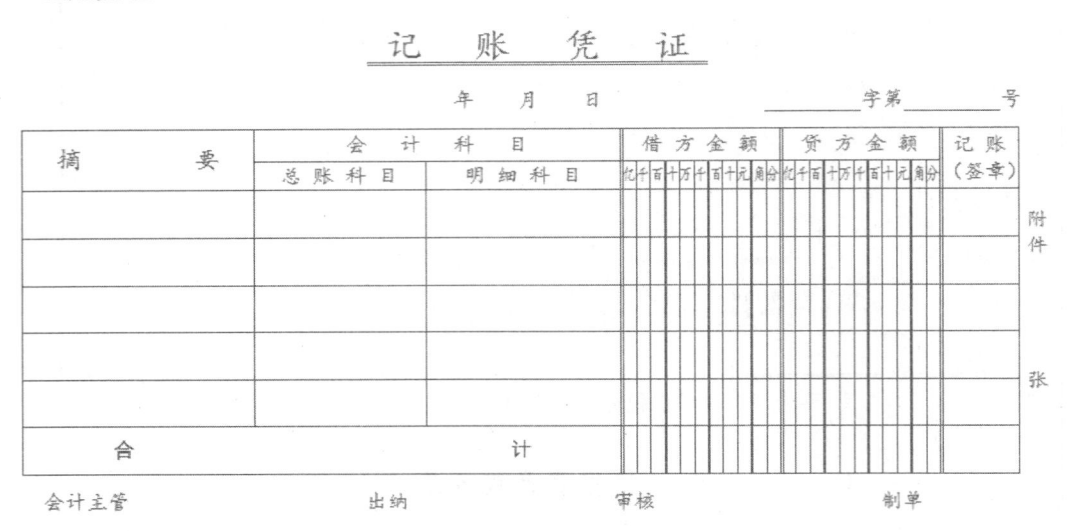

会计分录：

记账凭证：

记 账 凭 证

年　月　日　　　　　　　字第　　　号

摘　要	会　计　科　目		借方金额	贷方金额	记账
	总账科目	明细科目	亿千百十万千百十元角分	亿千百十万千百十元角分	（签章）
合　　　　　计					

会计主管　　　　　出纳　　　　　审核　　　　　制单

（7）12月2日，从长沙永华木业有限公司购入樟子松原木1000立方米，单价为800元/立方米，价款为800 000元，增值税为104 000元，材料收到验收入库，开出转账支票付讫货款。

原始凭证：①增值税专用发票（发票联）7-1；②收料单7-2；
③转账支票存根7-3。

增值税专用发票（发票联）7-1

收料单

供应单位：长沙永华木业有限公司　　2019年12月2日　　　　　收料单编号：0121

材料类别：原料及主要材料　　　　　　　　　　　收料仓库：材料库

材料编号	材料名称	规格	计量单位	数量 应收	数量 实收	实际成本 买价 单价（元）	实际成本 买价 发票金额（元）	运杂费	合计（元）	单位成本（元）
CL5005	樟子松原木		立方米	1000	1000	800.00	800 000.00		800 000.00	800.00
			合计（元）						800 000.00	800.00

备注：

采购：王亮　　　　会计：刘岚　　　　收料：曾晓娟

收料单 7-2

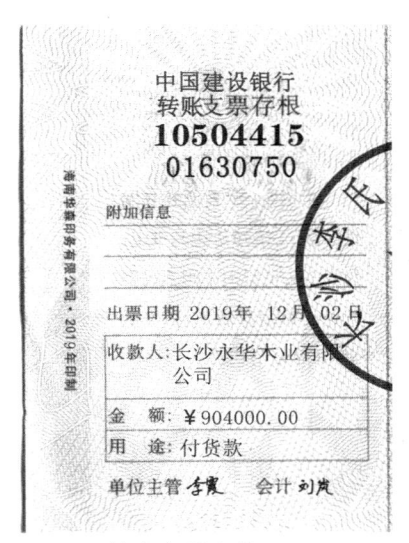

中国建设银行 转账支票存根
10504415
01630750

附加信息

出票日期 2019年 12月 02日
收款人：长沙永华木业有限公司
金　额：￥904000.00
用　途：付货款
单位主管 李霞　　会计 刘岚

转账支票存根 7-3

会计分录：

记账凭证：

记 账 凭 证

年　月　日　　　　　　　　　字第　　号

摘要	会计科目 总账科目	会计科目 明细科目	借方金额	贷方金额	记账（签章）
合计					

会计主管　　　　出纳　　　　审核　　　　制单

（8）12月2日，从长沙美联木业有限公司购入榆木原木800立方米，单价为1500元/立方米，价款为1 200 000元，增值税为156 000元。材料收到验收入库，货款暂未支付。

原始凭证：①增值税专用发票（发票联）8-1；②收料单8-2。

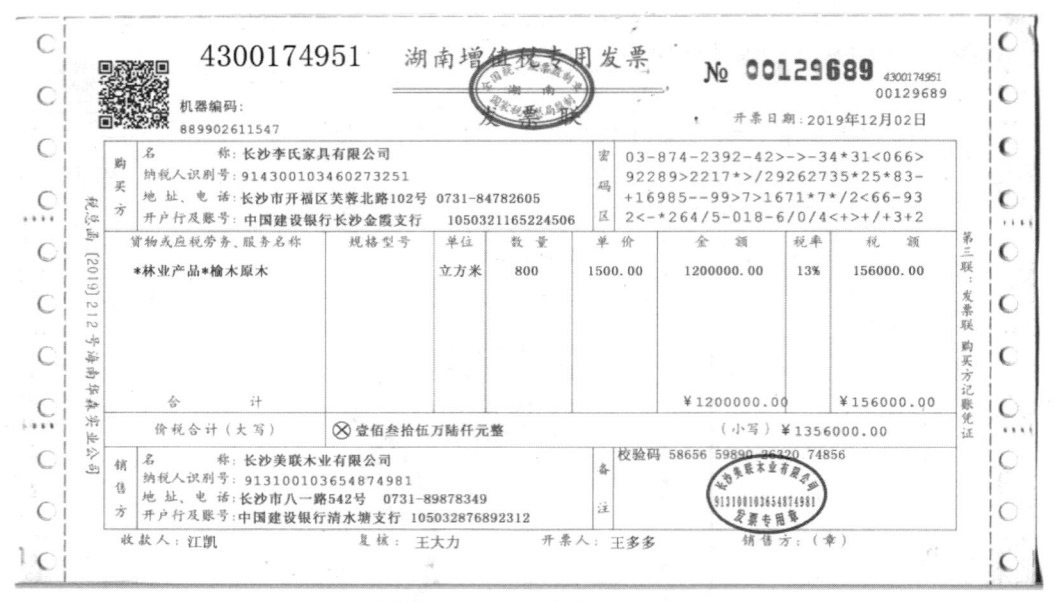

增值税专用发票（发票联）8-1

收料单8-2

会计分录：

记账凭证：

摘要	会计科目		借方金额	贷方金额	记账
	总账科目	明细科目	亿千百十万千百十元角分	亿千百十万千百十元角分	(签章)
合计					

会计主管　　　　出纳　　　　审核　　　　制单

（9）12月2日，从东北金博木业有限公司购入樟子松原木500立方米，单价为790元/立方米，价款为395 000元，增值税为51 350元，运输费为5000元，材料尚未验收入库，运输费已经支付，材料款暂未支付。

原始凭证：①增值税专用发票（发票联）9-1；②增值税普通发票（发票联）9-2；③网上银行支付回单9-3。

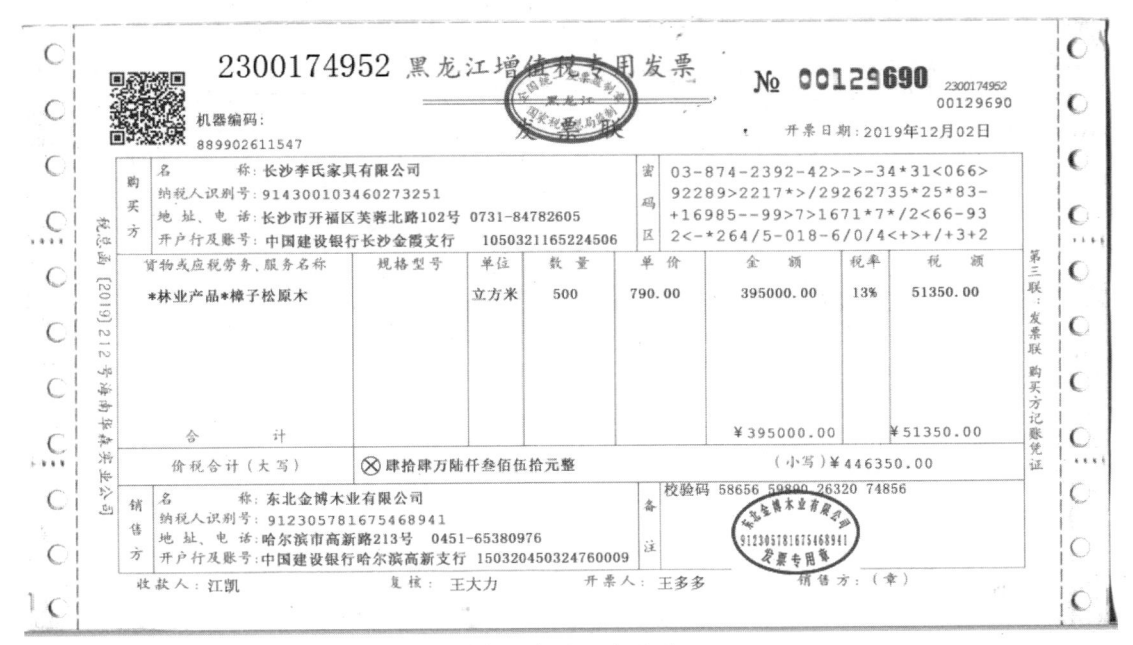

增值税专用发票（发票联）9-1

增值税普通发票（发票联）9-2

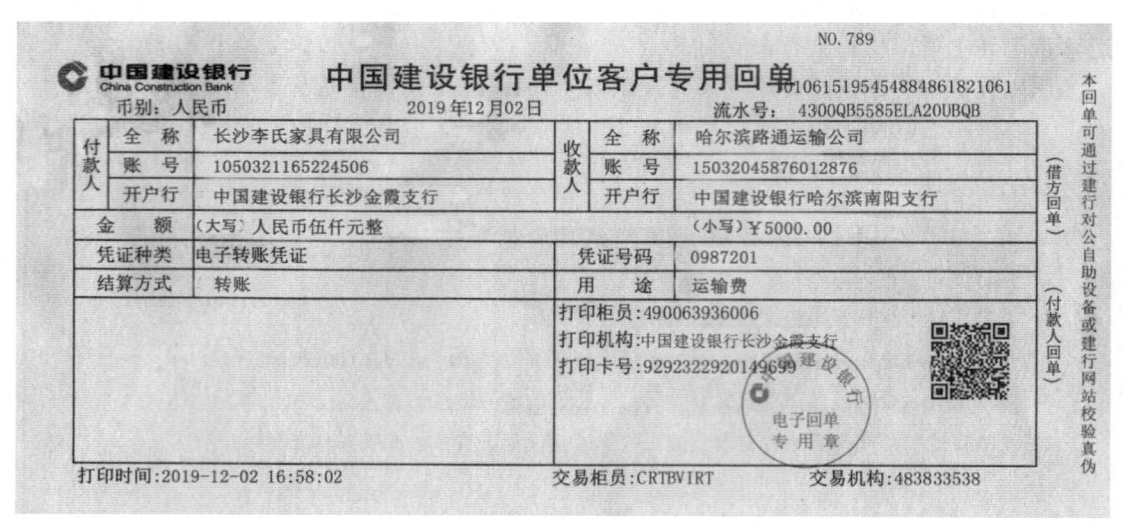

网上银行支付回单9-3

会计分录：

记账凭证：

（10）12月4日，从东北名鼎木业有限公司购入樟子松原木600立方米，单价为780元/立方米；榆木原木600立方米，单价为1480元/立方米；价款共计1 356 000元，增值税为176 280元，运输费为24 000元，款项付讫，材料验收入库（运输费按材料重量比例分配）。

原始凭证：①增值税专用发票（发票联）10-1；②增值税普通发票（发票联）10-2；③收料单10-3；④网上银行支付回单10-4；⑤网上银行支付回单10-5。

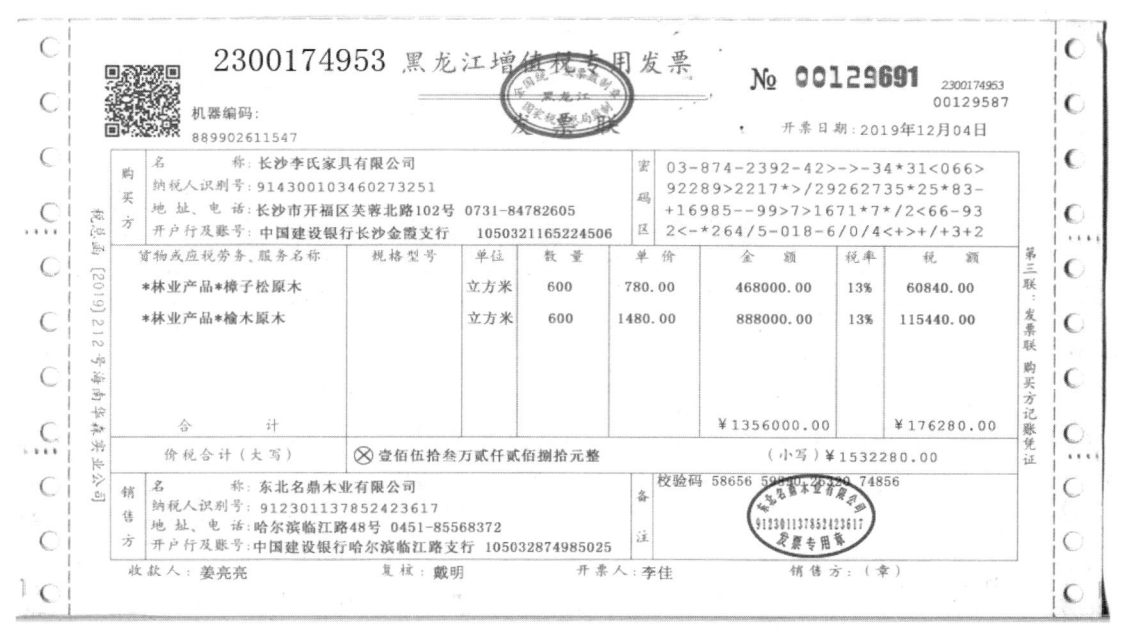

增值税专用发票（发票联）10-1

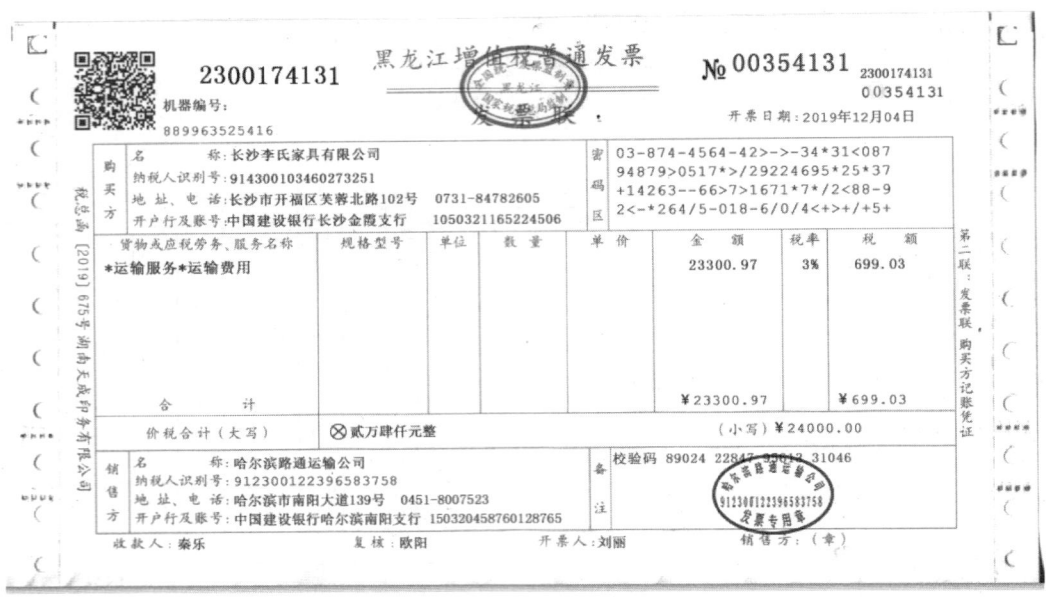

增值税普通发票（发票联）10-2

收料单

供应单位：东北名鼎木业有限公司　　　2019年12月4日　　　收料单编号：0123

材料类别：原料及主要材料　　　　　　　　　　　　　　收料仓库：材料库

材料编号	材料名称	规格	计量单位	数量 应收	数量 实收	买价 单价（元）	买价 发票金额（元）	运输费	合计（元）	单位成本
CL5005	樟子松原木		立方米	600	600	780.00	468 000.00	12 000.00	480 000.00	800.00
CL6006	榆木原木		立方米	600	600	1480.00	888 000.00	12 000.00	900 000.00	1500.00
	合　计								1 380 000.00	

备注：

采购：王亮　　　会计：刘岚　　　收料：曾晓娟

收料单 10-3

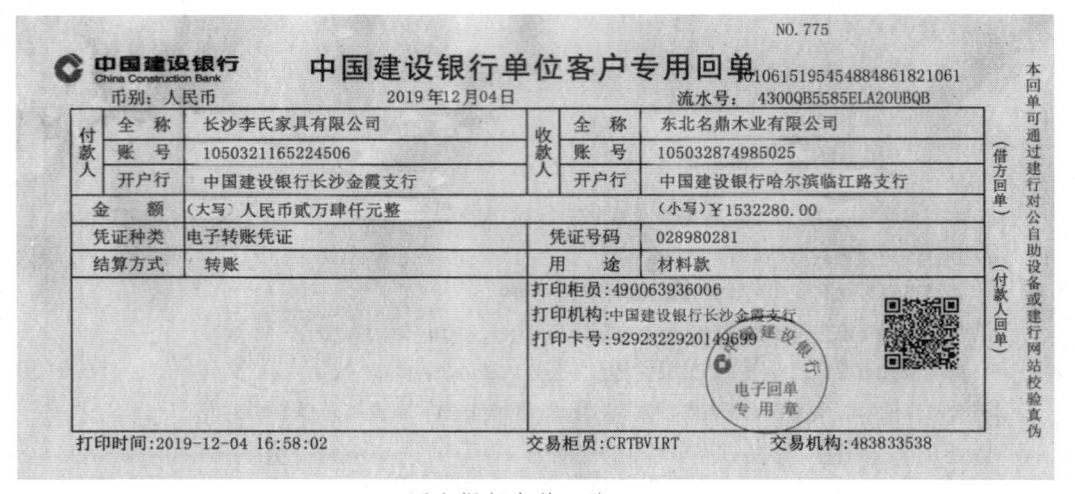

网上银行支付回单 10-4

中国建设银行单位客户专用回单

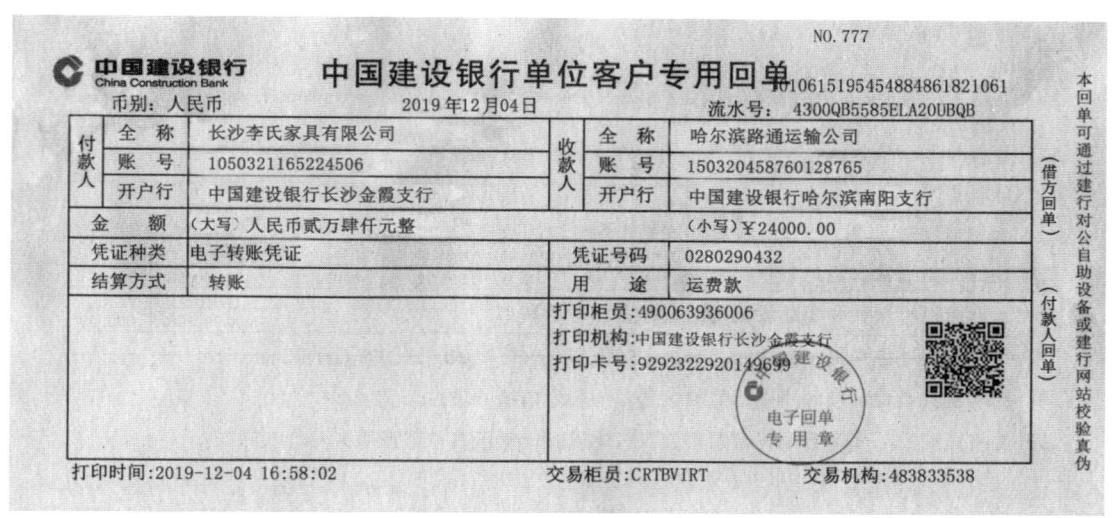

NO.777
2019年12月04日
流水号：4300QB5585ELA20UBQB

付款人	全称	长沙李氏家具有限公司	收款人	全称	哈尔滨路通运输公司
	账号	1050321165224506		账号	150320458760128765
	开户行	中国建设银行长沙金霞支行		开户行	中国建设银行哈尔滨南阳支行

金额	（大写）人民币贰万肆仟元整	（小写）¥24000.00
凭证种类	电子转账凭证	凭证号码 0280290432
结算方式	转账	用途 运费款

打印柜员：490063936006
打印机构：中国建设银行长沙金霞支行
打印卡号：9292322920149699

打印时间：2019-12-04 16:58:02　　交易柜员：CRTBVIRT　　交易机构：483833538

网上银行支付回单 10-5

会计分录：

记账凭证：

记 账 凭 证

年　月　日　　　　　　　　　　　字第　　　号

摘要	会计科目		借方金额	贷方金额	记账
	总账科目	明细科目	亿千百十万千百十元角分	亿千百十万千百十元角分	（签章）
合　计					

会计主管　　　　　出纳　　　　　审核　　　　　制单

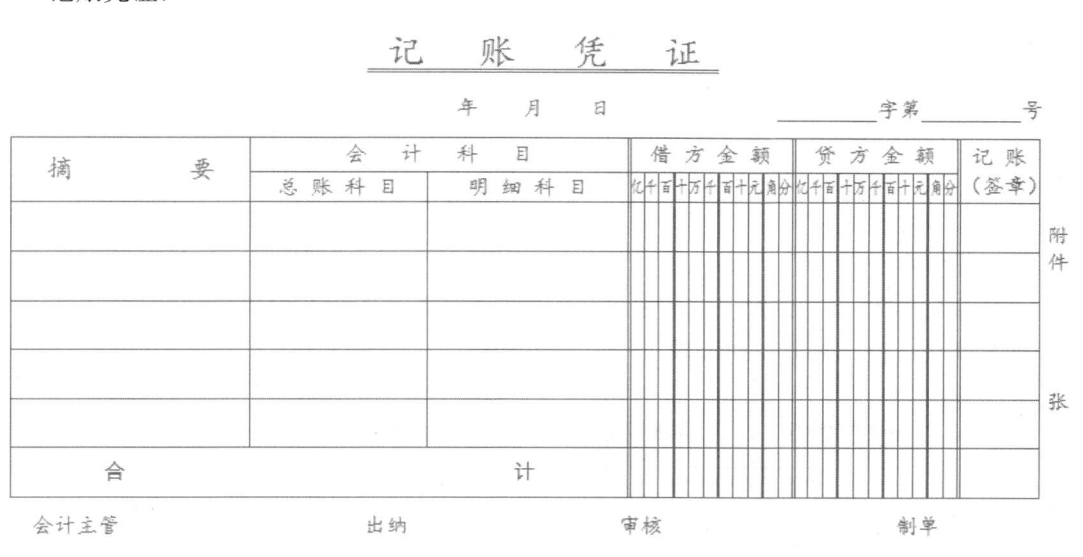

（11）12月4日，从东北金博木业有限公司购入的樟子松原木500立方米（实际成本为400 000元）验收入库。

原始凭证：收料单11-1。

收料单

供应单位：东北金博木业有限公司　　2019年12月4日　　收料单编号：0124

材料类别：原料及主要材料　　　　　　　　　　　　收料仓库：材料库

材料编号	材料名称	规格	计量单位	数量 应收	数量 实收	买价 单价（元）	买价 发票金额（元）	运杂费	合计（元）	单位成本（元）
CL5005	樟子松原木		立方米	500	500	790.00	395 000.00	5000.00	400 000.00	800.00
			合计（元）						400 000.00	800.00

备注：　　　采购：王亮　　会计：刘岚　　收料：曾晓娟

收料单 11-1

会计分录：

记账凭证：

记　账　凭　证

　　　年　月　日　　　　　　　字第　　号

摘要	会计科目 总账科目	会计科目 明细科目	借方金额	贷方金额	记账（签章）
合　计					

会计主管　　　　出纳　　　　审核　　　　制单

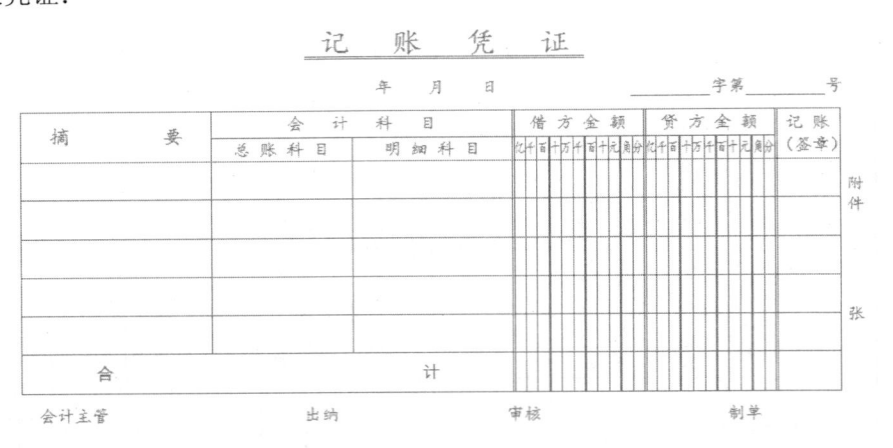

（12）12月5日，以银行存款支付前欠东北金博木业有限公司的货款 126 400 元。

原始凭证：网上银行支付回单 12-1。

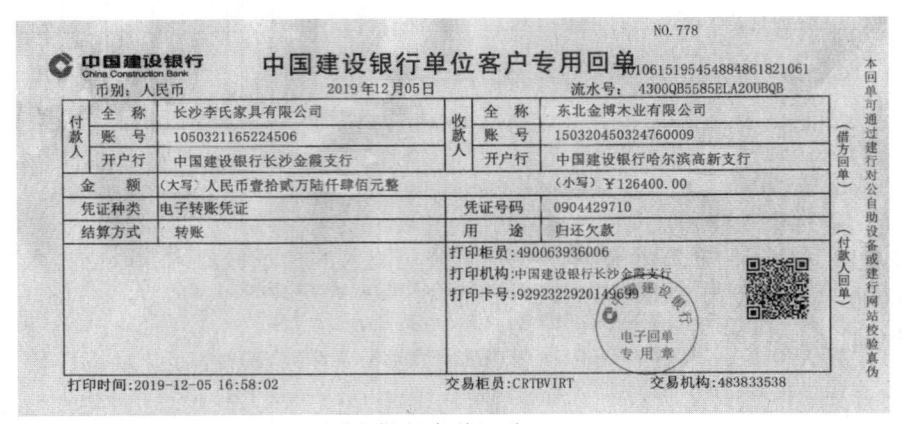

网上银行支付回单 12-1

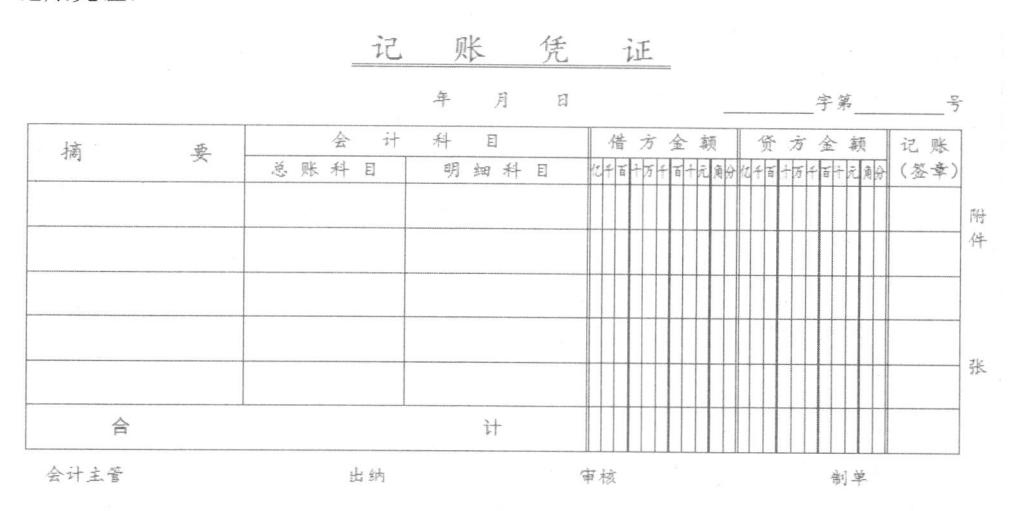

会计分录：

记账凭证：

记 账 凭 证

年 月 日　　　　　　　　字第　　号

摘 要	会 计 科 目		借方金额	贷方金额	记账
	总账科目	明细科目	亿千百十万千百十元角分	亿千百十万千百十元角分	（签章）
合 计					

会计主管　　　　出纳　　　　审核　　　　制单

（13）12月5日，生产实木书桌领用樟子松原木1600立方米，生产实木书柜领用榆木原木1000立方米，车间生产样品领用樟子松原木10立方米，榆木原木5立方米。（樟子松原木单价800元/立方米；榆木原木单价1500元/立方米）

原始凭证：①材料领用汇总表13-1；②领料单13-2；③领料单13-3；④领料单13-4。

材料领用汇总表

2019年12月5日　　　　　　　　　　　　　　　单位：元

用途	樟子松原木			榆木原木			合计
	数量	单价	金额	数量	单价	金额	
生产产品耗用——实木书桌	1600	800	1 280 000				1 280 000
生产产品耗用——实木书柜				1000	1500	1 500 000	1 500 000
车间一般耗用	10	800	8000	5	1500	7500	15 500
合计	1610	800	1 288 000	1005	1500	1 507 500	2 795 500

材料领用汇总表13-1

领 料 单

仓库：材料库　　　　2019年12月5日　　　　编号：0221

编号	类别	材料名称	规格	单位	数量		单价（元）	金额（元）
					请领	实发		
CL5005		樟子松原木		立方米	1600	1600	800.00	1 280 000.00
			合计（元）					1 280 000.00
用途	生产实木书桌						备注	

领料：刘星　　　　记账：左旋　　　　发料：刘翠

领料单13-2

领 料 单

仓库：材料库　　　　　　2019年12月5日　　　　　　编号：0222

编号	类别	材料名称	规格	单位	数量 请领	数量 实发	单价（元）	金额（元）
CL6006		榆木原木		立方米	1000	1000	1500.00	1 500 000.00
				合计（元）				1 500 000.00
用途	生产实木书柜						备注	

领料：刘星　　　　　　　记账：左旋　　　　　　　发料：刘翠

领料单 13-3

领 料 单

仓库：材料库　　　　　　2019年12月5日　　　　　　编号：0223

编号	类别	材料名称	规格	单位	数量 请领	数量 实发	单价（元）	金额（元）
CL5005		樟子松原木		立方米	10	10	800.00	8000.00
CL6006		榆木原木		立方米	5	5	1500.00	7500.00
				合计（元）				15500.00
用途	生产车间领用						备注	

领料：刘星　　　　　　　记账：左旋　　　　　　　发料：刘翠

领料单 13-4

会计分录：

记账凭证：

记 账 凭 证

年　月　日　　　　　　　　　　　　字第　　　号

摘要	会计科目 总账科目	会计科目 明细科目	借方金额 亿千百十万千百十元角分	贷方金额 亿千百十万千百十元角分	记账（签章）
合计					

会计主管　　　　　　出纳　　　　　　审核　　　　　　制单

（14）12月15日，从银行提取现金258 640元，准备用于发放工资。
原始凭证：现金支票存根14-1。

中国建设银行
现金支票存根
10504316
01630651

附加信息

出票日期 2019年 12月 15日
收款人：长沙李氏家具有限公司
金额：¥258640.00
用途：发放工资
单位主管 李霞　会计 刘贞

现金支票存根14-1

会计分录：

记账凭证：

(15) 12月15日，支付上月应付职工工资 258 640 元。

原始凭证：工资发放表 15-1。

长沙李氏家具有限公司工资发放明细表

发放时间：2019年12月15日

部门	序号	姓名	应付工资 标准工资	奖金	缺勤扣款	合计	待扣款项 水电费	个税	合计	实发工资	签名
总经理	1	曾晓娟	4600.00	1800.00		6400.00				6400.00	曾晓娟
财务部	2	李霞	3700.00	1500.00		5200.00				5200.00	李霞
	3	刘岚	3500.00	1500.00		5000.00				5000.00	刘岚
	4	沈俐	3500.00	1400.00		4900.00				4900.00	沈俐
行政部	5	王亮	4000.00	1700.00		5700.00				5700.00	王亮
	6	张乐	3700.00	1400.00		5100.00				5100.00	张乐
采购部	7	杨浩	4100.00	1400.00		5500.00				5500.00	杨浩
	8	赵峰	3700.00	1400.00		5100.00				5100.00	赵峰
销售部	9	丁晓平	4000.00	1700.00		5700.00				5700.00	丁晓平
	10	杨晓晓	3500.00	1900.00		5400.00				5400.00	杨晓晓
	11	杨峰	3500.00	1800.00		5300.00				5300.00	杨峰
生产部	12	丁小平	4200.00	1500.00		5700.00				5700.00	丁小平
	13	周甲仁	3500.00	1400.00		4900.00				4900.00	周甲仁
	14	马红运	3500.00	1500.00		5000.00				5000.00	马红运
	15	张茜	3500.00	1500.00		5000.00				5000.00	张茜
	16	王尼	3500.00	1800.00		5300.00				5300.00	王尼
	17	刘小红	3500.00	1400.00		4900.00				4900.00	刘小红
	18	陈冰	3600.00	1400.00		5000.00				5000.00	陈冰
	19	黄芬	3600.00	1400.00		5000.00				5000.00	黄芬
	20	周永华	3600.00	1300.00		4900.00				4900.00	周永华
	21	王旭林	3600.00	1300.00		4900.00				4900.00	王旭林
	22	陈周勇	3500.00	1400.00		4900.00				4900.00	陈周勇
	23	李晶	3500.00	1460.00		4960.00				4960.00	李晶
	24	刘晓晓	3500.00	1300.00		4800.00				4800.00	刘晓晓
	25	李莹	3500.00	1300.00		4800.00				4800.00	李莹
	26	周巧云	3500.00	1300.00		4800.00				4800.00	周巧云
	27	邓晨	3500.00	1300.00		4800.00				4800.00	邓晨
	28	陈杨	3500.00	1400.00		4900.00				4900.00	陈杨
	29	徐霞	3500.00	1400.00		4900.00				4900.00	徐霞
	30	黎前路	3500.00	1300.00		4800.00				4800.00	黎前路
	31	刘根股	3600.00	1400.00		5000.00				5000.00	刘根股
	32	廖黄金	3500.00	1400.00		4900.00				4900.00	廖黄金
	33	胡小文	3500.00	1500.00		5000.00				5000.00	胡小文
	34	陈超	3500.00	1400.00		4900.00				4900.00	陈超
	35	周楚	3600.00	1400.00		5000.00				5000.00	周楚
	36	邓莉	3400.00	1500.00		4900.00				4900.00	邓莉
	37	李文龙	3500.00	1500.00		5000.00				5000.00	李文龙
	38	刘晓英	3600.00	1400.00		5000.00				5000.00	刘晓英
	39	张慧	3500.00	1400.00		4900.00				4900.00	张慧
	40	陆台	3400.00	1500.00		4900.00				4900.00	陆台
	41	刘韬	3500.00	1500.00		5000.00				5000.00	刘韬
	42	郑文华	3500.00	1400.00		4900.00				4900.00	郑文华
	43	苏文	3500.00	1400.00		4900.00				4900.00	苏文
	44	雷英姿	3600.00	1400.00		5000.00				5000.00	雷英姿
	45	陈永	3600.00	1400.00		5000.00				5000.00	陈永
	46	徐旭	3600.00	1600.00		5200.00				5200.00	徐旭
	47	陈文茹	3600.00	1500.00		5100.00				5100.00	陈文茹
	48	刘巧华	3600.00	1400.00		5000.00				5000.00	刘巧华
	49	谭文	3600.00	1800.00		5400.00				5400.00	谭文
	50	李连利	3600.00	1480.00		5080.00				5080.00	李连利
	51	陆洲	3600.00	1400.00		5000.00				5000.00	陆洲
合计			183800.00	74840.00		258640.00				258640.00	

审核：李霞　　　　　　　　　　　　　　　　　　　　　　　　　制单人：刘岚

工资发放表 15-1

会计分录：

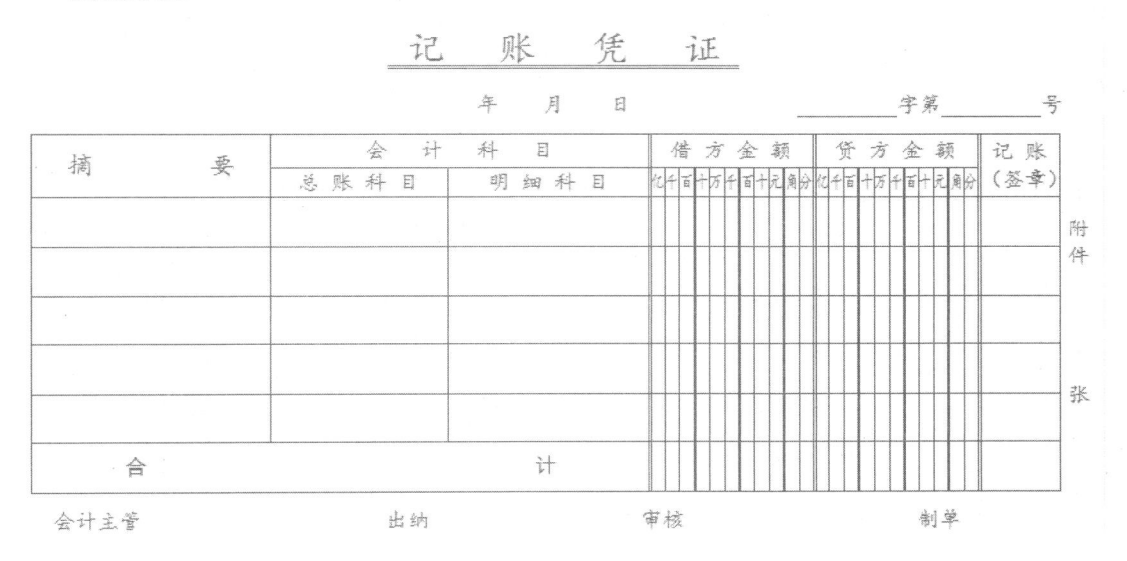

记账凭证:

记 账 凭 证

年　月　日　　　　　　　　　　　　　　字第　　号

摘要	会计科目		借方金额	贷方金额	记账
	总账科目	明细科目	亿千百十万千百十元角分	亿千百十万千百十元角分	(签章)
合		计			

会计主管　　　　　出纳　　　　　审核　　　　　制单

（16）12月15日，结算本月应付职工工资364 512.80元，其中生产实木书桌的工人工资107 000元，生产实木书柜工人的工资118 750元，车间管理人员的工资48 895元，厂部管理人员的工资65 276元，销售人员的工资24 591.80元。（说明：工资结算一般在月末进行，因考虑经济业务的连续性，在此假定提前至月中进行工资结算。）

原始凭证：工资费用分配表16-1。

工资费用分配表

2019年12月15日　　　　　　　　　　　　　　　　单位：元

项　目	应分配金额
产品生产人员——实木书桌	107 000.00
产品生产人员——实木书柜	118 750.00
车间管理人员	48 895.00
厂部管理人员	65 276.00
销售人员	24 591.00
合计	364 512.00

审核：李霞　　　　　　　　　　　　　　　　制表：刘岚

工资费用分配表16-1

会计分录：

61

记账凭证：

记 账 凭 证

年　月　日　　　　　　　字第　　　号

摘　　要	会　计　科　目		借方金额	贷方金额	记账(签章)
	总账科目	明细科目	亿千百十万千百十元角分	亿千百十万千百十元角分	
合　　计					

会计主管　　　　　出纳　　　　　审核　　　　　制单

（17）12月15日，开出一张3000元的现金支票，支付采购员王超出差借款。

原始凭证：①现金支票存根17-1；②借支单17-2。

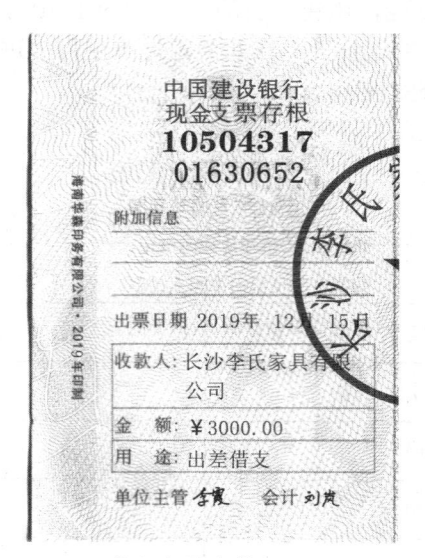

中国建设银行
现金支票存根
10504317
01630652

附加信息

出票日期 2019年 12月 15日
收款人：长沙李氏家具有限公司
金　　额：￥3000.00
用　　途：出差借支
单位主管 李霞　会计 刘岚

现金支票存根17-1

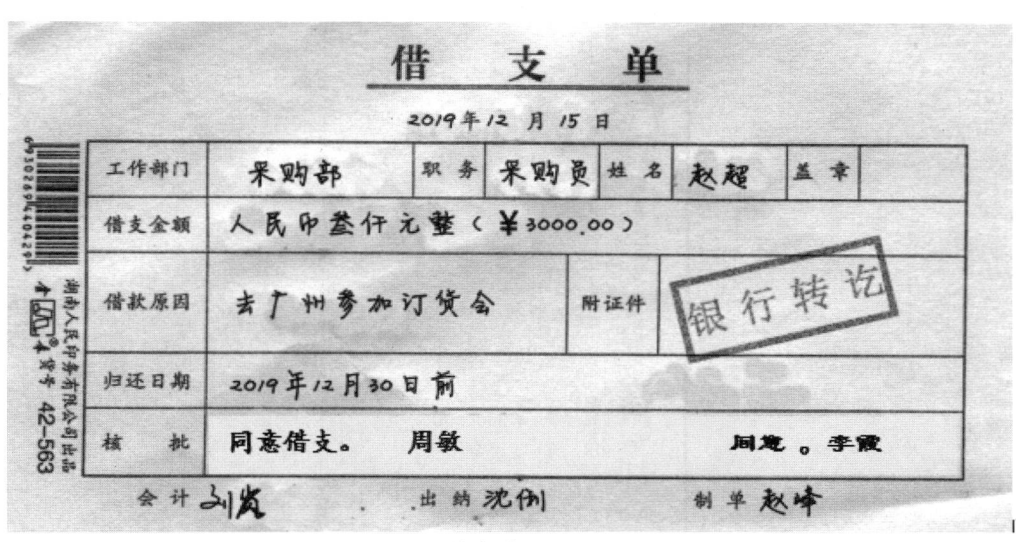

借 支 单

2019年12月15日

工作部门	采购部	职务	采购员	姓名	赵超	盖章	
借支金额	人民币叁仟元整（￥3000.00）						
借款原因	去广州参加订货会			附证件	银行转讫		
归还日期	2019年12月30日前						
核批	同意借支。 周敏						同意。李霞
会计 刘岚	出纳 沈例	制单 赵峰					

借支单17-2

会计分录：

记账凭证：

记 账 凭 证

年　月　日　　　　　　　　　　　字第　　　号

摘要	会计科目		借方金额	贷方金额	记账(签章)
	总账科目	明细科目	亿千百十万千百十元角分	亿千百十万千百十元角分	
合　　计					

会计主管　　　　　　出纳　　　　　　审核　　　　　　制单

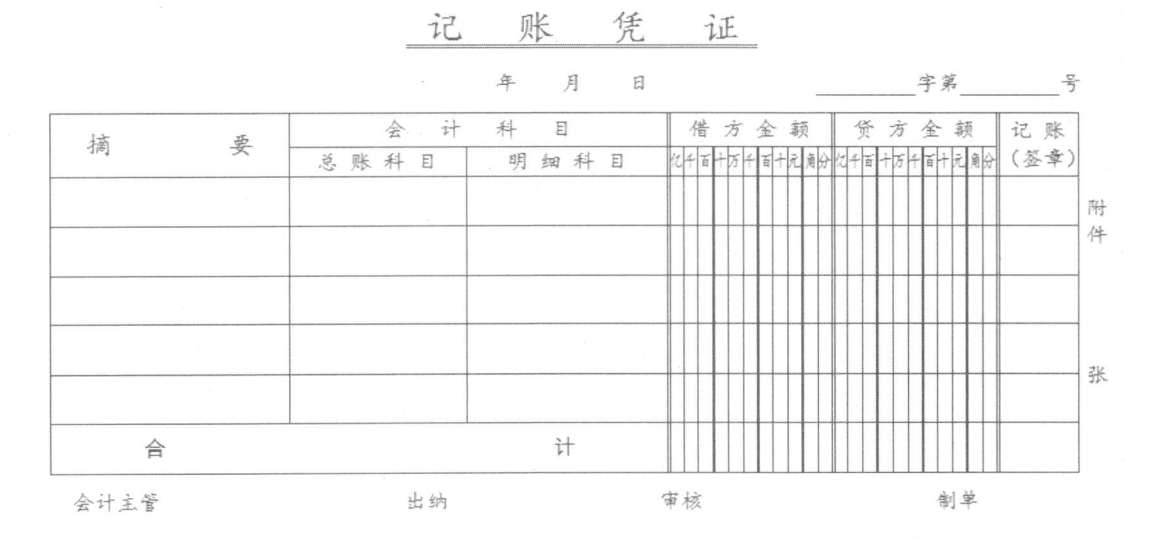

（18）12月15日，提取现金2000元备用。
原始凭证：①现金支票存根18-1。

中国建设银行
现金支票存根
10504318
01630653

附加信息

出票日期 2019年 12月 15日
收款人：长沙李氏家具有限公司
金　额：￥2000.00
用　途：备用金
单位主管 李霞　会计 刘兰

现金支票存根 18-1

会计分录：

记账凭证：

记 账 凭 证

年　月　日　　　　　　　　　　字第　　　号

摘　要	会计科目		借方金额	贷方金额	记账
	总账科目	明细科目	亿千百十万千百十元角分	亿千百十万千百十元角分	(签章)
合　计					

会计主管　　　　　出纳　　　　　审核　　　　　制单

（19）12月15日，刘兰兰报销购买的办公用品2987元，以银行存款付讫。
原始凭证：①增值税普通发票（发票联）19-1；②转账支票存根19-2。

增值税普通发票（发票联）19-1

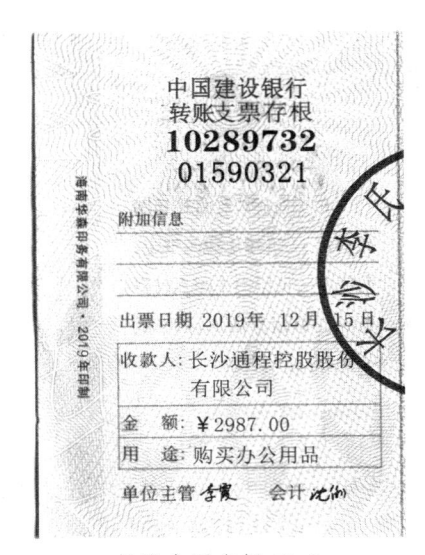

转账支票存根 19-2

会计分录：

记账凭证：

摘要	会计科目		借方金额	贷方金额	记账
	总账科目	明细科目	亿千百十万千百十元角分	亿千百十万千百十元角分	(签章)
合计					

会计主管　　　　　出纳　　　　　审核　　　　　制单

（20）12月18日，生产车间报销购买的办公用品463.50元，以现金付讫。
原始凭证：增值税普通发票（发票联）20-1。

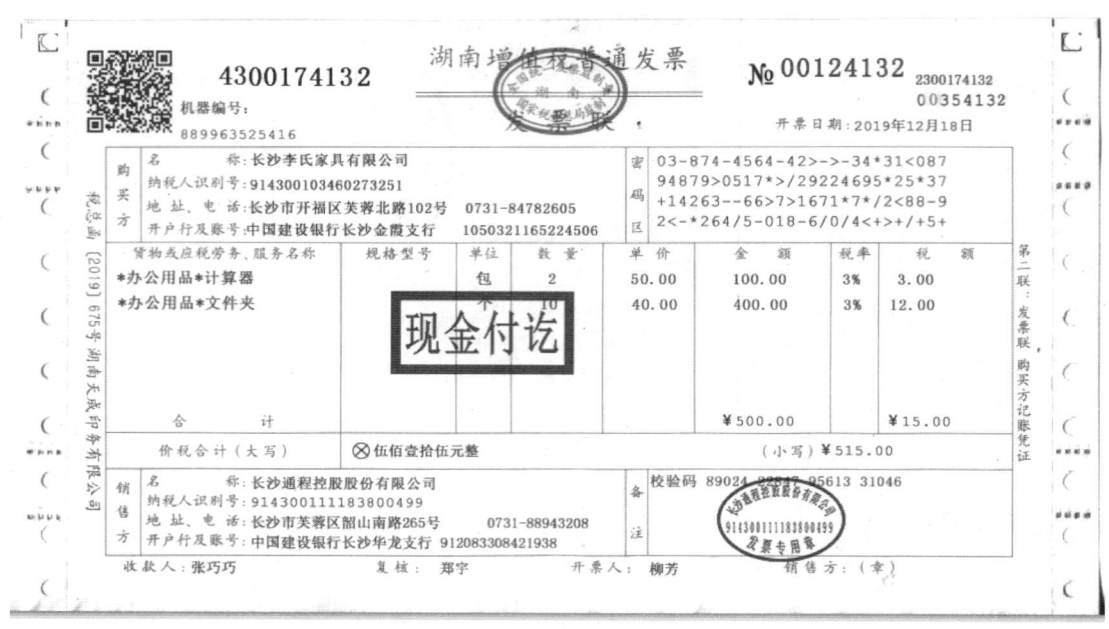

增值税普通发票（发票联）20-1

会计分录：

记账凭证：

记 账 凭 证

年 月 日　　　　　　　　　　字第　　　号

摘　要	会　计　科　目		借方金额	贷方金额	记账(签章)
	总账科目	明细科目	亿千百十万千百十元角分	亿千百十万千百十元角分	
					附件　　张
合　　　　　计					

会计主管　　　　　出纳　　　　　审核　　　　　制单

（21）12月19日，职工王超出差回来报销差旅费2640元，并将借款余额360元交回财务部。

原始凭证：①收款收据21-1；②差旅费报销单21-2；③车票21-3；
④车票21-4；⑤增值税普通发票（发票联）21-5。

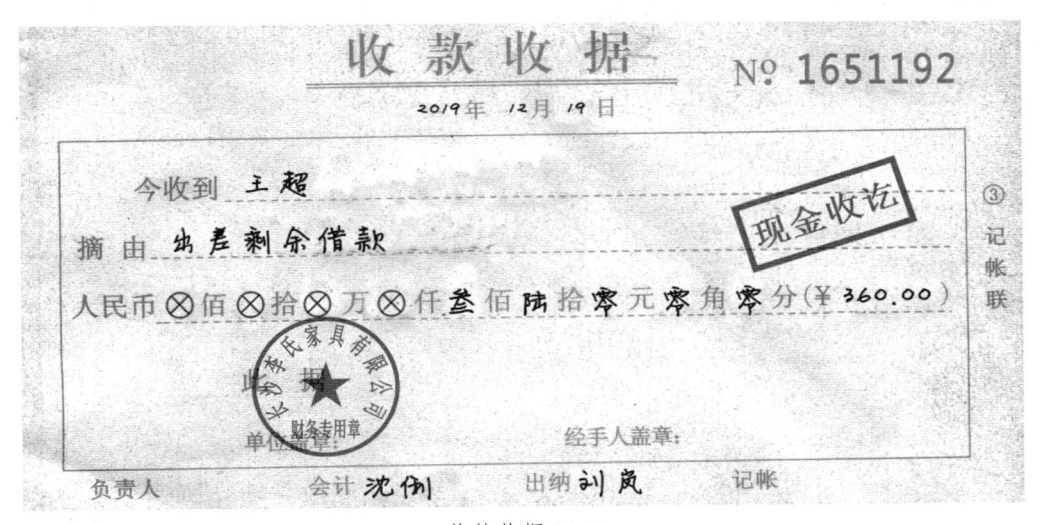

收款收据　　No.1651192

2019年 12月 19日

今收到　王超
摘由　出差剩余借款
人民币 ⊗佰⊗拾⊗万⊗仟叁佰陆拾零元零角零分　（¥360.00）

现金收讫

负责人　　　会计 沈例　　出纳 刘岚　　记帐

收款收据 21-1

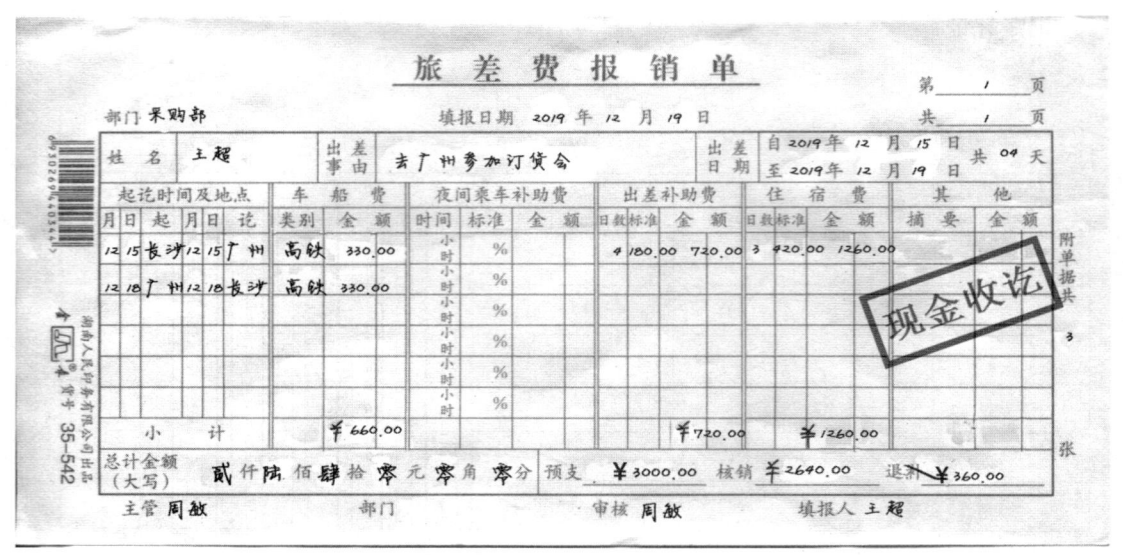

旅差费报销单 21-2

车票 21-3

车票 21-4

增值税普通发票（发票联）21-5

会计分录：

记账凭证：

摘要	会计科目		借方金额	贷方金额	记账(签章)
	总账科目	明细科目	亿千百十万千百十元角分	亿千百十万千百十元角分	
合计					

会计主管　　　　出纳　　　　　审核　　　　　制单

（22）12月30日，公司支付并分配本月水费1400元，增值税126元。
原始凭证：①增值税专用发票（发票联）22-1；②网上银行支付回单22-2；
　　　　　③水费分配表22-3。

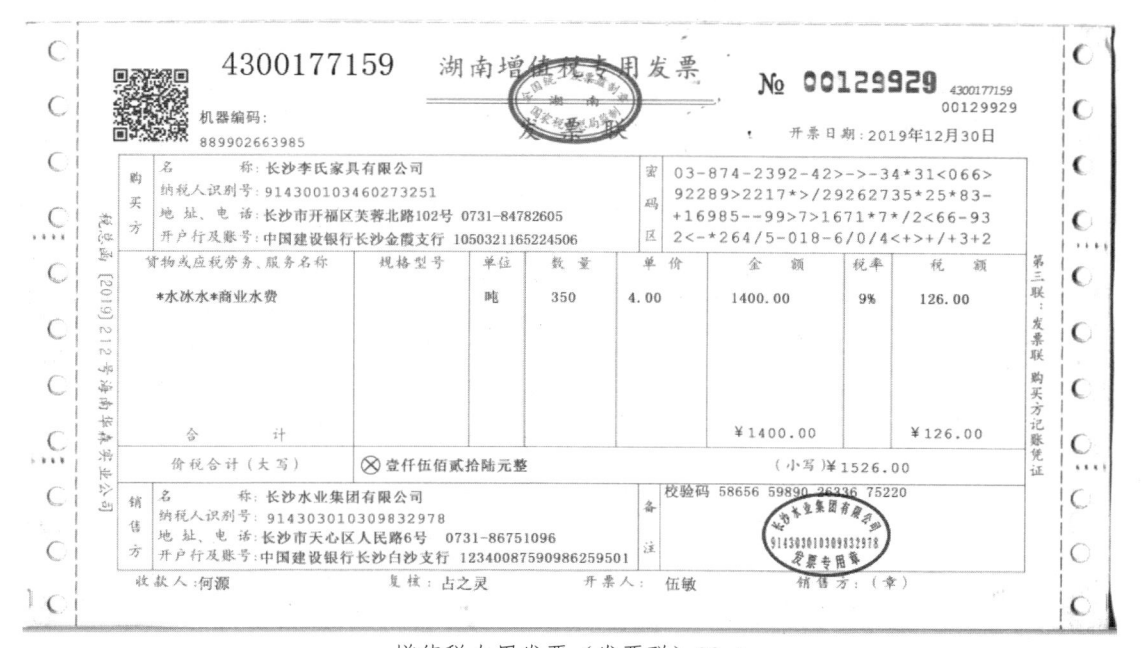

增值税专用发票（发票联）22-1

```
                                                                    NO.779
 中国建设银行         中国建设银行单位客户专用回单
 China Construction Bank        2019年12月30日          流水号：4300QB5585ELA2015432
          币别：人民币
付  全  称    长沙李氏家具有限公司    收  全  称    长沙水业集团有限公司
款  账  号    1050321165224506     款  账  号    1234008759208576208
人  开户行    中国建设银行长沙金霞支行  人  开户行    中国建设银行长沙白沙大支行
   金  额    （大写）人民币壹仟伍佰贰拾陆元整      （小写）¥1526.00
   凭证种类   电子转账凭证            凭证号码    053280
   结算方式   转账                   用  途     水费
                                打印柜员：490063936006
                                打印机构：中国建设银行长沙金霞支行
                                打印卡号：9292322920149699
打印时间：2019-12-30  11:17:18    交易柜员：CRTBVIRT    交易机构：483833538
```

网上银行支付回单 22-2

水费分配表

2019年12月30日 金额单位：元

受益对象	耗用量（吨）	分配率	分配金额（元）
生产车间	145	4.00	580.00
管理部门	205	4.00	820.00
合计	350	4.00	1400.00

审核：李霞　　　　　　　制单：刘岚

水费分配表 22-3

会计分录：

记账凭证：

记 账 凭 证

年　月　日　　　　　　字第　　号

摘　要	会计科目		借方金额	贷方金额	记账
	总账科目	明细科目	亿千百十万千百十元角分	亿千百十万千百十元角分	（签章）
合　计					

会计主管　　　　　　出纳　　　　　　审核　　　　　　制单

（23）12月30日，公司支付并分配本月电费6800元，增值税884元。
原始凭证：①增值税专用发票（发票联）23-1；②网上银行支付回单23-2；
③电费分配表23-3。

增值税专用发票（发票联）23-1

网上银行支付回单23-2

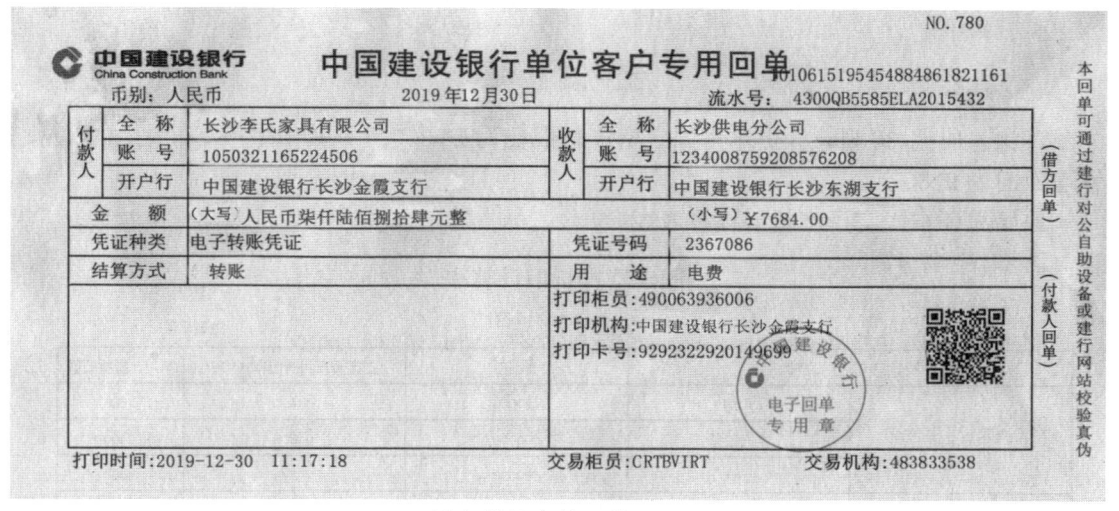

电费分配表

2019年12月30日　　　　　　　　　　　　　　　　　　　金额单位：元

受益对象	耗用量（千瓦时）	分配率	分配金额（元）
生产车间	5850	0.80	4680.00
管理部门	2650	0.80	2120.00
合计	8500	0.80	6800.00

审核：李霞　　　　　　　　　　　制单：刘岚

电费分配表 23-3

会计分录：

记账凭证：

记 账 凭 证

年　月　日　　　　　　　　　　字第　　　号

摘要	会计科目		借方金额	贷方金额	记账（签章）
	总账科目	明细科目	亿千百十万千百十元角分	亿千百十万千百十元角分	
合		计			

会计主管　　　　　出纳　　　　　审核　　　　　制单

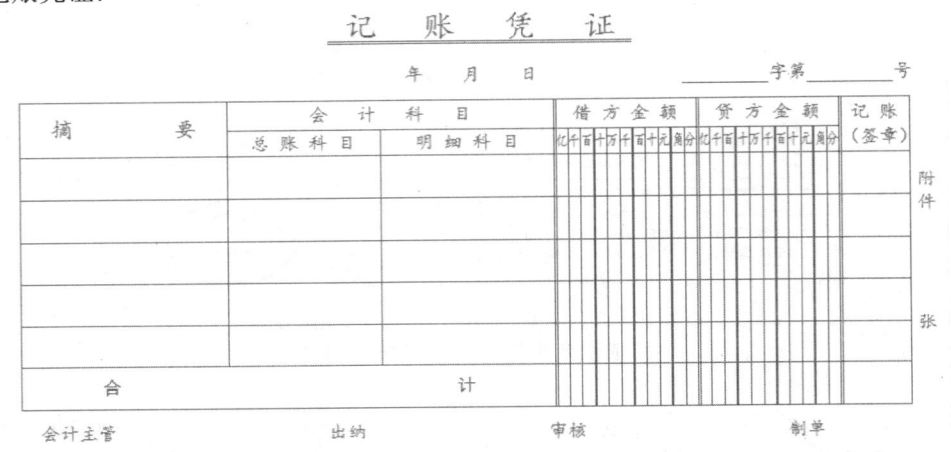

（24）12月30日，计提本月固定资产折旧费为13 360元，其中生产车间为4080元，管理部门为9280元。

原始凭证：固定资产折旧计算表 24-1。

固定资产折旧计算表

2019年12月30日　　　　　　　　　　　　　　　　　　　金额单位：元

使用部门和固定资产类别		原值	固定资产月折旧率（%）	本月计提折旧额
生产车间	厂房	420000	0.40%	1680
	生产设备	300000	0.80%	2400
	小计	720000		4080
管理部门	办公用房	480000	0.40%	1920
	运输设备	240000	2%	4800
	管理设备	160000	1.60%	2560
	小计	880000		9280
合　　计		1600000		13360

审核：李霞　　　　　　　　　　　制单：刘岚

固定资产折旧计算表 24-1

会计分录：

记账凭证：

记　账　凭　证

年　月　日　　　　　　　　　　　字第　　　号

摘　要	会　计　科　目		借方金额	贷方金额	记账
	总账科目	明细科目	亿千百十万千百十元角分	亿千百十万千百十元角分	(签章)
					附
					件
					张
合　　　　计					

会计主管　　　　　　出纳　　　　　　审核　　　　　　制单

（25）12月30日，将本月发生的制造费用转入生产成本。（按生产工人工时标准分配，即实木书桌工人为800工时，实木书柜工人为1000工时）

原始凭证：制造费用分配表25-1。

要求：计算本月发生的制造费用并编制制造费用分配表。

制造费用分配表

2019 年 12 月 30 日　　　　　　　　　　金额单位：元

产品名称	分配标准 （生产工人工时）	分配率（%）	分配额（元）

财务主管：李霞　　　　　　　　　　　　　　　　制单：刘岚

制造费用分配表25-1

会计分录：

记账凭证：

记 账 凭 证

　　　　　　　　　　年　月　日　　　　　　　　　　　字第　　　　号

摘　要	会 计 科 目		借方金额	贷方金额	记账
	总账科目	明细科目	亿千百十万千百十元角分	亿千百十万千百十元角分	（签章）
					附
					件
					张
合　　　　计					

会计主管　　　　　　出纳　　　　　　审核　　　　　　制单

（26）12月30日，本月生产的实木书桌和实木书柜全部完工入库（实木书桌有710张，实木书柜有500个），结转完工产品的生产成本。

原始凭证：①完工产品成本汇总表26-1；②入库单26-2。

要求：计算本月完工产品的生产成本并编制完工产品成本汇总表。

完工产品成本汇总表

2019年12月30日　　　　　　　　　　　金额单位：元

产品名称	单位	产量	直接材料	直接人工	制造费用	总成本	单位成本

财务主管：李霞　　　　　　　　　　　　　　制单：刘岚

完工产品成本汇总表26-1

入库单

2019年12月30日　　　　　　　　　　单号：RK00351

入库单位（部门）	生产车间	验收仓库	成品库	入库日期	2019.12.30
编号	名称及规格	单位	数量		实际价格	
			交库	实收	单价	金额
CP1001	实木书桌	张	710	710		
CP2002	实木书柜	个	500	500		
	合计					

会计：刘岚　　　　经办人：许未　　　　制单人：黄立

入库单 26-2

会计分录：

记账凭证：

记 账 凭 证

年　月　日　　　　　　　　　　　　　字第　　　号

摘　要	会 计 科 目		借 方 金 额	贷 方 金 额	记账（签章）
	总账科目	明细科目	亿千百十万千百十元角分	亿千百十万千百十元角分	
	合 计				

会计主管　　　　出纳　　　　审核　　　　制单

（27）12月30日，销售给长沙光明家具有限公司实木书桌680套，单价为3000元/套，价款为2 040 000元，增值税为265 200元，货款收到并存入银行。

原始凭证：①增值税专用发票（记账联）27-1；②产品销售单27-2；

③银行进账单（收账通知）27-3；④商品购销合同27-4。

湖南增值税专用发票

No 00129920

代码：4300174160
号码：00129920
开票日期：2019年12月30日

机器编号：889902615321

购买方	名称：长沙光明家具有限公司 纳税人识别号：91430010324749174I 地址、电话：长沙市解放东路11号 0731-84573860 开户行及账号：中国建设银行长沙铁银支行 105032847581241	密码区	03-884-2392-42>->-34*31<066> 92289>2317*>/29262735*25*83- +16985--99>7>1761*7*/2<66-93 2<-*263/5-018-6/0/4<+>+/+3+2

货物或应税劳务、服务名称	规格型号	单位	数量	单价	金额	税率	税额
*木制品*实木书桌		套	680	3000.00	2040000.00	13%	265200.00
合计					¥2040000.00		¥265200.00

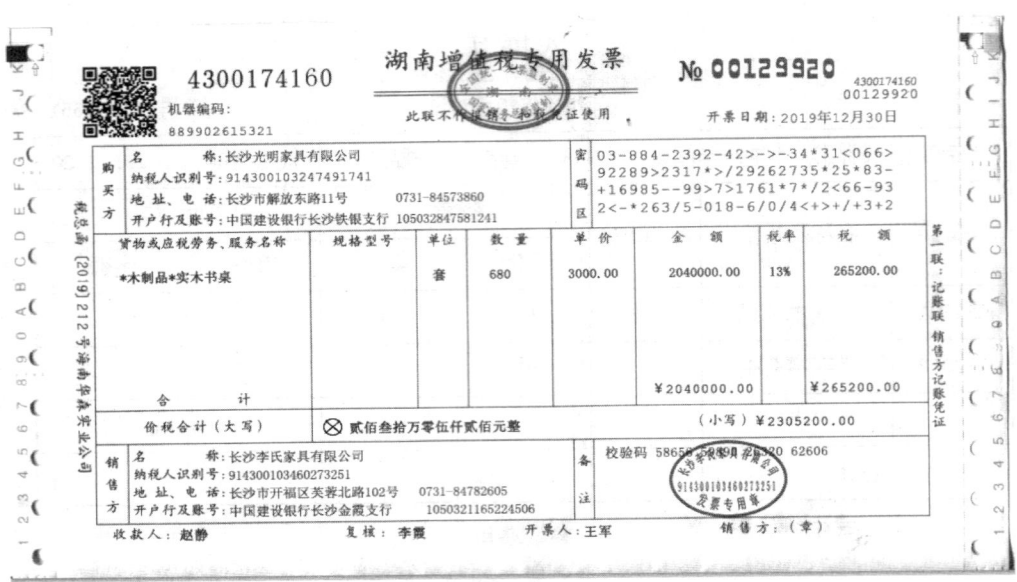

价税合计（大写）：贰佰叁拾万零伍仟贰佰元整　（小写）¥2305200.00

销售方	名称：长沙李氏家具有限公司 纳税人识别号：914300103460273251 地址、电话：长沙市开福区芙蓉北路102号 0731-84782605 开户行及账号：中国建设银行长沙金霞支行 1050321165224506	备注	

收款人：赵静　复核：李霞　开票人：王军　销售方：（章）

增值税专用发票（记账联）27-1

产品销售单

购货单位：长沙光明家具有限公司　2019年12月30日　单据编号：0101

编码	产品名称	规格	单位	单价	数量	金额	备注
CP1001	实木书桌		套	3000.00	680	2040000.00	不含税价
合计	人民币(大写)贰佰零肆万元整					¥2040000.00	

销售经理：张晶　　会计：刘岚　　经手人：李飞

产品销售单 27-2

中国建设银行进账单（收账通知）

2019年12月30日

出票人	全称	长沙光明家具有限公司	收款人	全称	长沙李氏家具有限公司
	账号	105032847581241		账号	1050321165224506
	开户银行	中国建设银行长沙铁银支行		开户银行	中国建设银行长沙金霞支行

金额	人民币（大写）	贰佰叁拾万零伍仟贰佰元整	亿千百十万千百十元角分 ¥ 2 3 0 5 2 0 0 0 0

票据种类	转账支票	票据张数	1
票据号码	093590658		
备注			

（银行盖章）中国建设银行金霞支行 2019-12-30 业务讫

此联是收款人开户银行交给收款人的收账通知

银行进账单（收账通知）27-3

商品购销合同

甲方（购货方）： 长沙光明家具有限公司
乙方（销货方）： 长沙李氏家具有限公司

根据《中华人民共和国合同法》及有关法律、法规规定，甲、乙双方本着平等、自愿、公平、互惠互利和诚实守信的原则，就产品供销的有关事宜协商一致订立本合同，以便共同遵守。

一、合同价款及付款方式

本合同总价款为人民币 贰佰零肆万元整 （￥2 040 000.00），签订合同后甲方支付货款人民币（￥2 040 000.00）。

商品于 当日 发出。

二、产品质量

1．乙方保证所提供的产品货真价实，来源合法，无任何法律纠纷和质量问题，如果乙方所提供产品与第三方出现了纠纷，由此引起的一切法律后果均由乙方承担。

2．购销商品明细

商品名称	单位	数量	单价（含税）	金额（含税）
实木书桌	张	680	3000.00	2040000.00
合计				2040000.00

三、违约责任

1．甲乙双方均应全面履行本合同约定，一方违约给另一方造成损失的，应当承担赔偿责任。

2．甲方未按照合同约定的期限结算的，应按照中国人民银行有关延期付款的规定，延迟一日，需支付结算货款的万分之五的违约金;延迟 10 日以上的，除支付违约金外，乙方有权解除合同。

3．甲方不得无故拒绝接收货物，否则应当承担由此造成的损失和运输费用。

4．合同解除后，双方应当按照本合同的约定进行对账和结算。

四、其他约定事项

本合同一式两份，自双方签字之日起生效。如果出现纠纷，双方均可向有管辖权的人民法院提起诉讼。

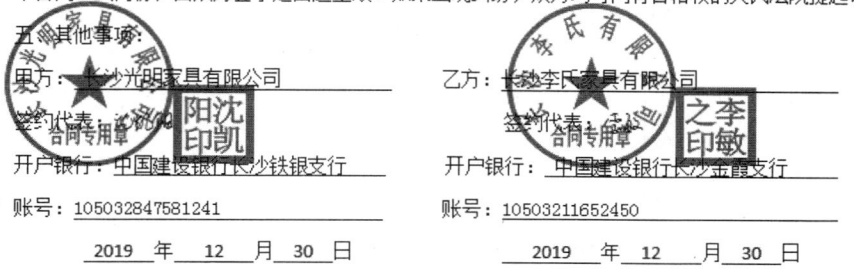

五、其他事项：

甲方： 长沙光明家具有限公司　　　　乙方： 长沙李氏家具有限公司
签约代表：沈凯　　　　　　　　　　签约代表：李敏
开户银行： 中国建设银行长沙铁银支行　开户银行： 中国建设银行长沙金霞支行
账号：105032847581241　　　　　　账号：10503211652450

　　2019 年 12 月 30 日　　　　　　2019 年 12 月 30 日

商品购销合同 27-4

会计分录：

记账凭证：

记 账 凭 证

年　月　日　　　　　　　　　字第　　　号

摘要	会计科目		借方金额	贷方金额	记账（签章）
	总账科目	明细科目	亿千百十万千百十元角分	亿千百十万千百十元角分	
					附件　　张
合计					

会计主管　　　　　出纳　　　　　审核　　　　　制单

（28）12月30日，销售给长沙华峰家具有限公司实木书柜450套，单价为4500元/套，价款为2 025 000元，增值税为263 250元，货款暂未收到。

原始凭证：①增值税专用发票（记账联）28-1；②产品销售单28-2；
③商品购销合同28-3。

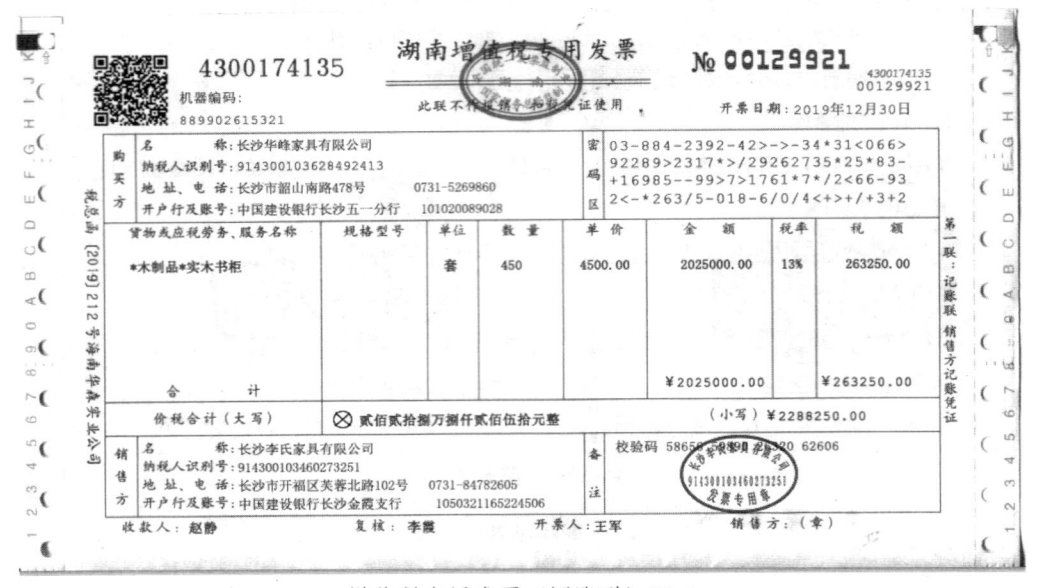

增值税专用发票（记账联）28-1

产品销售单

购货单位：长沙华峰家具有限公司　　2019年12月30日　　　　单据编号：0102

编码	产品名称	规格	单位	单价	数量	金额	备注
CP2002	实木书柜		套	4 500.00	450	2 025 000.00	不含税价
合计	人民币(大写)贰佰零贰万伍仟元整					¥2 025 000.00	

销售经理：张晶　　　　　会计：刘岚　　　　　经手人：李飞

第二联：会计联

产品销售单 28-2

商品购销合同

甲方（购货方）：　长沙华峰家具有限公司　

乙方（销货方）：　长沙李氏家具有限公司　

　　根据《中华人民共和国合同法》及有关法律、法规规定，甲、乙双方本着平等、自愿、公平、互惠互利和诚实守信的原则，就产品供销的有关事宜协商一致订立本合同，以便共同遵守。

一、合同价款及付款方式

本合同总价款为人民币　贰佰零贰万伍仟元整　（￥2 025 000.00），签订合同后甲方支付货款人民币（￥2 025 000.00）。

商品于　当日　发出。

二、产品质量

1．乙方保证所提供的产品货真价实，来源合法，无任何法律纠纷和质量问题，如果乙方所提供产品与第三方出现了纠纷，由此引起的一切法律后果均由乙方承担。

2．购销商品明细

商品名称	单位	数量	单价（含税）	金额（含税）
实木书柜	个	450	4500.00	2 025 000.00
合计				2 025 000.00

三、违约责任

1．甲乙双方均应全面履行本合同约定，一方违约给另一方造成损失的，应当承担赔偿责任。

2．甲方未按照合同约定的期限结算的，应按照中国人民银行有关延期付款的规定，延迟一日，需支付结算货款的万分之五的违约金；延迟　10　日以上的，除支付违约金外，乙方有权解除合同。

3．甲方不得无故拒绝接收货物，否则应当承担由此造成的损失和运输费用。

4．合同解除后，双方应当按照本合同的约定进行对账和结算。

四、其他约定事项

本合同一式两份，自双方签字之日起生效。如果出现纠纷，双方均可向有管辖权的人民法院提起诉讼。

五、其他事项

甲方：　长沙华峰家具有限公司　　　　　乙方：　长沙李氏家具有限公司　

签约代表：钟海明　　　　　　　　　　　签约代表：李敏

开户银行：　中国建设银行长沙铁银支行　　开户银行：　中国建设银行长沙金霞支行　

账号：105032847581241　　　　　　　　账号：105032311652450

　　2019　年　12　月　30　日　　　　　　2019　年　12　月　30　日

商品购销合同 28-3

会计分录：

记账凭证：

记 账 凭 证

年　月　日　　　　　　　　　　　　　　　字第　　　号

摘　要	会 计 科 目		借方金额	贷方金额	记账
	总账科目	明细科目	亿千百十万千百十元角分	亿千百十万千百十元角分	(签章)
合　　　　　　　　　　　　　　计					

会计主管　　　　　　　出纳　　　　　　　审核　　　　　　　制单

（29）12 月 30 日，收到长沙光明家具有限公司归还的货款 508 500 元。
原始凭证：银行进账单（收账通知）29-1。

中国建设银行进账单（收账通知）

2019 年 12 月 30 日

出票人	全称	长沙光明家具有限公司	收款人	全称	长沙李氏家具有限公司
	账号	105032847581241		账号	1050321165224506
	开户银行	中国建设银行长沙铁银支行		开户银行	中国建设银行长沙金霞支行
金额	人民币（大写）	伍拾万零捌仟伍佰元整			￥508500 00 亿千百十万千百十元角分
票据种类	转账支票		票据张数	1	
票据号码	08706890421				
备注					

（银行盖章：中国建设银行金霞支行 2019-12-30 业务讫）

此联是收款人开户银行交给收款人的收账通知

银行进账单（收账通知）29-1

会计分录：

记账凭证：

记 账 凭 证

年　月　日　　　　　　　　　　字第　　　号

摘要	会计科目		借方金额	贷方金额	记账(签章)
	总账科目	明细科目	亿千百十万千百十元角分	亿千百十万千百十元角分	
合计					

会计主管　　　　出纳　　　　审核　　　　制单

（30）12月30日，以银行存款支付长沙创意文化传播有限公司广告费12 360元。
原始凭证：①增值税普通发票（发票联）30-1；②转账支票存根30-2。

增值税普通发票（发票联）30-1

中国建设银行
转账支票存根
10289733
01590322

附加信息

出票日期 2019年12月30日
收款人：长沙创意文化传媒有限公司
金　额：¥12360.00
用　途：付广告费

单位主管 李霞　　会计 刘卢

转账支票存根 30-2

会计分录：

记账凭证：

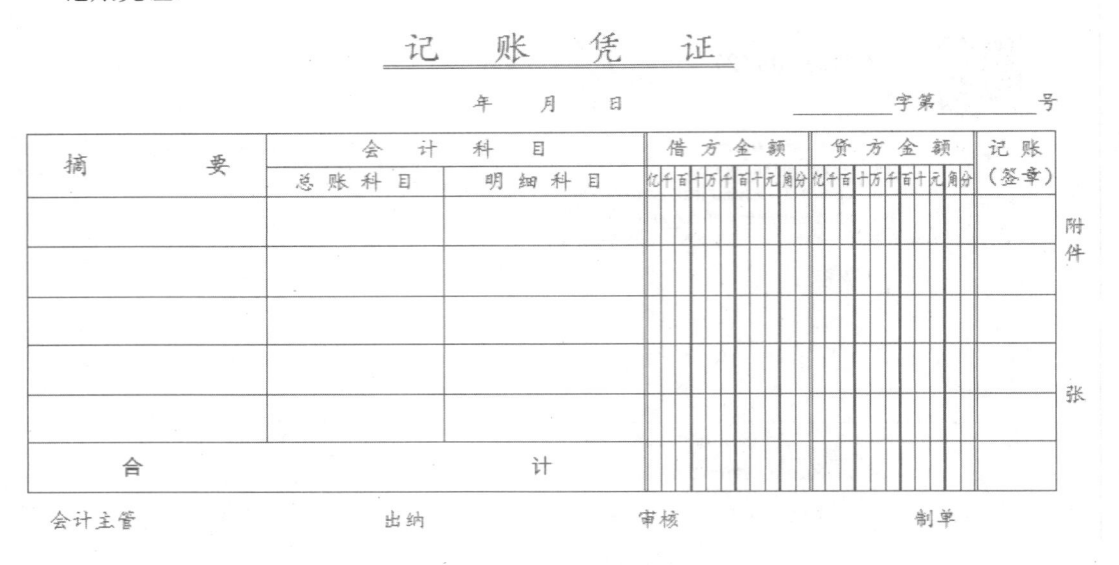

摘要	会计科目		借方金额	贷方金额	记账(签章)
	总账科目	明细科目	亿千百十万千百十元角分	亿千百十万千百十元角分	
合　计					

会计主管　　　　　　出纳　　　　　　审核　　　　　　制单

（31）12月30日，销售部报销购买的办公用品1854元，以银行存款付讫。
原始凭证：①增值税普通发票（发票联）31-1；②转账支票存根31-2。

模块一　分项目练习与实训 <<<

湖南增值税普通发票

发票代码：043001804437
No 09328194
开票日期：2019年12月30日

购买方：
名称：长沙李氏家具有限公司
纳税人识别号：91430010346027 3251
地址、电话：长沙市开福区芙蓉北路102号 0731-84782605
开户行及账号：中国建设银行长沙金霞支行 1050321165224506

货物或应税劳务、服务名称	规格型号	单位	数量	单价	金额	税率	税额
*办公用品*打印纸		包	4	50.00	200.00	3%	6.00
*办公用品*硒鼓		个	5	240.00	1200.00	3%	36.00
*办公用品*文件夹		个	10	40.00	400.00	3%	12.00
合　计					¥1800.00		¥54.00

价税合计（大写）　壹仟捌佰伍拾肆元整　　（小写）¥1854.00

销售方：
名称：长沙通程控股股份有限公司
纳税人识别号：91430011118380 0499
地址、电话：长沙市芙蓉区韶山南路265号 0731-88943208
开户行及账号：中国建设银行长沙华龙支行 912083308421938

收款人：张巧巧　　复核：郑宇　　开票人：柳芳　　销售方：（章）

增值税普通发票（发票联）31-1

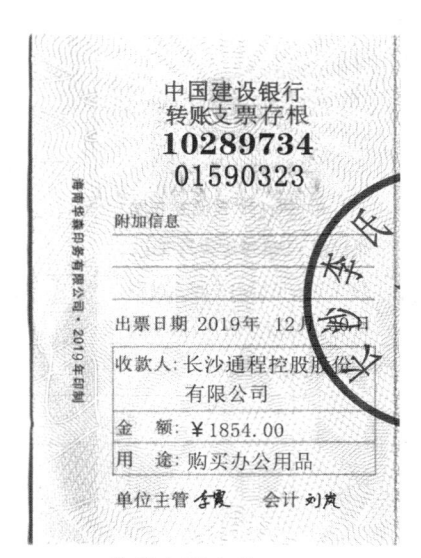

中国建设银行
转账支票存根
10289734
01590323

附加信息

出票日期 2019年 12月 30日
收款人：长沙通程控股股份有限公司
金额：¥1854.00
用途：购买办公用品
单位主管 李霞　　会计 刘岗

转账支票存根 31-2

会计分录：

83

记账凭证：

摘要	会计科目		借方金额	贷方金额	记账
	总账科目	明细科目	亿千百十万千百十元角分	亿千百十万千百十元角分	(签章)
合计					

会计主管　　　　　　出纳　　　　　　审核　　　　　　制单

（32）12月30日，结转本月销售产品的成本。
原始凭证：产品销售成本计算表32-1。
要求：计算本月销售产品的数量，并编制产品销售成本计算表。

产品销售成本计算表

2019年12月30日　　　　　　　　　　金额单位：元

产品	销售数量	单位成本	金额	备注

财务主管：李霞　　　　审核：　　　　制单：刘岚

产品销售成本计算表32-1

会计分录：

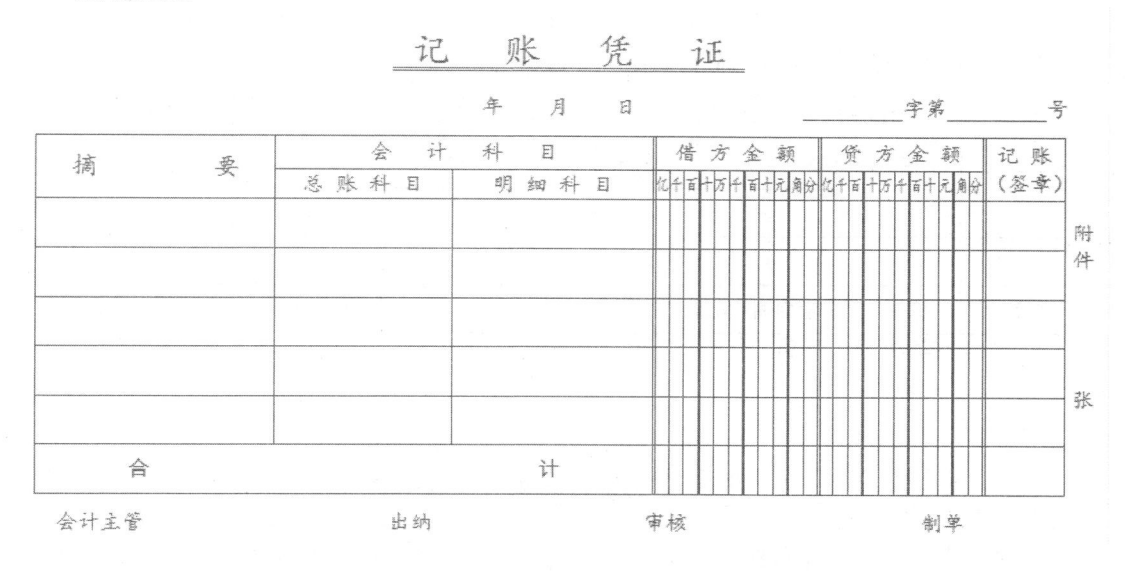

记账凭证：

记账凭证

年　月　日　　　　　　　　　　　　　字第　　　号

摘要	会计科目		借方金额	贷方金额	记账
	总账科目	明细科目	亿千百十万千百十元角分	亿千百十万千百十元角分	(签章)
合计					

会计主管　　　　　出纳　　　　　审核　　　　　制单

（33）12月30日，销售给长沙艺轩木业有限公司樟子松原木200立方米，单价为900元/立方米，价款为180 000元，增值税为23 400元，货款收到存入银行。

原始凭证：①增值税专用发票（记账联）33-1；②材料销售单33-2；③银行进账单（收账通知）33-3；④商品购销合同33-4。

增值税专用发票（记账联）33-1

材料销售单

单据编号：0089

购货单位：长沙艺轩木业有限公司　　2019年12月30日　　金额单位：元

编码	材料名称	规格	单位	数量	单价	金额	备注
CL5005	樟子松原木		立方米	200	900.00	180 000.00	不含税价
合计	人民币(大写)壹拾捌万元整					¥180000.00	

销售经理：张晶　　会计：刘岚　　经手人：李飞

第二联　会计联

材料销售单33-2

中国建设银行进账单（收账通知）

2019年12月30日

出票人	全称	长沙艺轩木业有限公司	收款人	全称	长沙李氏家具有限公司
	账号	10503253629174		账号	1050321165224506
	开户银行	中国建设银行赤岭路支行		开户银行	中国建设银行长沙金霞支行

金额　人民币（大写）　贰拾万零叁仟肆佰元整　　￥203400.00

票据种类	转账支票	票据张数	1
票据号码	093298756		
备注：			

（银行盖章）中国建设银行金霞支行　2019-12-30　业务讫

此联是收款人开户银行交给收款人的收账通知

银行进账单（收账通知）33-3

商品购销合同

甲方（购货方）： 长沙艺轩木业有限公司
乙方（销货方）： 长沙李氏家具有限公司

根据《中华人民共和国合同法》及有关法律、法规规定，甲、乙双方本着平等、自愿、公平、互惠互利和诚实守信的原则，就产品供销的有关事宜协商一致订立本合同，以便共同遵守。

一、合同价款及付款方式

本合同总价款为人民币 壹拾捌万元整 （￥180 000.00），签订合同后甲方支付货款人民币（￥180 000.00）。

商品于 当日 发出。

二、产品质量

1．乙方保证所提供的产品货真价实，来源合法，无任何法律纠纷和质量问题，如果乙方所提供产品与第三方出现了纠纷，由此引起的一切法律后果均由乙方承担。

2．购销商品明细

商品名称	单位	数量	单价（含税）	金额（含税）
樟子松原木	立方米	200	900.00	180 000.00
合计				180 000.00

三、违约责任

1．甲乙双方均应全面履行本合同约定，一方违约给另一方造成损失的，应当承担赔偿责任。

2．甲方未按照合同约定的期限结算的，应按照中国人民银行有关延期付款的规定，延迟一日，需支付结算货款的万分之五的违约金；延迟 10 日以上的，除支付违约金外，乙方有权解除合同。

3．甲方不得无故拒绝接收货物，否则应当承担由此造成的损失和运输费用。

4．合同解除后，双方应当按照本合同的约定进行对账和结算。

四、其他约定事项

本合同一式两份，自双方签字之日起生效。如果出现纠纷，双方均可向有管辖权的人民法院提起诉讼。

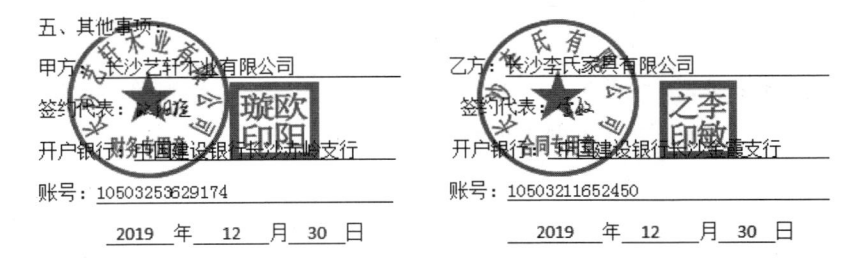

五、其他事项

甲方： 长沙艺轩木业有限公司
签约代表：
开户银行：中国建设银行长沙岳麓支行
账号：10503253629174
　2019 年 12 月 30 日

乙方： 长沙李氏家具有限公司
签约代表：
开户银行：中国建设银行长沙岳麓支行
账号：10503211652450
　2019 年 12 月 30 日

商品购销合同 33-4

会计分录：

记账凭证：

记 账 凭 证

年　月　日　　　　　　　　　　　　字第　　　　号

摘　要	会 计 科 目		借方金额	贷方金额	记账
	总账科目	明细科目	亿千百十万千百十元角分	亿千百十万千百十元角分	(签章)
合　计					

会计主管　　　　　　　出纳　　　　　　　审核　　　　　　　制单

（34）12月31日，结转本月销售材料的成本。（樟子松原木单位成本为800元/立方米）

原始凭证：材料销售成本计算表34-1。

材料销售成本计算表

2019 年 12 月 31 日　　　　　　　　　　　　金额单位：元

材料名称	数量	单位	单位成本	金额	备注
樟子松原木	200	立方米	800.00	160 000.00	
合计	200		800.00	160 000.00	

财务主管：李霞　　　　　审核：　　　　　制单：刘岚

材料销售成本计算表34-1

会计分录：

记账凭证：

记账凭证

年　月　日　　　　　　　　　　　字第　　　号

摘要	会计科目		借方金额	贷方金额	记账
	总账科目	明细科目	亿千百十万千百十元角分	亿千百十万千百十元角分	(签章)
合计					

会计主管　　　　　出纳　　　　　审核　　　　　制单

（35）12月31日，计算并结转本月应交增值税。
原始凭证：应交增值税计算表35-1。
要求：计算本月应交未交增值税，编制应交增值税计算表。

应交增值税计算表

2019 年 12 月 31 日　　　　　　　　　　　　　金额单位：元

项目	本月进项税额	已交税金	本月销项税额	进项税额转出	本月未交增值税

审核：李霞　　　　　　　　　　　　　　　制单：刘岚

应交增值税计算表35-1

会计分录：

记账凭证：

记　账　凭　证

年　月　日　　　　　　　　　　　　字第　　　号

摘　要	会　计　科　目		借方金额	贷方金额	记账
	总账科目	明细科目	亿千百十万千百十元角分	亿千百十万千百十元角分	(签章)
					附
					件
					张
合　　　计					

会计主管　　　　　　　　出纳　　　　　　　审核　　　　　　　制单

（36）12月31日，分别按7%、3%和2%计提应交纳的城市维护建设税、教育费附加和地方教育费附加。

原始凭证：城市维护建设税和教育费附加计算表36-1。

要求：计算本月应交纳的城市维护建设税、教育费附加和地方教育费附加，编制城市维护建设税、教育费附加计算表。

城市维护建设税和教育费附加计算表

2019年12月31日　　　　　　　　　　　　　金额单位：元

项目 税种	计税依据			税率	应纳税额
	增值税	消费税	合计		
城市维护建设税					
教育费附加					
地方教育费附加					
合　计					

审核：李霞　　　　　　　　　　　　制单：刘岚

城市维护建设税和教育费附加计算表36-1

会计分录：

记账凭证：

摘要	会计科目		借方金额	贷方金额	记账（签章）
	总账科目	明细科目	亿千百十万千百十元角分	亿千百十万千百十元角分	
合计					

会计主管　　　　出纳　　　　审核　　　　制单

（37）12月31日，上交11月份应交纳的城市维护建设税2415.28元、教育费附加1035.12元、地方教育费附加690.08元、企业所得税 53695.52 元、增值税34504元。（说明：企业应缴纳的相关税费应在次月15日之前交纳，如果不能按期缴纳，需办理延期纳税申报。因考虑经济业务的连续性，在此假定企业11月份需缴纳的相关税费办理了延期纳税申报）

原始凭证：电子缴税付款凭证 37-1。

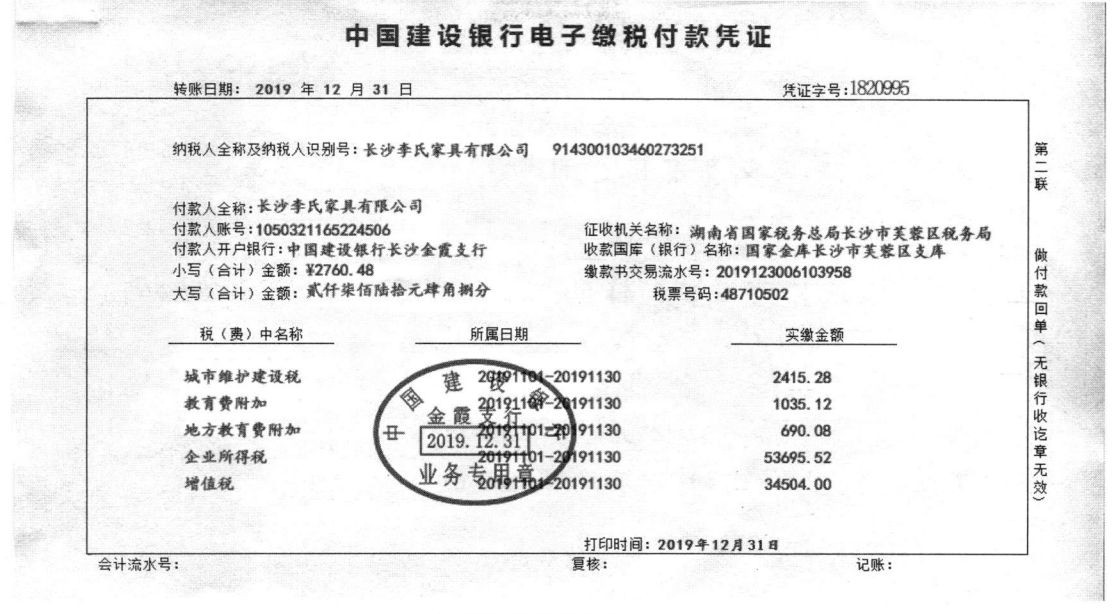

中国建设银行电子缴税付款凭证

转账日期：2019 年 12 月 31 日　　　　凭证字号：1820995

纳税人全称及纳税人识别号：长沙李氏家具有限公司　　914300103460273251

付款人全称：长沙李氏家具有限公司
付款人账号：1050321165224506
付款人开户银行：中国建设银行长沙金霞支行
小写（合计）金额：¥2760.48
大写（合计）金额：贰仟柒佰陆拾元肆角捌分

征收机关名称：湖南省国家税务总局长沙市芙蓉区税务局
收款国库（银行）名称：国家金库长沙市芙蓉区支库
缴款书交易流水号：2019123006103958
税票号码：48710502

税（费）中名称	所属日期	实缴金额
城市维护建设税	20191101-20191130	2415.28
教育费附加	20191101-20191130	1035.12
地方教育费附加	20191101-20191130	690.08
企业所得税	20191101-20191130	53695.52
增值税	20191101-20191130	34504.00

打印时间：2019年12月31日

会计流水号：　　　　复核：　　　　记账：

电子缴税付款凭证 37-1

会计分录：

记账凭证：

<table>
<tr><th rowspan="2">摘要</th><th colspan="2">会计科目</th><th>借方金额</th><th>贷方金额</th><th rowspan="2">记账
（签章）</th></tr>
<tr><th>总账科目</th><th>明细科目</th><th>亿千百十万千百十元角分</th><th>亿千百十万千百十元角分</th></tr>
<tr><td></td><td></td><td></td><td></td><td></td><td></td></tr>
<tr><td></td><td></td><td></td><td></td><td></td><td></td></tr>
<tr><td></td><td></td><td></td><td></td><td></td><td></td></tr>
<tr><td></td><td></td><td></td><td></td><td></td><td></td></tr>
<tr><td colspan="3">合计</td><td></td><td></td><td></td></tr>
</table>

会计主管　　　　　　出纳　　　　　　审核　　　　　　制单

（38）12月31日，收到吴氏家具有限公司交来的合同违约金2500元已存入银行。
原始凭证：①收款收据38-1；②银行进账单（收账通知）38-2。

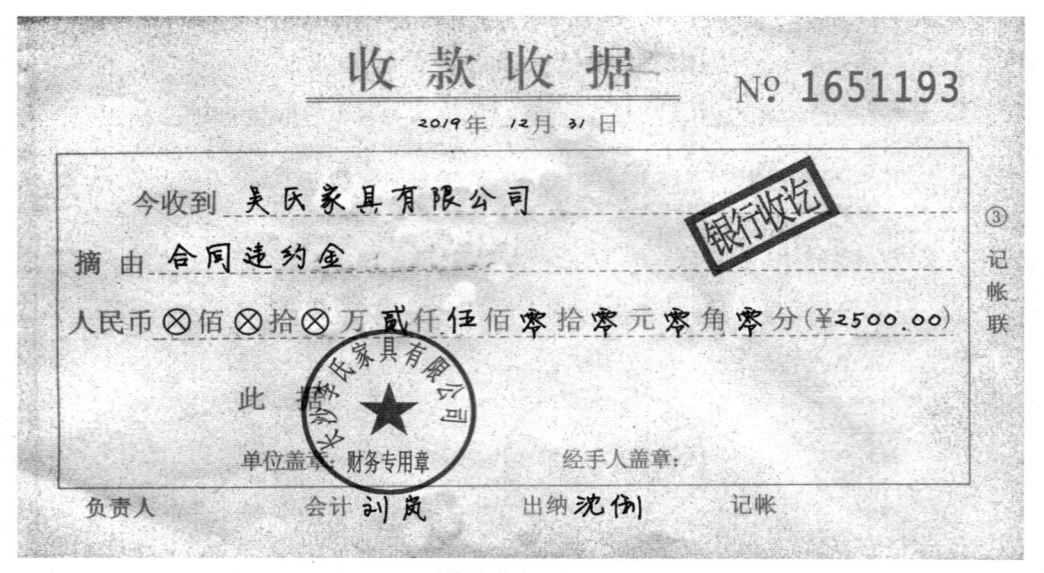

收款收据38-1

模块一 分项目练习与实训 <<<

中国建设银行进账单（收账通知）

2019 年 12 月 31 日

出票人	全称	吴氏家具有限公司	收款人	全称	长沙李氏家具有限公司
	账号	10503235268573		账号	1050321165224506
	开户银行	中国建设银行湘府支行		开户银行	中国建设银行长沙金霞支行

金额	人民币（大写）贰仟伍佰元整	亿千百十万千百十元角分 ￥2500 00

票据种类	转账支票	票据张数	1
票据号码	093412159		
备注：			

（银行盖章）中国建设银行金霞支行 2019-12-31 业务讫

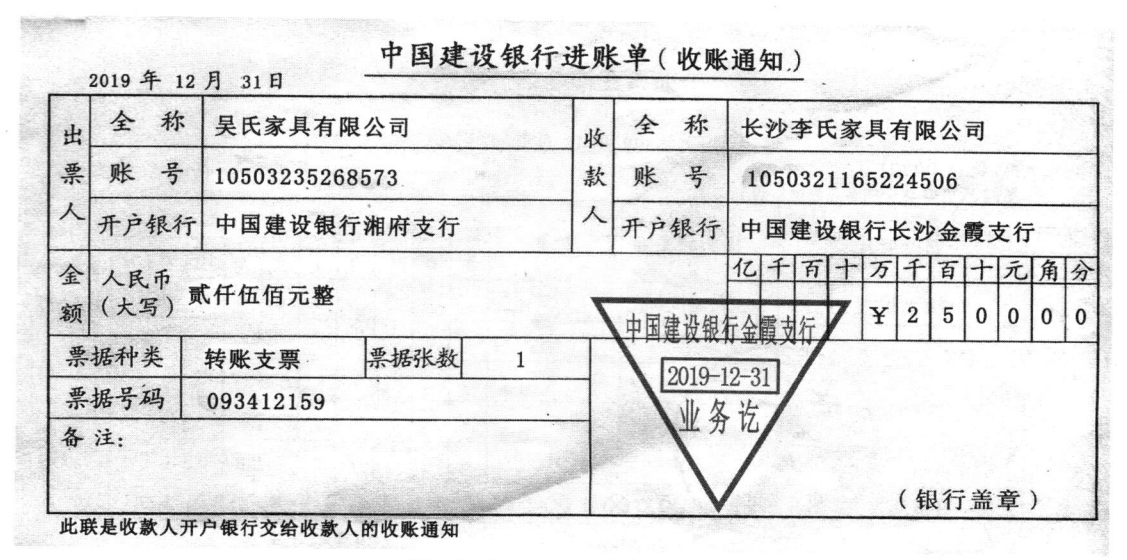

此联是收款人开户银行交给收款人的收账通知

银行进账单（收账通知）38-2

会计分录：

记账凭证：

记 账 凭 证

年 月 日　　　　　字第　　号

摘要	会计科目		借方金额	贷方金额	记账
	总账科目	明细科目	亿千百十万千百十元角分	亿千百十万千百十元角分	（签章）
合		计			

会计主管　　　　　出纳　　　　　审核　　　　　制单

（39）12 月 31 日，以银行存款向中国红十字会捐款 7000 元。
原始凭证：①公益事业捐赠统一票据 39-1；　②网上银行支付回单 39-2；

93

公益事业捐赠统一票据

2019 年 12 月 31 日

国财 00301　　　　　　　　　　　　　　　　　　NO.1100173859

捐赠人：长沙李氏家具有限公司

捐赠项目	实物种类	数量	金额（千百十万千百十元角分）
爱心基金	人民币		7 0 0 0 0 0 0
金额合计（小写）			¥ 7 0 0 0 0 0 0
金额合计（大写）	⊗千⊗百⊗十⊗万 柒千 零百 零十 零元 零角 零分

接受单位（盖章）：　　　　　复核人：　　　　　开票人：

感谢您对公益事业的支持！

公益事业捐赠统一票据 39-1

中国建设银行单位客户专用回单

NO.787

币别：人民币　　　2019年12月31日　　　流水号：4300QB5585ELA20UBQB

付款人	全称	长沙李氏家具有限公司	收款人	全称	中国红十字会
	账号	1050321165224506		账号	1234008759208576208
	开户行	中国建设银行长沙金霞支行		开户行	中国建设银北京朝阳支行
金额	（大写）人民币柒仟元整	（小写）¥7000.00
凭证种类	电子转账凭证	凭证号码	23612308124
结算方式	转账	用途	捐赠
		打印柜员：490063936006
		打印机构：中国建设银行长沙金霞支行
		打印卡号：9292322920149699

打印时间：2019-12-31 16:58:02　　交易柜员：CRTBVIRT　　交易机构：483833538

网上银行支付回单 39-2

会计分录：

记账凭证：

摘 要	会 计 科 目		借方金额	贷方金额	记 账
	总账科目	明细科目	亿千百十万千百十元角分	亿千百十万千百十元角分	（签章）
合 计					

会计主管　　　　　　出纳　　　　　　审核　　　　　　制单

（40）12月31日，结转损益类账户余额（结转本年利润）。
原始凭证：损益类账户结转表40-1。
要求：计算损益类账户的发生额，编制损益类账户结转表。

损益类账户结转表

2019 年 12 月 31 日

账户名称	借方发生额	贷方发生额
主营业务收入		
其他业务收入		
营业外收入		
主营业务成本		
其他业务成本		
营业外支出		
税金及附加		
管理费用		
销售费用		
财务费用		
合计		

损益类账户结转表 40-1

会计分录：

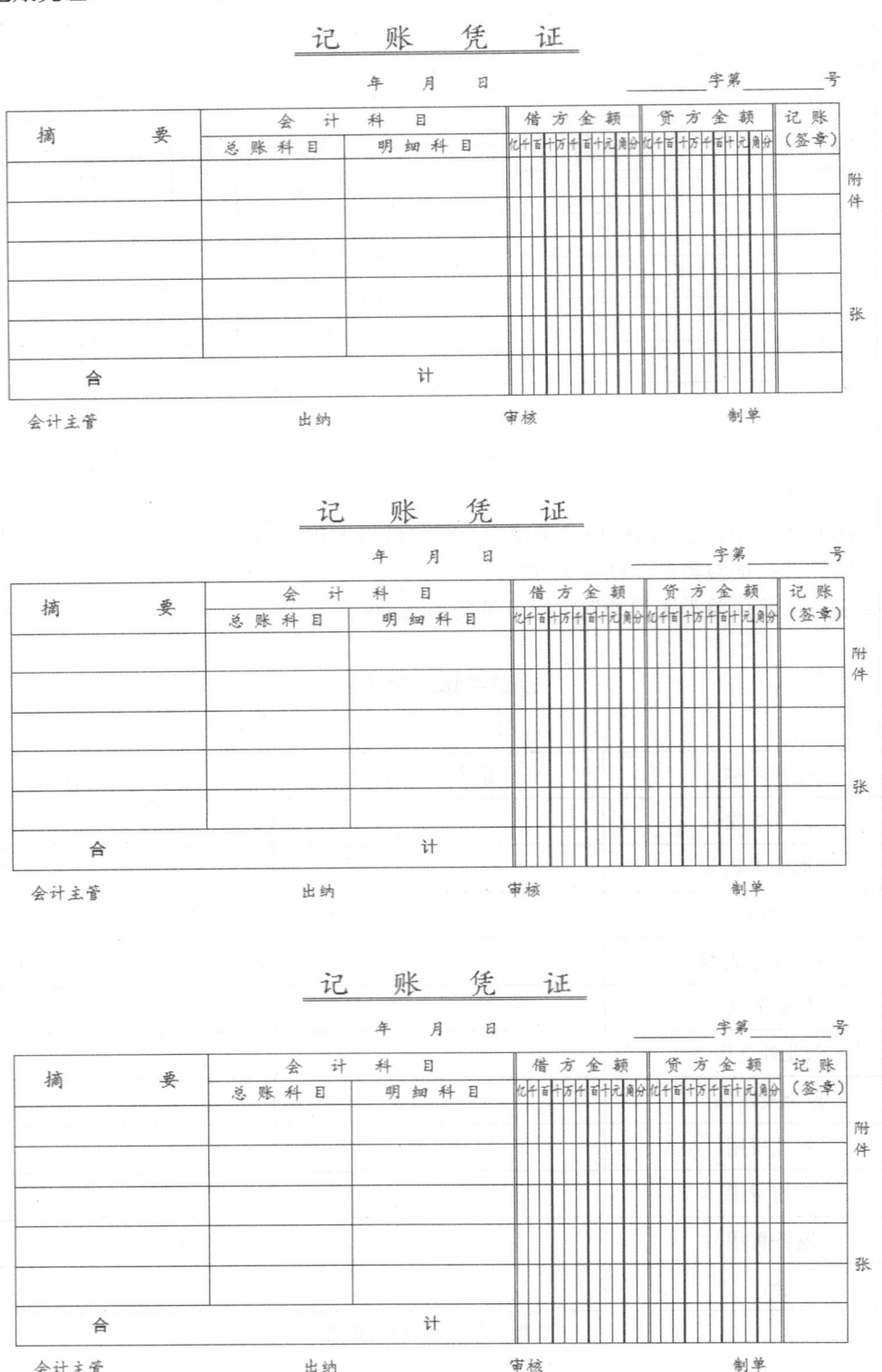

记账凭证：

记 账 凭 证

年 月 日 　　　　　　　字第　　　号

摘　要	会 计 科 目		借方金额	贷方金额	记账
	总账科目	明细科目	亿千百十万千百十元角分	亿千百十万千百十元角分	（签章）
合　　　　　　计					

附件　　　张

会计主管　　　　　　出纳　　　　　　审核　　　　　　制单

记 账 凭 证

年 月 日 　　　　　　　字第　　　号

摘　要	会 计 科 目		借方金额	贷方金额	记账
	总账科目	明细科目	亿千百十万千百十元角分	亿千百十万千百十元角分	（签章）
合　　　　　　计					

附件　　　张

会计主管　　　　　　出纳　　　　　　审核　　　　　　制单

记 账 凭 证

年 月 日 　　　　　　　字第　　　号

摘　要	会 计 科 目		借方金额	贷方金额	记账
	总账科目	明细科目	亿千百十万千百十元角分	亿千百十万千百十元角分	（签章）
合　　　　　　计					

附件　　　张

会计主管　　　　　　出纳　　　　　　审核　　　　　　制单

（41）12月31日，按25%计提并结转企业所得税。

原始凭证：企业所得税计算表41-1。

要求：计算本月应交纳的企业所得税，并编制企业所得税计算表。

企业所得税计算表

2019年12月31日

利润总额	调整金额	应纳税所得额	所得税率	应纳所得税率
合计				

审核：李霞　　　　　　　　　　　　　　　　　制表：刘岚

企业所得税计算表41-1

会计分录：

记账凭证：

记 账 凭 证

年　月　日　　　　　　　　　　字第　　　号

摘　要	会 计 科 目		借方金额	贷方金额	记账（签章）
	总账科目	明细科目	亿千百十万千百十元角分	亿千百十万千百十元角分	
合　　计					

会计主管　　　　　　　出纳　　　　　　　审核　　　　　　　制单

记 账 凭 证

年　月　日　　　　　　　　字第　　　号

摘要	会计科目		借方金额	贷方金额	记账
	总账科目	明细科目	亿千百十万千百十元角分	亿千百十万千百十元角分	(签章)
合		计			

会计主管　　　　　　出纳　　　　　　审核　　　　　　制单

（42）12月31日，结转全年实现的净利润。
原始凭证：（无）
会计分录：

记账凭证：

记 账 凭 证

年　月　日　　　　　　　　字第　　　号

摘要	会计科目		借方金额	贷方金额	记账
	总账科目	明细科目	亿千百十万千百十元角分	亿千百十万千百十元角分	(签章)
合		计			

会计主管　　　　　　出纳　　　　　　审核　　　　　　制单

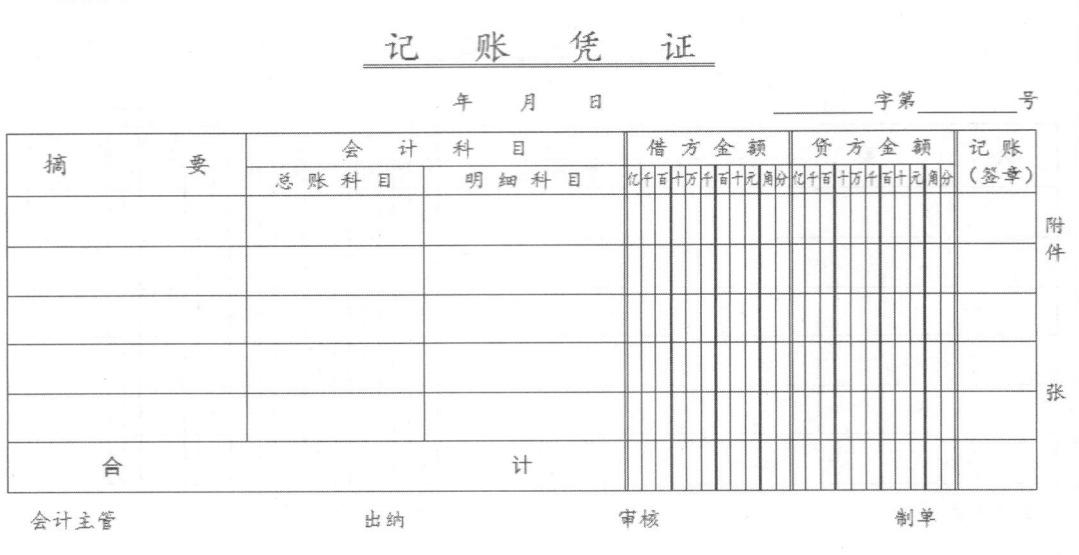

（43）12月31日，分别按全年净利润的10%和5%提取法定盈余公积和任意盈余公积。
原始凭证：盈余公积计提表43-1。
要求：计算应提取的法定盈余公积和任意盈余公积，并编制盈余公积计提表。

盈余公积计提表

2019 年 12 月 31 日　　　　　　　　　　　　　　　　　　　　　　单位：元

利润分配项目	分配基数	分配比例	分配额
法定盈余公积			
任意盈余公积			
合计			

复核：李霞　　　　　　　　　　　　　　　　　　制单：刘岚

盈余公积计提表 43-1

会计分录：

记账凭证：

记　账　凭　证

年　月　日　　　　　　　　　　　　　　　字第　　　号

摘要	会计科目		借方金额	贷方金额	记账（签章）
	总账科目	明细科目	亿千百十万千百十元角分	亿千百十万千百十元角分	
合计					

会计主管　　　　　　出纳　　　　　　审核　　　　　　制单

（44）12 月 31 日，按净利润的 20% 向投资者分配股利。
原始凭证：应付股利计算表 44-1。
要求：计算应向投资者支付的股利，并编制应付股利计算表。

应付股利计算表

2019 年 12 月 31 日　　　　　　　　　　　　　　　　　金额单位：元

项目	金额
计提依据（净利润）	
向投资者分配比例	
应付股利	

复核：李霞　　　　　　　　　　　　　　　　　　　　制表：刘岚

应付股利计算表 44-1

会计分录：

记账凭证：

记　账　凭　证

年　月　日　　　　　　　　　　　　　字第　　　号

摘要	会计科目		借方金额	贷方金额	记账（签章）
	总账科目	明细科目	亿千百十万千百十元角分	亿千百十万千百十元角分	
合计					

会计主管　　　　　出纳　　　　　审核　　　　　制单

（45）12 月 31 日，结转"利润分配"所属明细账户。

原始凭证：（无）

会计分录：

记账凭证：

记 账 凭 证

年　月　日　　　　　　　　　　字第　　　号

摘　要	会　计　科　目		借方金额	贷方金额	记账
	总账科目	明细科目	亿千百十万千百十元角分	亿千百十万千百十元角分	(签章)
合		计			

会计主管　　　　　　出纳　　　　　　审核　　　　　　制单

六、综合练习题

湖南南方通用机械有限公司为增值税一般纳税人，2019年12月发生的经济业务如下。
要求：根据经济业务编制相应的会计分录。

（1）12月1日，收到红光公司归还货款12 000元，已存入银行。

（2）12月2日，从明达公司购入甲材料50 000千克，增值税专用发票所列单价为5元／千克，增值税率为13%，款项以银行存款支付，材料已验收入库。

（3）12月3日，从银行提取现金2000元备用。

（4）12月3日，以现金支票支付办公室主任王雷借支差旅费1000元。

（5）12月5日，购进车床一台，买价为200 000元，增值税率为13%，款项付讫。

（6）12月6日，从大新公司购进乙材料20 000千克，增值税专用发票所列单价为4元/千克，增值税率为13%，材料尚未运到，货款尚未支付。

（7）12月6日，企业行政管理部门购买办公用品780.20元，以库存现金支付。

（8）12月7日，从银行借入期限为六个月的借款200 000元存入银行，年利率为6%，到期还本付息。

（9）12月10日，从大新公司购进乙材料20 000千克已验收入库。

（10）12月10日，仓库发出下列材料，根据领料单编制材料费用分配表如下。

材料费用分配表

2019年12月10日　　　　　　　　　　　金额单位：元

用途	甲材料			乙材料			丙材料			合计
	数量	单价	金额	数量	单价	金额	数量	单价	金额	
生产A产品	20 000	5	100 000	10 000	4	40 000				140 000
生产B产品	15 000	5	75 000	8 000		32 000				107 000
生产车间一般耗用							100	2	200	200
管理部门耗用							50	2	100	100
合计	35 000	5	175 000	18 000	4	72 000	150	2	300	247 300

（11）12月12日，收到黄河公司交来的违约金12 500元，已存入银行。

（12）12月12日，办公室王雷出差归来，报销差旅费800元，交回现金100元。

（13）12月12日，通过网银缴纳上月应交的增值税34 500元，城市维护建设税2415元，教育费附加1035元，以及地方教育费附加690元。

（14）12月13日，销售给楚天公司A产品2000件，售价为140元／件；B产品800件，售价为180元／件，增值税率为13%，款项收到，已存入银行。

（15）12月14日，以银行存款支付电视台广告费12 000元。

（16）12月15日，从银行提取现金35 000元，以备发放工资。

（17）12月15日，用库存现金发放本月职工工资35 000元。

（18）12月18日，销售给友联公司甲材料3000千克，售价为7元／千克，增值税率为13%，款项尚未收到。

（19）12月22日，以银行存款支付本月电话费838元。

（20）12 月 25 日，以银行存款向希望工程捐款 3000 元。

（21）12 月 31 日，预提本月应负担的借款利息 1200 元。

（22）12 月 31 日，按规定计提本月固定资产折旧费 11 000 元，其中，生产车间使用的固定资产应计提折旧费 8000 元，企业行政管理部门使用的固定资产应计提折旧费 3000 元。

（23）12 月 31 日，分配本月职工工资 39 900 元。其中，生产工人的工资为 34 200 元（A 产品生产工人的工资为 18 240，B 产品生产工人的工资为 15 960 元），车间管理人员的工资为 4560 元，企业行政管理部门的工资为 1140 元。

（24）12 月 31 日，结转本月的制造费用。（按产品的生产工时比例分配，A 产品生产工时为 12 000 小时，B 产品生产工时为 8000 小时）

（25）12 月 31 日，结转本月完工入库产品的成本。（本月 A 产品、B 产品全部完工，其中，A 产品完工 2000 件，B 产品完工 1200 件）

（26）12 月 31 日，结转本月已销产品的成本。

（27）12 月 31 日，结转本月销售甲材料的成本。

（28）12月31日，结转本月应交未交的增值税额。

（29）12月31日，根据本月应交增值税额按7%计提城市维护建设税，按3%计提教育费附加，按2%计提地方教育费附加。

（30）12月31日，结转本月损益类账户。

（31）12月31日，按25%计提并结转本月企业所得税。（假定无纳税调整项目）

（32）12月31日，将全年实现的净利润转入"利润分配——未分配利润"明细账户。（其中1~11月税后利润为774 108.75元）

（33）12月31日，分别按10%和5%从本年净利润中提取法定盈余公积和任意盈余公积。

（34）12月31日，按本年净利润的20%向投资者分配利润。

（35）12月31日，结转利润分配所属明细账户。

项目四　设置和登记会计账簿

一、单项选择题

1. "原材料"明细账的格式应采用（　　）。
A. 三栏式　　　　　　　　　　　　B. 多栏式
C. 订本式　　　　　　　　　　　　D. 数量金额式

2. "管理费用"明细账的格式应采用（　　）。
A. 多栏式明细账　　　　　　　　　B. 卡片式明细账
C. 数量金额式明细账　　　　　　　D. 三栏式明细账

3. 现金日记账必须采用（　　）。
A. 活页式账簿　　　　　　　　　　B. 卡片式账簿
C. 订本式账簿　　　　　　　　　　D. 备查账簿

4. "应收账款"明细账的格式一般采用（　　）。
A. 数量金额式　　　　　　　　　　B. 多栏式
C. 订本式　　　　　　　　　　　　D. 三栏式

5. 多栏式明细账格式一般适用于（　　）。
A. 债权、债务类账户　　　　　　　B. 财产、物资类账户
C. 费用、成本类和收入成果类账户　D. 货币资产类账户

6. "生产成本"明细账应采用（　　）账页。
A. 三栏式　　　　　　　　　　　　B. 数量金额式
C. 多栏式　　　　　　　　　　　　D. 平行式

7. 以下不可以用红色墨水记账的情况是（　　）。
A. 按照红字冲账的记账凭证，冲销错误记录。
B. 在不设借贷等栏的多栏式账页中，登记增加数。
C. 在三栏式账户的余额前，如未印明余额方向的，在余额栏内登记负数余额。
D. 根据国家统一会计制度的规定可以用红字登记的其他会计记录。

8. 从事生产、经营的纳税人应在领取营业执照之日起（　　）日内设置相关账簿。
A. 5　　　　　　　　　　　　　　　B. 10
C. 15　　　　　　　　　　　　　　 D. 30

9. 登记总账采用的计量单位是（　　　）。
A. 货币计量单位　　　　　　　　　B. 实物计量单位
C. 劳动计量单位　　　　　　　　　D. 时间计量单位

10. 从银行提取现金业务登记银行存款日记账的依据是（　　　）。
A. 现金收款凭证　　　　　　　　　B. 现金付款凭证
C. 银行存款收款凭证　　　　　　　D. 银行存款付款凭证

二、多项选择题

1. 账簿按其格式不同，可以分为（　　　）。
A. 订本式账簿　　　　　　　　　　B. 三栏式账簿
C. 多栏式账簿　　　　　　　　　　D. 数量金额式

2. 下列明细账可采用数量金额式账簿的是（　　　）。
A. 原材料明细账　　　　　　　　　B. 库存商品明细账
C. 制造费用明细账　　　　　　　　D. 应收账款明细账

3. 以下属于备查账簿的是（　　　）。
A. 固定资产卡片　　　　　　　　　B. 现金日记账
C. 租入固定资产登记簿　　　　　　D. 受托加工材料备查簿

4. 账簿按账页格式可以分为（　　　）。
A. 备查账簿　　　　　　　　　　　B. 三栏式账簿
C. 多栏式账簿　　　　　　　　　　D. 数量金额式账簿

5. 账簿按外表形式的不同可分为（　　　）。
A. 活页式账簿　　　　　　　　　　B 订本式账簿
C. 卡片式账簿　　　　　　　　　　D 联合式账簿

6. 下列适用于多栏式明细分类账账页格式的是（　　　）明细账。
A. 管理费用　　　　　　　　　　　B. 应收账款
C. 短期借款　　　　　　　　　　　D. 制造费用

7. 平行登记的要点是（　　　）。
A. 数量相等　　　　　　　　　　　B. 方向相同
C. 期间一致　　　　　　　　　　　D. 金额相等

8. 三栏式明细分类账账页格式适用于（　　　）明细账。
A. 应收账款　　　　　　　　　　　B. 原材料
C. 应付账款　　　　　　　　　　　D. 银行存款

9. 记账时不得隔页、跳行登记，如果发生隔页、跳行时，不得随意涂改，而应采取的处理方法是（　　　　）。

A. 将空页、空行用红线对角划掉　　　B. 将账页撕下并装入档案保存
C. 加盖"作废"字样　　　　　　　　　D. 按规定由记账人员签名或盖章

10. 必须采用订本式账簿的是（　　　　）。

A. 总账　　　　　　　　　　　　　　B. 现金日记账
C. 银行存款日记账　　　　　　　　　D. 应收账款明细账

三、判断题

1. 会计账簿应当按照连续编号的页码顺序登记。会计账簿发生错误或隔页、缺号、跳行的，不得对会计账簿进行更正，只能重新更换会计账簿。（　　）

2. 除总分类账外，其他账簿一律应采用活页账。（　　）

3. 登记账簿要用蓝黑墨水钢笔或蓝黑圆珠笔书写，不得使用铅笔书写。（　　）

4. 备查账一般没有固定的格式，各单位可根据实际工作的需要进行设置。（　　）

5. 银行存款日记账可以采用活页或账簿。（　　）

6. 凡需要结出余额的账户，在结出余额后，应当在"借或贷"栏内写明"借"或"贷"字样，以表示余额的方向。（　　）

7. 总分类账的登记，可以根据记账凭证逐笔登记，也可以通过一定的汇总方式，定期或分次汇总登记。（　　）

8. 卡片式账簿可以跨年度使用，不需每年更换新账。（　　）

9. 明细分类账只能以货币计量单位进行登账。（　　）

10. 会计账簿中书写的文字和数字应紧靠底线书写，上面要留空格，不要写满格，一般应占格距的1/2。（　　）

四、实践操作题

长沙李氏家具有限公司2019年12月有关账户的期初资料如下。

1. 总分类账户期初余额。

总分类账户期初余额表

2019 年 12 月　　　　　　　　　　　　　　　　　　　　　　　　金额单位：元

账户名称	期初余额 借方	期初余额 贷方
库存现金	562.00	
银行存款	2 637 853.00	
原材料	649 600.00	
库存商品	1 058 000.00	
应收账款	915 300.00	
固定资产	1 600 000.00	
累计折旧		360 720.00
短期借款		450 000.00
应付利息		6 750.00
应付账款		465 400.00
应交税费		92 340.00
应付职工薪酬		258 640.00
实收资本		3 600 000.00
本年利润		1 263 925.00
利润分配		250 890.00
盈余公积		112 650.00
合计	6 861 315.00	6 861 315.00

2. 有关明细账户余额。

金额单位：元

总账账户	明细账户	单位	数量	单价	金额
原材料	榆木原木	立方米	240	1 500.00	360 000.00
	樟子松原木	立方米	362	800.00	289 600.00
合计					649 600.00

金额单位：元

总账账户	明细账户	单位	数量	单价	金额
库存商品	实木书柜	个	150	3320.00	498 000.00
	实木书桌	张	280	2000.00	560 000.00
合计					1 058 000.00

金额单位：元

总账账户	明细账户	单位	借方金额
应收账款	长沙光明家具有限公司	元	508 500.00
	长沙华峰家具有限公司	元	406 800.00
合计			915 300.00

金额单位：元

总账账户	明细账户	单位	借方金额
应付账款	长沙美联木业有限公司	元	339 000.00
	东北金博木业有限公司	元	126 400.00
合计			465 400.00

要求：

（1）根据以上资料建库存现金日记账、银行存款日记账、总账、原材料明细账和库存商品明细账并登记相关账户的期初余额。（为方便记账，只设置总账的账簿启用表，其余账簿的账簿启用表略）

（2）根据项目三实践操作题编制的记账凭证和相关原始凭证登记库存现金日记账、银行日记账、总账、应付账款明细账、应收账款明细账、原材料明细账、库存商品明细账、生产成本明细账、制造费用明细账、管理费用明细账、销售费用明细账、财务费用明细账和应交税费（增值税明细账）。

现 金 日 记 账

第_____页

年		凭证		对应科目	摘要	分类账页	借方	贷方	余额	√
月	日	字	号				亿千百十万千百十元角分	亿千百十万千百十元角分	亿千百十万千百十元角分	

银 行 日 记 账

第_____页

年		凭证		银行凭证		摘要	借方	√	贷方	√	借或贷	余额	√
月	日	字	号	名称	号数		亿千百十万千百十元角分		亿千百十万千百十元角分			亿千百十万千百十元角分	

111

银行日记账

第_____页

年		凭证		银行凭证		摘要	借方	√	贷方	√	借或贷	余额	√
月	日	字	号	名称	号数		亿千百十万千百十元角分		亿千百十万千百十元角分			亿千百十万千百十元角分	

账簿启用表

单位名称		单位公章
账簿名称		
账簿编号	字第　　号第　　册共　　册	
账簿页数	本账簿共计　　页	
启用日期	年　　月　　日	

经管人员		接管		移交		会计负责人		印花税票粘贴处
姓名	盖章	年 月 日		年 月 日		姓名	盖章	

账簿启用表正面

目　　　　　录

序号	编号	名称	页次	序号	编号	名称	页次	序号	编号	名称	页次
1				18				35			
2				19				36			
3				20				37			
4				21				38			
5				22				39			
6				23				40			
7				24				41			
8				25				42			
9				26				43			
10				27				44			
11				28				45			
12				29				46			
13				30				47			
14				31				48			
15				32				49			
16				33				50			
17				34				51			

账簿启用表背面

总　分　类　账

总第_____页
分第_____页
会计科目或编号_____

年		凭证字号	摘要	借方 亿千百十万千百十元角分	√	贷方 亿千百十万千百十元角分	√	借或贷	余额 亿千百十万千百十元角分	√
月	日									

总分类账

总第_____页
分第_____页
会计科目或编号_____

年		凭证	摘要	借方	√	贷方	√	借或贷	余额	√
月	日	字号		亿千百十万千百十元角分		亿千百十万千百十元角分			亿千百十万千百十元角分	

总分类账

总第_____页
分第_____页
会计科目或编号_____

年		凭证	摘要	借方	√	贷方	√	借或贷	余额	√
月	日	字号		亿千百十万千百十元角分		亿千百十万千百十元角分			亿千百十万千百十元角分	

模块一　分项目练习与实训

总 分 类 账

总第_____页
分第_____页
会计科目及编号_____

年		凭证字号	摘要	借方 亿千百十万千百十元角分	√	贷方 亿千百十万千百十元角分	√	借或贷	余额 亿千百十万千百十元角分	√
月	日									

总 分 类 账

总第_____页
分第_____页
会计科目及编号_____

年		凭证字号	摘要	借方 亿千百十万千百十元角分	√	贷方 亿千百十万千百十元角分	√	借或贷	余额 亿千百十万千百十元角分	√
月	日									

总 分 类 账

总第_____页
分第_____页
会计科目及编号_____

年		凭证字号	摘要	借方 亿千百十万千百十元角分	√	贷方 亿千百十万千百十元角分	√	借或贷	余额 亿千百十万千百十元角分	√
月	日									

总分类账

总第_____页
分第_____页
会计科目或编号_____

年		凭证	摘要	借方	√	贷方	√	借或贷	余额	√
月	日	字号		亿千百十万千百十元角分		亿千百十万千百十元角分			亿千百十万千百十元角分	

总分类账

总第_____页
分第_____页
会计科目或编号_____

年		凭证	摘要	借方	√	贷方	√	借或贷	余额	√
月	日	字号		亿千百十万千百十元角分		亿千百十万千百十元角分			亿千百十万千百十元角分	

总分类账

总第_____页
分第_____页
会计科目或编号_____

年		凭证	摘要	借方	√	贷方	√	借或贷	余额	√
月	日	字号		亿千百十万千百十元角分		亿千百十万千百十元角分			亿千百十万千百十元角分	

总 分 类 账

总第_____页
分第_____页
会计科目或编号_____

年		凭证	摘要	借方	√	贷方	√	借或贷	余额	√
月	日	字号		亿千百十万千百十元角分		亿千百十万千百十元角分			亿千百十万千百十元角分	

总 分 类 账

总第_____页
分第_____页
会计科目或编号_____

年		凭证	摘要	借方	√	贷方	√	借或贷	余额	√
月	日	字号		亿千百十万千百十元角分		亿千百十万千百十元角分			亿千百十万千百十元角分	

总分类账

总第_____页
分第_____页
会计科目或编号_____

年		凭证		摘要	借方	√	贷方	√	借或贷	余额	√
月	日	字	号		亿千百十万千百十元角分		亿千百十万千百十元角分			亿千百十万千百十元角分	

总分类账

总第_____页
分第_____页
会计科目或编号_____

年		凭证		摘要	借方	√	贷方	√	借或贷	余额	√
月	日	字	号		亿千百十万千百十元角分		亿千百十万千百十元角分			亿千百十万千百十元角分	

总 分 类 账

总第_____页
分第_____页
会计科目或编号_____

年		凭证字号	摘要	借方 亿千百十万千百十元角分	√	贷方 亿千百十万千百十元角分	√	借或贷	余额 亿千百十万千百十元角分	√
月	日									

总 分 类 账

总第_____页
分第_____页
会计科目或编号_____

年		凭证字号	摘要	借方 亿千百十万千百十元角分	√	贷方 亿千百十万千百十元角分	√	借或贷	余额 亿千百十万千百十元角分	√
月	日									

总 分 类 账

总第_____页
分第_____页
会计科目或编号_____

年		凭证字号	摘要	借方 亿千百十万千百十元角分	√	贷方 亿千百十万千百十元角分	√	借或贷	余额 亿千百十万千百十元角分	√
月	日									

总 分 类 账

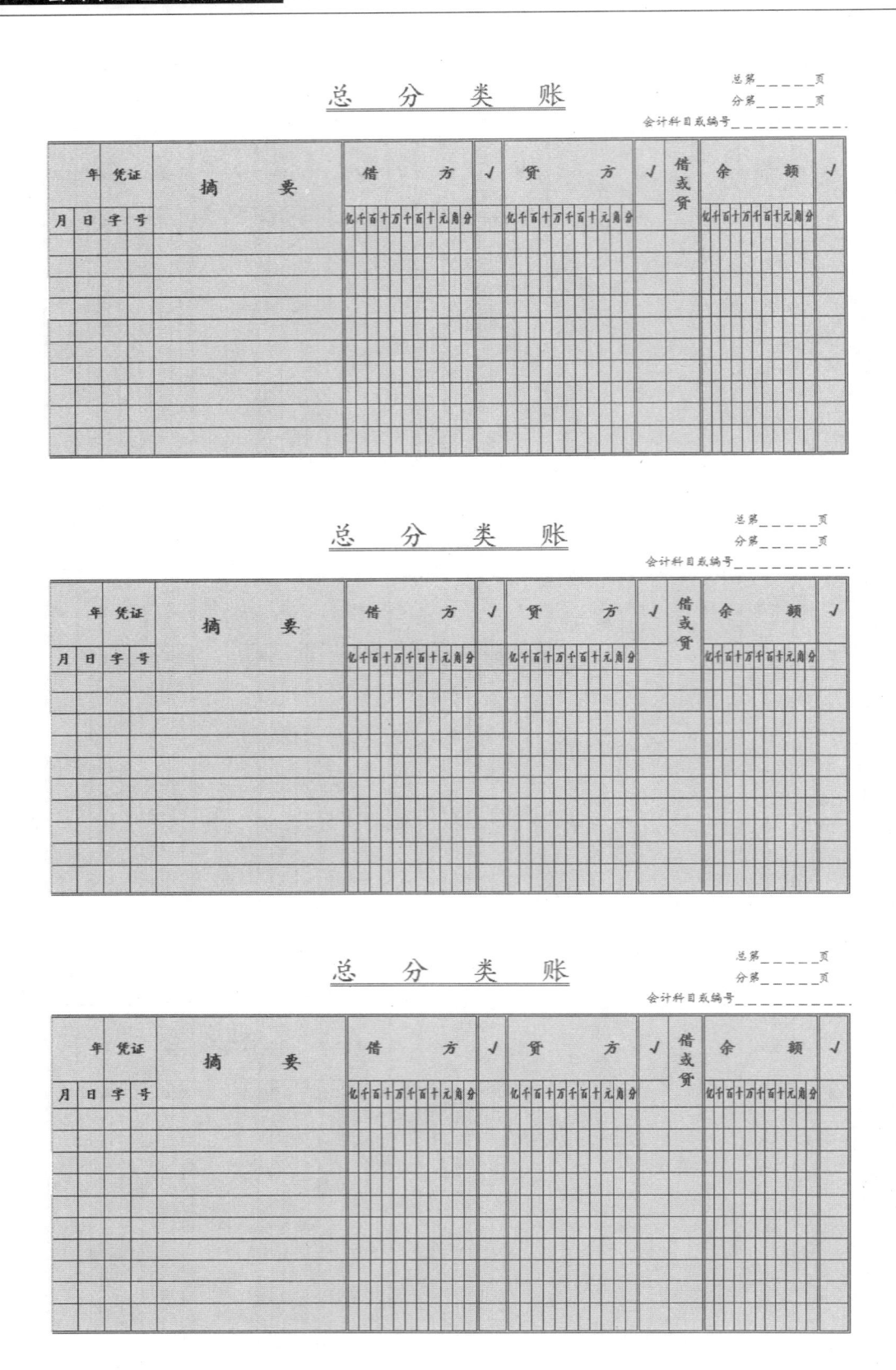

总第_____页
分第_____页
会计科目或编号_____

年		凭证		摘要	借方	√	贷方	√	借或贷	余额	√
月	日	字	号		亿千百十万千百十元角分		亿千百十万千百十元角分			亿千百十万千百十元角分	

总 分 类 账

总第_____页
分第_____页
会计科目或编号_____

年		凭证		摘要	借方	√	贷方	√	借或贷	余额	√
月	日	字	号		亿千百十万千百十元角分		亿千百十万千百十元角分			亿千百十万千百十元角分	

总 分 类 账

总第_____页
分第_____页
会计科目或编号_____

年		凭证		摘要	借方	√	贷方	√	借或贷	余额	√
月	日	字	号		亿千百十万千百十元角分		亿千百十万千百十元角分			亿千百十万千百十元角分	

总分类账

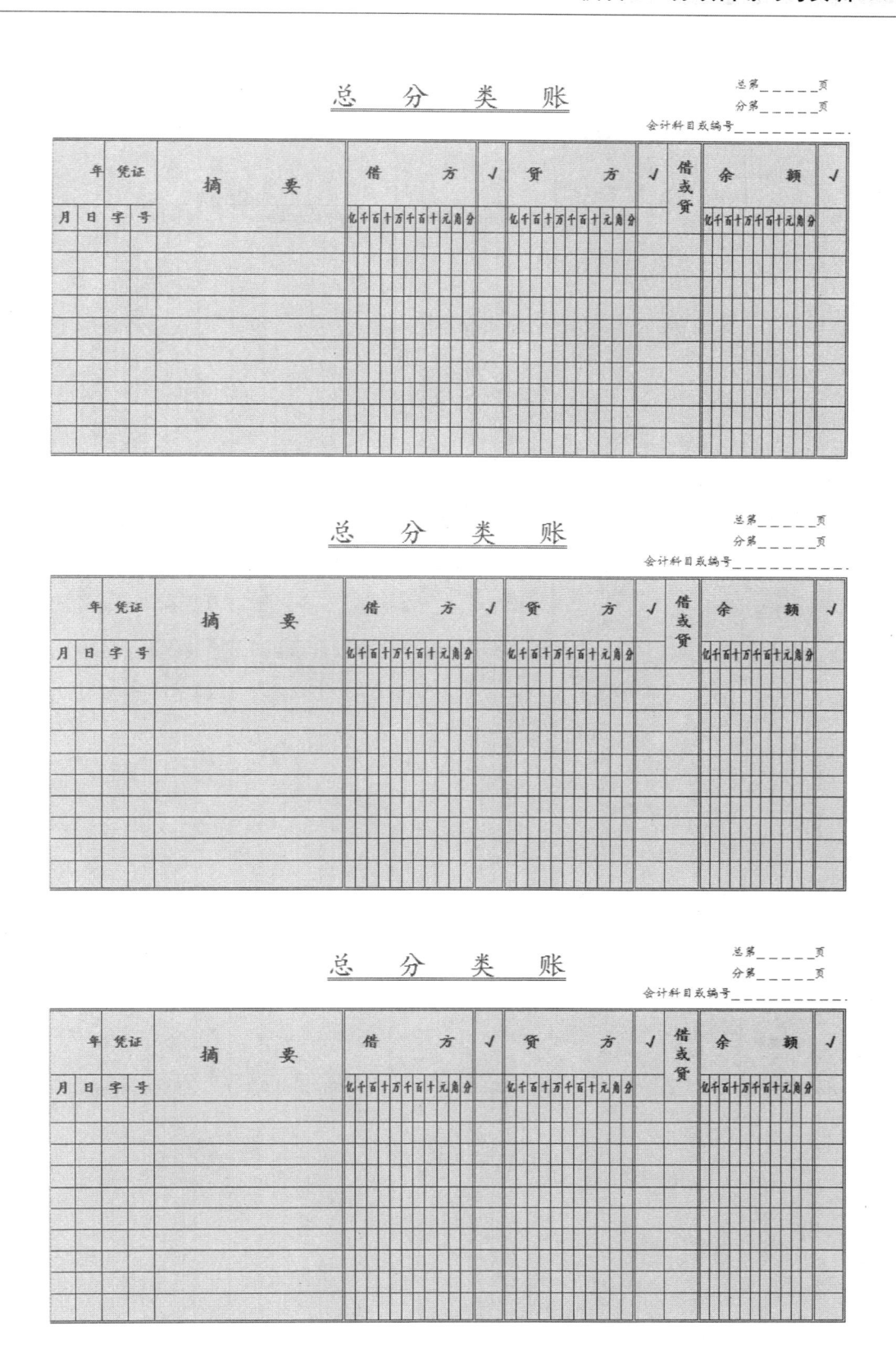

总第_____页
分第_____页

会计科目或编号_____

年		凭证字号	摘要	借方 亿千百十万千百十元角分	√	贷方 亿千百十万千百十元角分	√	借或贷	余额 亿千百十万千百十元角分	√
月	日									

总分类账

总第_____页
分第_____页

会计科目或编号_____

年		凭证字号	摘要	借方 亿千百十万千百十元角分	√	贷方 亿千百十万千百十元角分	√	借或贷	余额 亿千百十万千百十元角分	√
月	日									

总分类账

总第_____页
分第_____页

会计科目或编号_____

年		凭证字号	摘要	借方 亿千百十万千百十元角分	√	贷方 亿千百十万千百十元角分	√	借或贷	余额 亿千百十万千百十元角分	√
月	日									

总 分 类 账

总第＿＿＿＿＿页
分第＿＿＿＿＿页
会计科目或编号＿＿＿＿＿＿＿＿＿＿

年		凭证		摘要	借方	√	贷方	√	借或贷	余额	√
月	日	字	号		亿千百十万千百十元角分		亿千百十万千百十元角分			亿千百十万千百十元角分	

总 分 类 账

总第＿＿＿＿＿页
分第＿＿＿＿＿页
会计科目或编号＿＿＿＿＿＿＿＿＿＿

年		凭证		摘要	借方	√	贷方	√	借或贷	余额	√
月	日	字	号		亿千百十万千百十元角分		亿千百十万千百十元角分			亿千百十万千百十元角分	

总 分 类 账

总第＿＿＿＿＿页
分第＿＿＿＿＿页
会计科目或编号＿＿＿＿＿＿＿＿＿＿

年		凭证		摘要	借方	√	贷方	√	借或贷	余额	√
月	日	字	号		亿千百十万千百十元角分		亿千百十万千百十元角分			亿千百十万千百十元角分	

模块一 分项目练习与实训

总 分 类 账

总第_____页
分第_____页
会计科目或编号_____

年		凭证字号	摘要	借方 亿千百十万千百十元角分	√	贷方 亿千百十万千百十元角分	√	借或贷	余额 亿千百十万千百十元角分	√
月	日									

总 分 类 账

总第_____页
分第_____页
会计科目或编号_____

年		凭证字号	摘要	借方 亿千百十万千百十元角分	√	贷方 亿千百十万千百十元角分	√	借或贷	余额 亿千百十万千百十元角分	√
月	日									

总 分 类 账

总第_____页
分第_____页
会计科目或编号_____

年		凭证字号	摘要	借方 亿千百十万千百十元角分	√	贷方 亿千百十万千百十元角分	√	借或贷	余额 亿千百十万千百十元角分	√
月	日									

总分类账

总第_____页
分第_____页
会计科目表编号_____

年		凭证		摘要	借方	√	贷方	√	借或贷	余额	√
月	日	字	号		亿千百十万千百十元角分		亿千百十万千百十元角分			亿千百十万千百十元角分	

总分类账

总第_____页
分第_____页
会计科目表编号_____

年		凭证		摘要	借方	√	贷方	√	借或贷	余额	√
月	日	字	号		亿千百十万千百十元角分		亿千百十万千百十元角分			亿千百十万千百十元角分	

总分类账

总第_____页
分第_____页
会计科目表编号_____

年		凭证		摘要	借方	√	贷方	√	借或贷	余额	√
月	日	字	号		亿千百十万千百十元角分		亿千百十万千百十元角分			亿千百十万千百十元角分	

模块一　分项目练习与实训

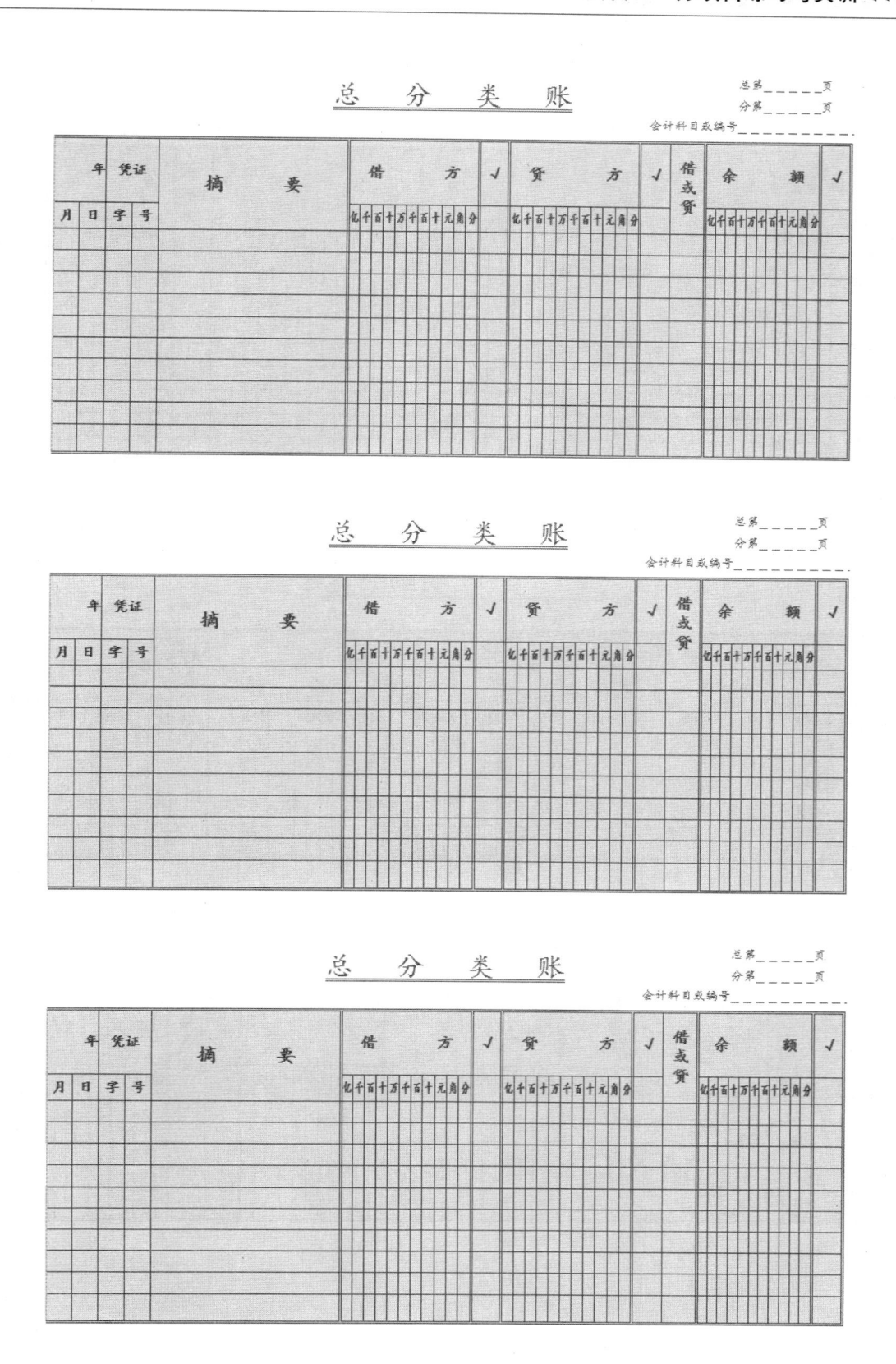

总　分　类　账

总第＿＿＿＿＿页
分第＿＿＿＿＿页
会计科目或编号＿＿＿＿＿＿＿＿＿＿

年		凭证		摘要	借方		√	贷方		√	借或贷	余额		√
月	日	字	号		亿千百十万千百十元角分			亿千百十万千百十元角分				亿千百十万千百十元角分		

总　分　类　账

总第＿＿＿＿＿页
分第＿＿＿＿＿页
会计科目或编号＿＿＿＿＿＿＿＿＿＿

年		凭证		摘要	借方		√	贷方		√	借或贷	余额		√
月	日	字	号		亿千百十万千百十元角分			亿千百十万千百十元角分				亿千百十万千百十元角分		

总　分　类　账

总第＿＿＿＿＿页
分第＿＿＿＿＿页
会计科目或编号＿＿＿＿＿＿＿＿＿＿

年		凭证		摘要	借方		√	贷方		√	借或贷	余额		√
月	日	字	号		亿千百十万千百十元角分			亿千百十万千百十元角分				亿千百十万千百十元角分		

总分类账

总第_____页
分第_____页
会计科目或编号_____

年		凭证	摘要	借方	√	贷方	√	借或贷	余额	√
月	日	字号		亿千百十万千百十元角分		亿千百十万千百十元角分			亿千百十万千百十元角分	

明细分类账

总第_____页
分第_____页
子目、户名或编号_____

年		凭证	摘要	借方	√	贷方	√	借或贷	余额	√
月	日	字号		亿千百十万千百十元角分		亿千百十万千百十元角分			亿千百十万千百十元角分	

明细分类账

总第_____页
分第_____页
子目、户名或编号_____

年		凭证	摘要	借方	√	贷方	√	借或贷	余额	√
月	日	字号		亿千百十万千百十元角分		亿千百十万千百十元角分			亿千百十万千百十元角分	

明细分类账

总第_____页
分第_____页
子目、户名或编号_____

年		凭证		摘要	借方 (亿千百十万千百十元角分)	√	贷方 (亿千百十万千百十元角分)	√	借或贷	余额 (亿千百十万千百十元角分)	√
月	日	字	号								

明细分类账

总第_____页
分第_____页
子目、户名或编号_____

年		凭证		摘要	借方 (亿千百十万千百十元角分)	√	贷方 (亿千百十万千百十元角分)	√	借或贷	余额 (亿千百十万千百十元角分)	√
月	日	字	号								

明细分类账

总第_____页
分第_____页

产地_____ 单位_____ 规格_____ 品名_____ 编号_____

年		凭证		摘要	借方			贷方			余额			√
月	日	字	号		数量	单价	金额(千百十万千百十元角分)	数量	单价	金额(千百十万千百十元角分)	数量	单价	金额(千百十万千百十元角分)	

明细分类账

产地_____ 单位_____ 规格_____ 品名_____ 编号_____

总第_____页
分第_____页

年		凭证		摘要	借方				贷方				余额				√
月	日	字	号		数量	单价	金额(千百十万千百十元角分)		数量	单价	金额(千百十万千百十元角分)		数量	单价	金额(千百十万千百十元角分)		

明细分类账

产地_____ 单位_____ 规格_____ 品名_____ 编号_____

总第_____页
分第_____页

年		凭证		摘要	借方				贷方				余额				√
月	日	字	号		数量	单价	金额(千百十万千百十元角分)		数量	单价	金额(千百十万千百十元角分)		数量	单价	金额(千百十万千百十元角分)		

明细分类账

产地_____ 单位_____ 规格_____ 品名_____ 编号_____

总第_____页
分第_____页

年		凭证		摘要	借方				贷方				余额				√
月	日	字	号		数量	单价	金额(千百十万千百十元角分)		数量	单价	金额(千百十万千百十元角分)		数量	单价	金额(千百十万千百十元角分)		

模块一 分项目练习与实训

生产成本明细表

计量单位：_____ 编号：_____ 总页_____
完工产量：_____ 车间：_____
　　　　　　　　　　　产品名称：_____

年 月 日	凭证字号	摘要	成本项目 直接材料	直接工资	制造费用			合计

生产成本明细表

计量单位：_____ 编号：_____ 总页_____
完工产量：_____ 车间：_____
　　　　　　　　　　　产品名称：_____

年 月 日	凭证字号	摘要	成本项目 直接材料	直接工资	制造费用			合计

明细账

总第_____页
分第_____页

年 月 日	凭证字号	摘要	合计	（　）方金额分析					

明细账

总第_____页
分第_____页

年		凭证字号	摘要	合计	（　）方金额分析
月	日			千百十万千百十元角分	百十万千百十元角分　百十万千百十元角分　百十万千百十元角分　百十万千百十元角分　百十万千百十元角分　百十万千百十元角分

明细账

总第_____页
分第_____页

年		凭证字号	摘要	合计	（　）方金额分析
月	日			千百十万千百十元角分	百十万千百十元角分　百十万千百十元角分　百十万千百十元角分　百十万千百十元角分　百十万千百十元角分　百十万千百十元角分

明细账

总第_____页
分第_____页

年		凭证字号	摘要	合计	（　）方金额分析
月	日			千百十万千百十元角分	百十万千百十元角分　百十万千百十元角分　百十万千百十元角分　百十万千百十元角分　百十万千百十元角分　百十万千百十元角分

应交税费（增值税）

应交税费（增值税）明细账左边账页

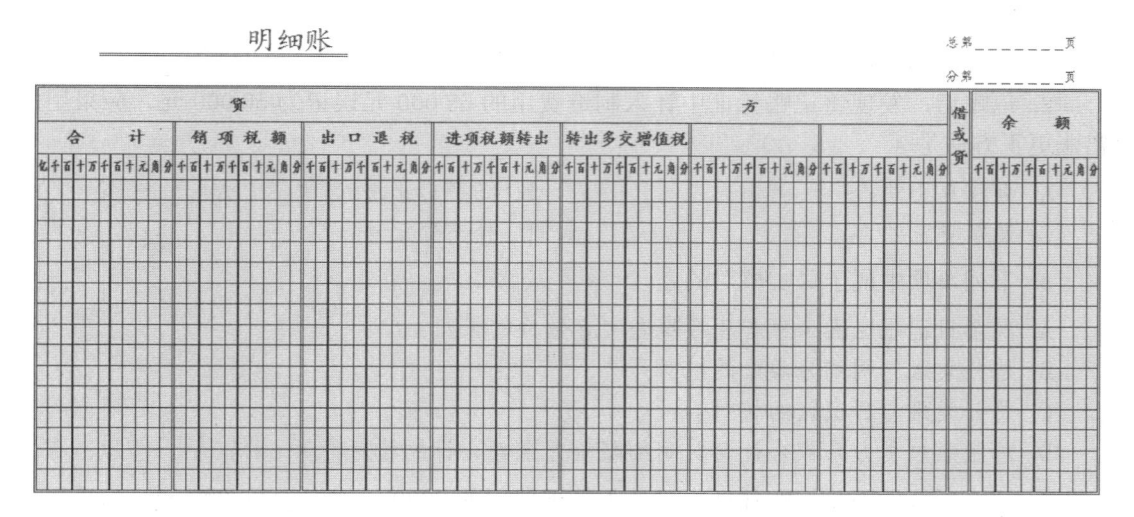

明细账

应交税费（增值税）明细账右边账页

项目五 对账和结账

一、单项选择题

1. 下列账项核对中，不属于账账核对的是（　　）。
   A. 银行存款日记账余额与其总账余额的核对
   B. 总账账户借方发生额合计与其所属明细账户借方发生额合计的核对
   C. 总账账户贷方余额合计与其所属明细账户贷方余额合计的核对
   D. 银行存款日记账余额与银行对账单余额的核对

2. 记账后，发现将记账凭证中计入制造费用的 65 000 元误记为 56 000 元，应采用的错账更正方法是（　　）。
   A. 划线更正法   B. 红字更正法
   C. 蓝字更正法   D. 补充登记法

3. 下列事项中属于账实核对的是（　　）。
   A. 现金日记账账面余额与库存现金实存数额的核对
   B. 总分类账与明细分类账的核对
   C. 总分类账与日记账的核对
   D. 总账账户贷方余额合计与其明细账贷方余额合计的核对

4. 记账后，发现将记账凭证中应计入管理费用的 2000 元误记为 20 000 元，应采用的错账更正方法是（　　）。
   A. 划线更正法   B. 红字更正法
   C. 蓝字更正法   D. 补充登记法

5. 库存现金的清查应采用（　　）。
   A. 实地盘点法   B. 技术推算法
   C. 查询法   D. 账单核对法

6. "除 2 法"适用于以下（　　）错账的查找。
   A. 漏记   B. 重记
   C. 反方   D. 邻数倒置

7. 往来款项的清查应采用（　　）。
   A. 实地盘点法   B. 技术推算法

132

C. 查询法　　　　　　　　　　　　D. 账单核对法

8. 单位保管员调换工作时，需对其保管的财产进行清查，这种清查属于（　　　　）。

A. 定期全面清查　　　　　　　　　B. 定期局部清查
C. 不定期全面清查　　　　　　　　D. 不定期局部清查

9. 采用永续盘存制运用的公式是（　　　　）。

A. 期末结存数＝期初结存数＋本期增加数－本期减少数
B. 本期减少数＝期初结存余额＋本期增加数－期末实地盘点数
C. 本期累计结存数＝本期增加数－本期减少数
D. 本期减少数＝本期增加数－期末实地盘点数

10. 存货盘亏属定额内损耗，处理时列入（　　　　）。

A. 销售费用　　　　　　　　　　　B. 管理费用
C. 财务费用　　　　　　　　　　　D. 制造费用

11. 库存现金应（　　　　）清查。

A. 每年　　　　　　　　　　　　　B. 每季
C. 每月　　　　　　　　　　　　　D. 每天

12. 在记账无误的情况下，银行对账单与银行存款日记账账面余额不一致的原因是存在（　　　　）。

A. 未达账项　　　　　　　　　　　B. 在途货币资金
C. 应付账款　　　　　　　　　　　D. 应收账款

二、多项选择题

1. 因记账凭证错误而导致的账簿记录错误，可采用的更正方法有（　　　　）。

A. 划线更正法　　　　　　　　　　B. 差数法
C. 补充登记法　　　　　　　　　　D. 红字更正法

2. 红字更正法适应于下列错账的更正（　　　　）。

A. 登账后，发现记账凭证中应借应贷的方向或科目有错
B. 登账后，发现记账凭证中应借应贷的方向和科目无误，而所记金额小于应记金额
C. 结账前，发现账簿记录的文字或数字错误，而记账凭证没有错误
D. 登账后，发现记账凭证中应借应贷的方向和科目无误，而所记金额大于应记金额

3. 错账的更正方法有（　　　　）。

A. 划线更正法　　　　　　　　　　B. 红字更正法
C. 备抵法　　　　　　　　　　　　D. 补充登记法

4. 下列情况需进行全面清查的是（　　　　）。

A. 年终决算前　　　　　　　　　　B. 单位撤销、合并、改组、改变隶属关系

C. 清产核资   D. 贵重物资

5. 结账的程序包括（　　　　）。

A. 将本期发生的经济业务全部登记入账，并保证其正确性。
B. 根据权责发生制的要求，调整有关账户，合理确定本期应计的收入和应计的费用。
C. 损益类转入"本年利润"账户，结平所有损益类账户。
D. 结算出资产、负债和所有者权益账户的本期发生额和余额，并结转至下期。

6. 使企业银行存款日记账余额大于银行对账单余额的未达账项是（　　　　）。

A. 企业已收，银行未收   B. 企业已付，银行未付
C. 银行已收，企业未收   D. 银行已付，企业未付

7. 对账的内容包括（　　　　）。

A. 账证核对   B. 账账核对
C. 账实核对   D. 账簿核对

8. 错账的查找方法包括（　　　　）。

A. 顺查法   B. 逆查法
C. 抽查法   D. 偶合法

9. 财产清查的方法包括（　　　　）。

A. 实地盘点法   B. 技术推算法
C. 查询法   D. 账单核对法

10. 财产清查按时间划分，分为（　　　　）。

A. 定期清查   B. 不定期清查
C. 全面清查   D. 局部清查

三、判断题

1. 记账凭证和会计账簿发生笔误时，均可采用划线更正法进行更正。（　　　　）

2. 银行存款日记账账面余额与银行对账单核对属于账账核对。（　　　　）

3. 年终结账时，有余额的账户应将余额直接计入新账账户的余额栏内，无须编制记账凭证。（　　　　）

4. 记账以后，发现记账凭证中科目正确，但所记金额小于应记金额，应采用补充登记法更正账簿记录错误。（　　　　）

5. 一般情况下，财产物资应采用实地盘存制在账簿中进行记录。（　　　　）

6. 盘点现金时，出纳人员必须回避。（　　　　）

7. 在永续盘存制下，对财产物资的增减变动既登记增加数也登记减少数，并随时结出余额。（　　　　）

8. 银行存款每天由出纳与银行核对。   (   )

9. 企业可以动用的银行存款的实有数额是"银行存款余额调节表"调节后的余额。
                                                              (   )

10. "除9法"可在记账时发现漏记或重记的错误。   (   )

四、实践操作题

1. 根据项目四实践操作题对长沙李氏家具有限公司第12月的账簿记录进行对账。

（1）根据项目四实践操作题对长沙李氏家具有限公司第12月的账簿记录进行账证核对。

（2）根据项目四实践操作题对长沙李氏家具有限公司第12月的账簿记录进行账账核对。

（3）根据项目四实践操作题对长沙李氏家具有限公司第12月的总账记录编制发生额及余额试算平衡表。

发生额及余额试算平衡表

年　　月　　日　　　　　　　　　　　　　　　　　单位：元

账户名称	期初余额		本期发生额		期末余额	
	借方	贷方	借方	贷方	借方	贷方

续表

账户名称	期初余额		本期发生额		期末余额	
	借方	贷方	借方	贷方	借方	贷方

2. 长沙天逸有限公司 2019 年 12 月月初乙材料期初的结存、购入、发出情况如下。

（1）12 月期初结存 1000 公斤，单价为 5 元 / 公斤。

（2）12 月 5 日，购入 5000 公斤，单价为 5 元 / 公斤。

（3）12 月 10 日，生产领用 4000 公斤，

（4）12 月 15 日，购入 7000 公斤，单价为 5 元 / 公斤。

（5）12 月 20 日，生产领用 5000 公斤

（6）12 月 25 日，购入 4000 公斤，单价为 5 元 / 公斤。

（7）12 月 30 日，生产领用 6000 公斤，

要求：

（1）按永续盘存制登记乙材料明细账。

（2）按实地盘存制登记乙材料明细账（假定乙材料月末实地盘点数量为 1900 公斤）。

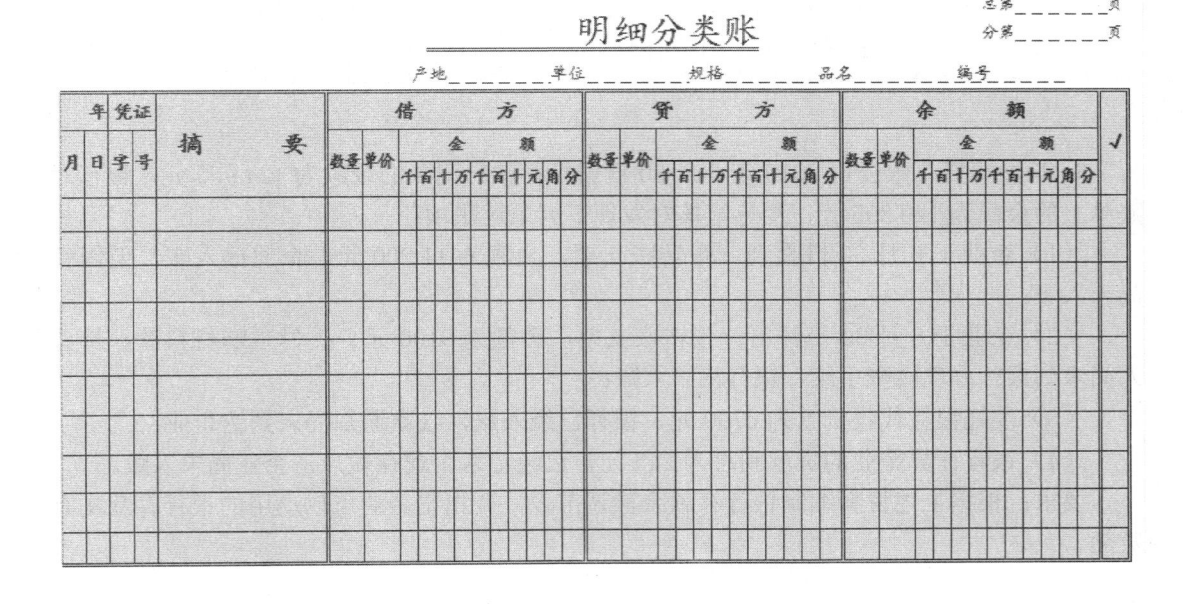

明细分类账

总第_____页
分第_____页

产地_____ 单位_____ 规格_____ 品名_____ 编号_____

年	凭证	摘要	借方			贷方			余额			√
月 日	字号		数量	单价	金额 千百十万千百十元角分	数量	单价	金额 千百十万千百十元角分	数量	单价	金额 千百十万千百十元角分	

<table>
<tr><td colspan="14" align="center">明细分类账</td></tr>
<tr><td colspan="14">总第_____页　分第_____页</td></tr>
<tr><td colspan="14">产地_____ 单位_____ 规格_____ 品名_____ 编号_____</td></tr>
<tr><td colspan="2">年</td><td rowspan="2">凭证
字号</td><td rowspan="2">摘要</td><td colspan="3">借方</td><td colspan="3">贷方</td><td colspan="3">余额</td><td rowspan="2">√</td></tr>
<tr><td>月</td><td>日</td><td>数量</td><td>单价</td><td>金额
千百十万千百十元角分</td><td>数量</td><td>单价</td><td>金额
千百十万千百十元角分</td><td>数量</td><td>单价</td><td>金额
千百十万千百十元角分</td></tr>
<tr><td></td><td></td><td></td><td></td><td></td><td></td><td></td><td></td><td></td><td></td><td></td><td></td><td></td><td></td></tr>
<tr><td></td><td></td><td></td><td></td><td></td><td></td><td></td><td></td><td></td><td></td><td></td><td></td><td></td><td></td></tr>
<tr><td></td><td></td><td></td><td></td><td></td><td></td><td></td><td></td><td></td><td></td><td></td><td></td><td></td><td></td></tr>
<tr><td></td><td></td><td></td><td></td><td></td><td></td><td></td><td></td><td></td><td></td><td></td><td></td><td></td><td></td></tr>
<tr><td></td><td></td><td></td><td></td><td></td><td></td><td></td><td></td><td></td><td></td><td></td><td></td><td></td><td></td></tr>
<tr><td></td><td></td><td></td><td></td><td></td><td></td><td></td><td></td><td></td><td></td><td></td><td></td><td></td><td></td></tr>
</table>

3. 长沙华盛有限公司 2019 年 6 月 30 日银行存款日记账的余额为 124 950 元，银行对账单上的余额为 129 395 元，经逐笔核对发现下列未达账项：

（1）企业于 6 月 30 日收到一张转账支票，金额为 11 200 元，企业已入账，但银行尚未入账；

（2）企业于 6 月 30 日开出一张转账支票，金额为 9100 元，支付采购材料款，持票人尚未到银行办理转账手续，银行尚未入账；

（3）委托银行代收货款为 6790 元，银行已经入账，收款通知尚未到达企业；

（4）银行计算企业的贷款利息为 245 元，已经记入企业存款户，企业尚未入账。

要求：根据上述资料编制银行存款余额调节表，并指出企业可以动用的银行存款实有数额。

银行存款余额调节表

年　月　日　　　　　　　　　　　　单位：元

项目	金额	项目	金额
银行存款日记账余额		银行对账单余额	
加：银行已收企业未收款项		加：企业已收银行未收款项	
减：银行已付企业未付款项		减：企业已付银行未付款项	
调节后余额		调节后余额	

4. 长沙方正公司 2019 年 9 月 30 日银行存款日记账的账面余额为 465 000 元，银行对账单上企业存款余额为 468 500 元，经逐笔核对，发现以下未达账项：

（1）企业开出一张支票金额为 2000 元，持票人尚未到银行办理转账；
（2）企业送存一张支票金额为 6400 元，银行尚未入账；
（3）银行划转企业银行借款利息 600 元，企业尚未入账；
（4）企业委托银行代收款项 10000 元，银行已收款入账，企业尚未入账；
（5）银行代企业支付电话费 1500 元，企业尚未入账。

要求：根据以上资料编制银行存款余额调节表，并指出企业可以动用的银行存款实有数额。

银行存款余额调节表

年　　月　　日　　　　　　　　　　　　　　　　　　　　　　　　　　单位：元

项目	金额	项目	金额
银行存款日记账余额		银行对账单余额	
加：银行已收企业未收款项		加：企业已收银行未收款项	
减：银行已付企业未付款项		减：企业已付银行未付款项	
调节后余额		调节后余额	

5. 长沙天逸有限公司 2019 年 10 月 25 日至 31 日银行存款日记账和银行对账单的内容如下：

银行存款日记账

单位：元

2019 年		凭证		摘要	结算凭证		借方	贷方	余额
月	日	字	号		种类	号数			
10	24			余额					250 000.00
	25	记	85	购买材料	转支	0452023		200 000.00	50 000.00
	26	记	86	支付运费	转支	0452024		1000.00	49 000.00
	27	记	89	销售产品	网银	532	226 000.00		275 000.00
	30	记	93	购买材料	网银	1473		90 000.00	185 000.00
	30	记	95	支付广告费	转支	0452025		2500.00	182 500.00
	31	记	96	销售产品	网银	1521	150 000.00		332 500.00

中国建设银行客户存款对账单

客户名称： 长沙天逸有限公司　　　　　**账号：** 43002908643091　　　　　单位：元

时间	摘要	结算种类	凭证号	借方	贷方	余额
20191024	余额					250 000.00
20191026	收货款	网银	532		226 000.00	476 000.00
20191026	付材料款	转账支票	0452023	200 000.00		276 000.00
20191029	运费	转账支票	0452024	1000.00		275 000.00
20191030	电费	网银	533	23 000.00		252 000.00
20191030	收货款	网银	1548		3200.00	255 200.00
20191030	收货款	网银	1549		60 000.00	315 200.00
20191030	付材料款	网银	1473	90 000.00		225 200.00

要求：

（1）对银行存款日记账和银行对账单进行逐笔勾对，并指出未达账项；

（2）编制银行存款余额调节表，并指出企业可以动用的银行存款实有数额。

银行存款余额调节表

年　月　日　　　　　　　　　　　　　　　　　　　　　单位：元

项　目	金　额	项　目	金　额
银行存款日记账余额		银行对账单余额	
加：银行已收企业未收款项		加：企业已收银行未收款项	
减：银行已付企业未付款项		减：企业已付银行未付款项	
调节后余额		调节后余额	

6. 长沙创远有限公司 2019 年 12 月 31 日银行的存款日记账和银行对账单资料如下。

银行存款日记账

单位：元

2019年		凭证		摘要	结算凭证		借方	贷方	余额
月	日	字	号		种类	号数			
12	1			期初余额					188 500.00
	1	记	1	收到投资款	网银	4521	50 000.00		238 500.00
	2	记	2	借款			100 000.00		338 500.00
	5	记	6	保险公司赔款			18 800.00		357 300.00
	6	记	12	提现	现支	1452		1000.00	356 300.00
	7	记	15	缴纳税款	网银	10651		2000.00	354 300.00
	15	记	20	发放工资	现支	1453		30 000.00	324 300.00
	20	记	26	购买材料	转支	2451		45 200.00	279 100.00
	25	记	31	支付前欠货款	转支	2452		5000.00	274 100.00
	25	记	32	支付广告费	转支	2453		10 000.00	264 100.00
	28	记	35	购买材料	转支	2454		5650.00	258 450.00
	30	记	44	收回前欠货款			33 900.00		292 350.00
	31	记	46	销售产品			45 200.00		337 550.00

中国建设银行客户存款对账单

客户名称：长沙创远有限公司　　　　账号：43002900910865　　　　单位：元

时间	摘要	结算种类	凭证号	借方	贷方	余额
20191201	期初余额					188 500.00
20191201	收投资款	网银	4521		50 000.00	238 500.00
20191203	收借款				100 000.00	338 500.00
20191206	收赔款				18 800.00	357 300.00
20191206	提现	现支	1452	1000.00		356 300.00
20191208	缴纳税费	网银	10651	2000.00		354 300.00

续表

20191215	发放工资	现支	1453	30 000.00		324 300.00
20191220	支付货款	转支	2451	45 200.00		279 100.0
20191228	支付货款	转支	2454	5650.00		273 450.00
20191230	收货款				33 900.00	307 350.00
20191231	收货款				22 600.00	329 950.00
20191231	支付电话费			2000.00		327 950.00

要求：

（1）对银行存款日记账和银行对账单进行逐笔勾对，并指出未达账项；

（2）编制银行存款余额调节表，并指出企业可以动用的银行存款实有数额。

银行存款余额调节表

2019 年 12 月 31 日　　　　　　　　　　　　　　　　　　单位：元

项　目	金额	项　目	金额
银行存款日记账余额		银行对账单余额	
加：银行已收企业未收款项		加：企业已收银行未收款项	
减：银行已付企业未付款项		减：企业已付银行未付款项	
调节后余额		调节后余额	

7. 长沙李氏家具有限公司 2019 年 12 月的银行对账单如下：

中国建设银行客户存款对账单

户名：长沙李氏家具有限公司　　　　　　　　账号：1050321165224506

期间：20201201-20201231　　　　　　　　　　币种：人民币

时间	摘　要	凭证种类	凭证号	借方	贷方	余额
20191201	月初结余					2,637,853.00
20191201	收投资款				200,000.00	2,837,853.00
20191201	收借款				800,000.00	3,637,853.00

模块一　分项目练习与实训 <<<

续表

20191201	还银行借款			450,000.00		3,187,853.00
20191201	支付利息			6,750.00		3,131,103.00
20191202	支付货款			163,850.00		3,017,253.00
20191204	支付货款	转支	10504415	904,000.00		2,113,253.00
20191204	支付运费	网银	789	5,000.00		2,108,253.00
20191204	支付货款	网银	775	1,532,280.00		575,973.00
20191205	支付运费	网银	777	24,000.00		551,973.00
20191205	支付货款	网银	778	126,400.00		425,573.00
20191215	提现	现支	10504316	258,640.00		166,973.00
20191215	借支	现支	10504317	3,000.00		163,933.00
20191215	提现	现支	10504318	2,000.00		161,933.00
20191216	购办公用品	转支	10299732	2,987.00		158,946.00
20191230	支付水费	网银	779	1,526.00		157,420.00
20191230	支付电费	网银	780	7,684.00		149,736.00
20191230	收到货款				2,305,200.00	2,454,936.00
21091230	收到货款				508,500.00	2,963,436.00
20191230	支付广告费	转支	10289733	12,360.00		2,951,076.00
20191230	买办公用品	转支	10289734	1,854.00		2,949,222.00
20191230	收货款				203,400.00	3,152,622.00
20191230	缴纳税费	电子缴税	1820955	92,340.00		3,060,282.00
20191231	收到违约金				2,500.00	3,062,782.00
20191231	支付电话费			1,856.00		3,060,926.00
20191231	存款利息				1,208.00	3,062,134.00

打印时间 2019-12-31　　　　　交易柜员　00231　　　交易机构　4102821

要求：

（1）根据项目四业务操作题登记的银行存款日记账与银行对账单进行逐笔核对，并指出未达账项；

（2）编制银行存款余额调节表，指出企业可以动用的银行存款实有数额。

银行存款余额调节表

年　月　日　　　　　　　　　　　　　　　　　　　　　　　　　单位：元

项　　目	金　　额	项　　目	金　　额
银行存款日记账余额		银行对账单余额	
加：银行已收企业未收款项		加：企业已收银行未收款项	
减：银行已付企业未付款项		减：企业已付银行未付款项	
调节后余额		调节后余额	

8. 2019年12月月末，长沙天逸有限公司按规定进行财产清查，其结果如下：

（1）现金清查长款120元，原因待查；

（2）经反复核查，现金长款仍无法查明原因，报经批准后转账；

（3）盘盈A材料10公斤，单价为6元／公斤。经查明是由于计量误差造成的，经有关部门批准后转账；

（4）盘亏B材料400公斤，单价为5元／公斤，经查系保管员周浩失职所致，由其赔偿；

（5）发现确实无法支付长沙乐天有限公司的应付账款4000元，经核实对方单位已撤销，经批准做销账处理。

要求：根据上述资料进行相关的账务处理。

9. 2019年12月月末，长沙创远有限公司按规定进行财产清查，清查结果如下：

（1）发现现金短款300元，原因待查；

（2）经查，上述现金短款属于出纳员吴丽失职造成的，责成其赔偿80%，企业承担20%；

（3）收到的现金240元，系出纳吴丽交来的现金短款赔款；

（4）盘亏甲材料20公斤，单价5为元/公斤，经查属于定额内的合理损耗。经有关部门批准后转账；

（5）盘亏乙材料1000公斤，单价为40元/公斤。盘亏乙材料系自然灾害所致，保险公司赔偿60%，其余部分由企业承担。

要求：根据上述资料进行相关的账务处理。

10. 长沙天逸有限公司在对账时发现以下错账。

（1）管理部门用现金201元购买办公用品，编制会计分录如下：

借：管理费用 201
　　贷：库存现金 201

登记总账时，"库存现金"账户贷方误记为210元。

借	库存现金	贷
	210	

（2）生产车间购买办公用品560元，以银行存款支付，编制会计分录如下：

借：制造费用　　　　　560
　　贷：银行存款　　　　　560

登记总账账时，"银行存款"账户贷方误记入借方。

借	银行存款	贷
560		

（3）收到长沙百汇有限公司还来的货款40 000元存入银行，编制会计分录如下：

借：银行存款　　　　40 000
　　贷：应收账款——长沙百汇有限公司　40 000

登记总账时，"应收账款"账户贷方误记为40 000元。

借	应收账款	贷
	40 000	

（4）计提车间固定资产折旧 1000 元，编制分录如下，并已登记入账。

　　　　借：生产成本　　　　　1000
　　　　　　贷：累计折旧　　　　　1000

（5）收到长沙正大有限公司投资的机器设备一台，价值 120 000 元，编制分录如下，并已登记入账。

　　　　借：实收资本　　　　　120 000
　　　　　　贷：固定资产　　　　　120 000

（6）购买 A 材料 17 800 元，材料验收入库，以银行存款付讫。编制分录如下，并已登记入账。

　　　　借：原材料——A 材料　　18 700
　　　　　　贷：银行存款　　　　　18 700

（7）生产甲产品领用 A 材料 15 200 元，编制分录如下，并已登记入账。

　　　　借：生产成本——甲产品　　12 500
　　　　　　贷：原材料——A 材料　　12 500

（8）结转已销产品成本 36 000 元，编制分录如下，并已登记入账。

　　　　借：主营业务成本　　　　3600
　　　　　　贷：原材料　　　　　　3600

要求：根据以上资料选择合适的错账更正方法进行更正。

11. 对项目四实践操作题中，长沙李氏家具有限公司 12 月的账簿记录进行结账。

项目六　编制财务报表

一、单项选择题

1. 资产负债表是反映企业在某个特定日期（　　　）的会计报表。
   A. 经营成果　　　　　　　　B. 财务状况
   C. 现金流量　　　　　　　　D. 利得损失

2. 资产负债表中的资产项目是按资产（　　　）大小排列的。
   A. 流动性　　　　　　　　　B. 固定性
   C. 重要性　　　　　　　　　D. 清偿时间

3. 利润表中各项目根据损益类账户的（　　　）分析填列。
   A. 借方发生额　　　　　　　B. 贷方发生额
   C. 期末余额　　　　　　　　D. 发生额

4. 下列不属于资产负债表中"所有者权益"项目的是（　　　）。
   A. 实收资本　　　　　　　　B. 资本公积
   C. 盈余公积　　　　　　　　D. 投资收益

5. 下列不属于利润表中项目内容的是（　　　）。
   A. 营业收入　　　　　　　　B. 营业成本
   C. 应付账款　　　　　　　　D. 未分配利润

6. 利润表中各项目是根据（　　　）账户的发生额分析填列的。
   A. 资产类　　　　　　　　　B. 负债类
   C. 所有者权益类　　　　　　D. 损益类

7. 下列项目可直接根据有关总账账户余额直接填列的是（　　　）。
   A. 应收账款　　　　　　　　B. 短期借款
   C. 应付账款　　　　　　　　D. 存货

8. 利润表中的净利润是利润总额减去（　　　）后的余额。
   A. 增值税　　　　　　　　　B. 税金及附加
   C. 应交税费　　　　　　　　D. 所得税费用

9. 资产负债表中，根据有关账户余额减去其备抵账户余额后的净额填列项目有（　　　）。

A. 固定资产 B. 应付票据
C. 短期借款 D. 应付职工薪酬

10. 某企业月末"应付账款"总账账户余额为贷方 40 000 元,"预付账款"总账账户余额为借方 10 000 元,其中,应付账款——甲公司明细账户为贷方余额为 50 000 元,应付账款——乙公司明细账户为借方余额为 10 000 元,预付账款——A 公司明细账户为借方余额为 15 000 元,预付账款——B 公司明细账户为贷方余额为 5000 元,则该企业资产负债表中"应付账款"项目应填列的金额为(   )元。

A. 40 000 B. 10 000
C. 50 000 D. 55 000

二、多项选择题

1. 资产负债表中,根据有关明细账户的余额计算填列的项目是(   )。

A. 应收账款 B. 预付账款
C. 应付账款 D. 预收账款

2. 下列各项中可以通过资产负债表反映的是(   )。

A. 某个时点的财务状况 B. 某个时点的偿债能力
C. 某个期间的经营成果 D. 某个期间的获利能力

3. 资产负债表中的"未分配利润"项目应根据(   )账户余额计算填列。

A. 本年利润 B. 资本公积
C. 盈余公积 D. 利润分配

4. 资产负债表中的流动负债项目包括(   )。

A. 长期借款 B. 应付账款
C. 应付职工薪酬 D. 应交税费

5. 下列项目影响利润表中营业利润的是(   )。

A. 税金及附加 B. 销售费用
C. 管理费用 D. 财务费用

6. 利润表的内容包括(   )。

A. 营业利润 B. 利润总额
C. 资产总额 D. 净利润

7. 资产负债表中的"货币资金"项目应根据(   )总账账户期末余额之和填列。

A. 库存现金 B. 银行存款
C. 其他货币资金 D. 应收票据

8. 财务报表包括(   )。

A. 资产负债表 B. 利润表

C. 现金流量表　　　　　　　　　　　　D. 所有者权益变动表

9. 资产负债表中的"应付账款"项目，应根据（　　　）合计数填列。
A. 应付账款账户所属相关明细科目的期末借方余额
B. 应付账款科目所属相关明细科目的期末贷方余额
C. 预付账款科目的所属相关明细科目的期末贷方余额
D. 预付账款科目的所属相关明细科目的期末借方余额

10. 资产负债表中"存货"项目包括的内容有（　　　）。
A. 库存商品　　　　　　　　　　　　B. 生产成本
C. 原材料　　　　　　　　　　　　　D. 固定资产

三、判断题

1. 利润表是反映企业在某个特定时期经营成果的会计报表。（　　）

2. 我国企业的资产负债表采用账户式格式，利润表采用多步式格式。
（　　）

3. 资产负债表是根据有关账户的期末余额直接填列的，利润表是根据有关账户的发生额直接填列的。（　　）

4. 资产负债表左方为资产项目，按资产的流动性大小由大到小顺序排列，资产负债表右方为负债及所有者权益项目，一般按求偿权先后顺序排列。（　　）

5. 利润表中的营业收入包括主营业务收入和营业外收入。（　　）

6. 资产负债表是指反映企业在某个特定日期财务状况的会计报表。（　　）

7. 资产负债表中的"长期借款"项目，应根据"长期借款"总账科目余额直接填列。（　　）

8. 我国企业的会计报表采用账户式结构。（　　）

9. 年末，企业资产负债表中的"未分配利润"项目可根据利润分配总账的账户余额直接填列。（　　）

10. 应收账款科目所属明细科目期末如有贷方余额，在资产负债表上应填列在"应付账款"项目栏内。（　　）

四、实践操作题

1. 长沙天逸有限公司 2019 年 11 月 30 日有关总账的账户余额如下：

长沙天逸有限公司总账账户余额表

2019 年 11 月 30 日　　　　　　　　　　　　　　　　　　　　单位：元

账户名称	借方余额	账户名称	贷方余额
库存现金	800	短期借款	180 000
银行存款	2 504 100	应付账款	447 000
应收账款	250 000	应交税费	25 620
其他应收款	3000	应付职工薪酬	167 200
在途物资	40000	应付股利	60 300
原材料	1 126 800	长期借款	800 000
生产成本	51000	其他应付款	2500
库存商品	1 301 780	实收资本	5 170 000
固定资产	3 356 040	资本公积	215 100
无形资产	501 000	盈余公积	311 620
		本年利润	1 344 020
		利润分配	353 480
		累计折旧	57 680
合计	9 134 520	合计	9 134 520

要求：根据上述资料编制资产负债表。

资　产　负　债　表

会企 01 表

编制单位：　　　　　　　　　年　月　日　　　　　　　　　单位：元

资　产	期末余额	上年年末余额	负债和所有者权益（或股东权益）	期末余额	上年年末余额
流动资产			流动负债		
货币资金			短期借款		
交易性金融资产			交易性金融负债		
衍生金融资产			衍生金融负债		
应收票据			应付票据		

续表

应收账款			应付账款		
应收款项融资			预收款项		
预付款项			合同负债		
其他应收款			应付职工薪酬		
存货			应交税费		
合同资产			其他应付款		
持有待售资产			持有待售负债		
一年内到期的非流动资产			一年内到期的非流动负债		
其他流动资产			其他流动负债		
流动资产合计			流动负债合计		
非流动资产			非流动负债		
债权投资			长期借款		
其他债权投资			应付债券		
长期应收款			其中：优先股		
长期股权投资			永续债		
其他权益工具投资			租赁负债		
其他非流动金融资产			长期应付款		
投资性房地产			预计负债		
固定资产			递延收益		
在建工程			递延所得税负债		
生产性生物资产			其他非流动负债		
油气资产			非流动负债合计		
使用权资产			负债合计		
无形资产			所有者权益（或股东权益）		

续表

开发支出			实收资本（或股本）	
商誉			其他权益工具	
长期待摊费用			其中：优先股	
递延所得税资产			永续债	
其他非流动资产			资本公积	
非流动资产合计			减：库存股	
			其他综合收益	
			专项储备	
			盈余公积	
			未分配利润	
			所有者权益（或股东权益）合计	
资产总计			负债及所有者权益（或股东权益）总计	

2. 长沙创远有限公司 2019 年 12 月 31 日的相关资料如下：

（1）总账的账户余额

单位：元

账户名称	借方余额	账户名称	贷方余额
库存现金	1000	坏账准备	2000
银行存款	214 000	累计折旧	50 000
其他货币资金	15 000	短期借款	78 000
应收票据	45 000	应付账款	70 000
应收账款	80 000	预收账款	10 000
预付账款	30 000	应付职工薪酬	4000
原材料	500 000	应交税费	13 000

续表

在途物资	10 000	应付股利	30 000
库存商品	100 000	长期借款	800 000
固定资产	820 000	实收资本	710 000
在建工程	20 000	资本公积	70 000
无形资产	162 000	盈余公积	20 000
		利润分配	140 000
合　　计	1 997 000	合　　计	1 997 000

（2）债权债务的明细账户余额

应收账款——A公司，借方余额100 000元。
应收账款——B公司，贷方余额20 000元。
预付账款——C公司，借方余额50 000元。
预付账款——D公司，贷方余额20 000元。
应付账款——E公司，贷方余额100 000元。
应付账款——F公司，借方余额30 000元。
预收账款——G公司，贷方余额40 000元。
预收账款——H公司，借方余额30 000元。

（3）长期借款

长期借款共有两笔，均为一次到期还本付息，金额及期限如下：
①从工商银行借入300 000元，期限从2017年1月1日至2021年12月31日。
②从建设银行借入500 000元，期限从2015年7月1日至2020年6月30日。

要求：根据以上资料编制资产负债表。

资　产　负　债　表

会企01表

编制单位：　　　　　　　　　　　　年　　月　　日　　　　　　　　　　　　单位：元

资　产	期末余额	上年年末余额	负债和所有者权益（或股东权益）	期末余额	上年年末余额
流动资产			流动负债		
货币资金			短期借款		
交易性金融资产			交易性金融负债		
衍生金融资产			衍生金融负债		

153

续表

应收票据			应付票据		
应收账款			应付账款		
应收款项融资			预收款项		
预付款项			合同负债		
其他应收款			应付职工薪酬		
存货			应交税费		
合同资产			其他应付款		
持有待售资产			持有待售负债		
一年内到期的非流动资产			一年内到期的非流动负债		
其他流动资产			其他流动负债		
流动资产合计			流动负债合计		
非流动资产			非流动负债		
债权投资			长期借款		
其他债权投资			应付债券		
长期应收款			其中：优先股		
长期股权投资			永续债		
其他权益工具投资			租赁负债		
其他非流动金融资产			长期应付款		
投资性房地产			预计负债		
固定资产			递延收益		
在建工程			递延所得税负债		
生产性生物资产			其他非流动负债		
油气资产			非流动负债合计		
使用权资产			负债合计		

续表

无形资产			所有者权益（或股东权益）		
开发支出			实收资本（或股本）		
商誉			其他权益工具		
长期待摊费用			其中：优先股		
递延所得税资产			永续债		
其他非流动资产			资本公积		
非流动资产合计			减：库存股		
			其他综合收益		
			专项储备		
			盈余公积		
			未分配利润		
			所有者权益（或股东权益）合计		
资产总计			负债及所有者权益（或股东权益）总计		

3. 长沙创远有限公司 2019 年 12 月损益类账户发生额如下：

单位：元

账户名称	借方	贷方
主营业务收入		5 400 000
主营业务成本	3 200 000	
其他业务收入		200 000
其他业务成本	120 000	
投资收益		180 000
税金及附加	125 000	
销售费用	310 000	
管理费用	685 000	
财务费用	150 000	
营业外收入		80 000
营业外支出	50 000	
所得税费用	310 000	

要求：根据上述资料编制利润表。

利 润 表

会企 02 表

编制单位：　　　　　　　　　　　　　　年　月　　　　　　　　　　　　　　单位：元

项　　目	本期金额	上期金额
一、营业收入		
减：营业成本		
税金及附加		
销售费用		
管理费用		
研发费用		
财务费用		

续表

其中：利息费用		
利息收入		
加：其他收益		
投资收益（损失以"-"号填列）		
其中：对联营企业和合营企业的投资收益		
以摊余成本计量的金融资产终止确认收益（损失以"-"号填列）		
净敞口套期收益（损失以"-"号填列）		
公允价值变动收益（损失以"-"号填列）		
信用减值损失（损失以"-"号填列）		
资产减值损失（损失以"-"号填列）		
资产处置收益（损失以"-"号填列）		
二、营业利润（亏损以"-"号填列）		
加：营业外收入		
减：营业外支出		
三、利润总额（亏损总额以"-"号填列）		
减：所得税费用		
四、净利润（净亏损以"-"号填列）		
（1）持续经营净利润（净亏损以"-"号填列）		
（2）终止经营净利润（净亏损以"-"号填列）		
五、其他综合收益的税后净额		
……		
六、综合收益总额		
七、每股收益		
（1）基本每股收益		
（2）稀释每股收益		

4. 根据项目四实践操作题登记的长沙李氏家具有限公司的总账编制资产负债表和利润表。

资 产 负 债 表

会企 01 表

编制单位：　　　　　　　　　　　　　年　月　日　　　　　　　　　　　　　单位：元

资　产	期末余额	上年年末余额	负债和所有者权益（或股东权益）	期末余额	上年年末余额
流动资产			流动负债		
货币资金			短期借款		
交易性金融资产			交易性金融负债		
衍生金融资产			衍生金融负债		
应收票据			应付票据		
应收账款			应付账款		
应收款项融资			预收款项		
预付款项			合同负债		
其他应收款			应付职工薪酬		
存货			应交税费		
合同资产			其他应付款		
持有待售资产			持有待售负债		
一年内到期的非流动资产			一年内到期的非流动负债		
其他流动资产			其他流动负债		
流动资产合计			流动负债合计		
非流动资产			非流动负债		
债权投资			长期借款		
其他债权投资			应付债券		
长期应收款			其中：优先股		
长期股权投资			永续债		

续表

其他权益工具投资			租赁负债		
其他非流动金融资产			长期应付款		
投资性房地产			预计负债		
固定资产			递延收益		
在建工程			递延所得税负债		
生产性生物资产			其他非流动负债		
油气资产			非流动负债合计		
使用权资产			负债合计		
无形资产			所有者权益（或股东权益）		
开发支出			实收资本（或股本）		
商誉			其他权益工具		
长期待摊费用			其中：优先股		
递延所得税资产			永续债		
其他非流动资产			资本公积		
非流动资产合计			减：库存股		
			其他综合收益		
			专项储备		
			盈余公积		
			未分配利润		
			所有者权益（或股东权益）合计		
资产总计			负债及所有者权益（或股东权益）总计		

利 润 表

会企 02 表

编制单位：　　　　　　　　　　　年　月　　　　　　　　　　　单位：元

项　　目	本期金额	上期金额
一、营业收入		
减：营业成本		
税金及附加		
销售费用		
管理费用		
研发费用		
财务费用		
其中：利息费用		
利息收入		
加：其他收益		
投资收益（损失以"-"号填列）		
其中：对联营企业和合营企业的投资收益		
以摊余成本计量的金融资产终止确认收益（损失以"-"号填列）		
净敞口套期收益（损失以"-"号填列）		
公允价值变动收益（损失以"-"号填列）		
信用减值损失（损失以"-"号填列）		
资产减值损失（损失以"-"号填列）		
资产处置收益（损失以"-"号填列）		
二、营业利润（亏损以"-"号填列）		
加：营业外收入		
减：营业外支出		
三、利润总额（亏损总额以"-"号填列）		
减：所得税费用		

续表

四、净利润（净亏损以"-"号填列）		
（1）持续经营净利润（净亏损以"-"号填列）		
（2）终止经营净利润（净亏损以"-"号填列）		
五、其他综合收益的税后净额		
……		
六、综合收益总额		
七、每股收益		
（1）基本每股收益		
（2）稀释每股收益		

项目七　选择和应用账务处理程序

一、单项选择题

1. 各种账务处理程序之间的主要区别在于（　　）。

   A. 会计凭证的种类不同
   B. 总账的格式不同
   C. 登记总账的依据不同
   D. 根据总账和明细账编制会计报表的方法不同

2. 会计工作中最基本的账务处理程序是（　　）。

A. 记账凭证账务处理程序 B. 科目汇总表账务处理程序
C. 汇总记账凭证账务处理程序 D. 原始凭证账务处理程序

3. 记账凭证账务处理程序适用于（　　　）。

A. 规模较大，业务量较多的企业
B. 规模小，业务较复杂的企业
C. 规模小，业务量少、凭证不多的企业
D. 规模较大，业务较多但所用科目较少的企业

4. 在汇总记账凭证账务处理程序下，记账凭证不可以采用的格式是（　　　）。

A. 收款凭证 B. 付款凭证
C. 转账凭证 D. 通用记账凭证

5. 记账凭证账务处理程序的主要缺点是（　　　）。

A. 不便于会计合理分工 B. 不能体现账户的对应关系
C. 登记总账的工作量较大 D. 汇总的工作量较大

6、在科目汇总表账务处理程序下，登记总账的依据是（　　　）。

A. 原始凭证 B. 记账凭证
C. 科目汇总表 D. 汇总记账凭证

7. 以下不属于科目汇总表账务处理程序的是（　　　）。

A. 登记现金日记账和银行存款日记账
B. 根据记账凭证登记总分类账
C. 根据记账凭证编制科目汇总表
D. 根据原始凭证和汇总原始凭证编制记账凭证

8. 科目汇总表账务处理程序的主要缺点是不能反映（　　　）。

A. 借方发生额 B. 账户对应关系
C. 贷方发生额 D. 借方或贷方发生额

10. 汇总记账凭证账务处理程序不包括（　　　）。

A. 根据原始凭证或汇总原始凭证编制记账凭证
B. 根据各种记账凭证分别编制汇总收款凭证、汇总付款凭证和汇总转账凭证
C. 根据各种记账凭证登记总分类账
D. 期末根据总分类账和明细分类账的记录，编制财务报表

二、多项选择题

1. 记账凭证账务处理程序、科目汇总表账务处理程序和汇总记账凭证账务处理程序应共同遵循的程序有（　　　）。

A. 根据原始凭证、汇总原始凭证和记账凭证登记各种明细分类账

B. 根据记账凭证逐笔登记总分类账

C. 期末时，现金日记账、银行存款日记账和明细分类账的余额应与有关总分类账的余额核对相符

D. 根据总分类账和明细分类账的记录，编制会计报表

2. 在记账凭证账务处理程序下，记账凭证可以采用的格式是（　　　）。

A. 收款凭证　　　　　　　　　　B. 付款凭证
C. 转账凭证　　　　　　　　　　D. 通用记账凭证

3. 为了便于汇总收款凭证的编制，收款凭证应采用（　　　）的形式。

A. 一借一贷　　　　　　　　　　B. 一借多贷
C. 一贷多借　　　　　　　　　　D. 多借多贷

4. 科目汇总表账务处理程序的优点是（　　　）。

A. 便于查账　　　　　　　　　　B. 能反映经济业务的来龙去脉。
C. 可试算平衡　　　　　　　　　D. 减轻登记总账的工作量

5. 账务处理程序，也称会计核算形式或会计组织程序，是指（　　　）相结合的方式。

A 会计凭证　　　　　　　　　　B. 会计账簿
C 复式记账　　　　　　　　　　D. 会计报表

6. 无论采用何种账务处理程序，（　　　）是必不可少的。

A. 编制记账凭证　　　　　　　　B. 登记总分类账
C. 登记各种明细分类账　　　　　D. 编制财务报表

7. 记账凭证账务处理程序下，需要设置的账簿有（　　　）。

A. 现金日记账　　　　　　　　　B. 银行存款日记账
C. 总分类账　　　　　　　　　　D. 明细分类账

8. 为了便于汇总转账凭证的编制，转账凭证应采用（　　　）的形式。

A. 一借多贷　　　　　　　　　　B. 一借一贷
C. 多借一贷　　　　　　　　　　D. 多借多贷

9. 为了便于汇总付款凭证的编制，付款凭证应采用（　　　）形式

A. 一借一贷　　　　　　　　　　B. 一贷多借
C. 一借多贷　　　　　　　　　　D. 多借多贷

10. 科目汇总表账务处理程序的优点包括（　　　）。

A. 科目汇总表的编制和使用比较简便

B. 可大大减少登记总分类账的工作量

C. 科目汇总表能起到试算平衡的作用，从而保证总账登记的准确性

D. 能明确反映科目对应关系，便于分析经济业务的来龙去脉

三、判断题

1. 采用科目汇总表账务处理程序，可以减少登记总分类账的工作量，但不便于了解账户之间的对应关系。（   ）

2. 在科目汇总表核算形式下，总分类账必须逐日逐笔登记。（   ）

3. 汇总转账凭证是按转账凭证的借方科目设置的，并按贷方科目予以汇总。（   ）

4. 区分各种账务处理程序的主要标志在于编制会计报表的依据不同。（   ）

5. 科目汇总表账务处理程序的缺点是登记总分类账的工作量较大。（   ）

6. 记账凭证可以作为登记明细账的依据，但不能作为登记总账的依据。（   ）

7. 由于各企业、单位的业务性质、规模大小、业务繁简程度各不相同，所以它们所采用的账务处理程序也就有所不同。（   ）

8. 采用科目汇总表账务处理程序，总账、细账和日记账都应根据科目汇总表登记。（   ）

9. 科目汇总表账务处理程序一般适用于经济业务较少的单位。（   ）

10. 汇总转账凭证是按转账凭证的每个借方科目设置的。（   ）

四、实践操作题

1. 根据项目三实践操作题长沙李氏家具有限公司 2019 年 12 月的记账凭证编制科目汇总表。

（因业务量不多，按上半月和下半月编制科目汇总表）

科目汇总表

凭证	号至	号	张
凭证	号至	号	张
凭证	号至	号	张

年　月　日至　日　第　号

会计科目	本期发生额 借方 千百十万千百十元角分	账页或√	贷方 千百十万千百十元角分	账页或√
合　计				

会计主管　　　　记账　　　　审核　　　　制单

科目汇总表

凭证	号至	号	张
凭证	号至	号	张
凭证	号至	号	张

年　月　日至　日　第　号

会计科目	本期发生额 借方 千百十万千百十元角分	账页或✓	贷方 千百十万千百十元角分	账页或✓
合　计				

会计主管　　　记账　　　审核　　　制单

2. 根据长沙李氏家具有限公司 2019 年 12 月期初余额登记总账期初余额，然后根据科目汇总表登记总账。

总 分 类 账

总第_____页
分第_____页
会计科目或编号_____

年		凭证		摘要	借方	√	贷方	√	借或贷	余额	√
月	日	字	号		亿千百十万千百十元角分		亿千百十万千百十元角分			亿千百十万千百十元角分	

总 分 类 账

总第_____页
分第_____页
会计科目或编号_____

年		凭证		摘要	借方	√	贷方	√	借或贷	余额	√
月	日	字	号		亿千百十万千百十元角分		亿千百十万千百十元角分			亿千百十万千百十元角分	

总 分 类 账

总第_____页
分第_____页
会计科目或编号_____

年		凭证		摘要	借方	√	贷方	√	借或贷	余额	√
月	日	字	号		亿千百十万千百十元角分		亿千百十万千百十元角分			亿千百十万千百十元角分	

总分类账

总第_____页
分第_____页
会计科目或编号_____

年		凭证		摘要	借方	√	贷方	√	借或贷	余额	√
月	日	字	号		亿千百十万千百十元角分		亿千百十万千百十元角分			亿千百十万千百十元角分	

总分类账

总第_____页
分第_____页
会计科目或编号_____

年		凭证		摘要	借方	√	贷方	√	借或贷	余额	√
月	日	字	号		亿千百十万千百十元角分		亿千百十万千百十元角分			亿千百十万千百十元角分	

总分类账

总第_____页
分第_____页
会计科目或编号_____

年		凭证		摘要	借方	√	贷方	√	借或贷	余额	√
月	日	字	号		亿千百十万千百十元角分		亿千百十万千百十元角分			亿千百十万千百十元角分	

总 分 类 账

总第_____页
分第_____页
会计科目或编号_____

年		凭证		摘要	借方	√	贷方	√	借或贷	余额	√
月	日	字	号		亿千百十万千百十元角分		亿千百十万千百十元角分			亿千百十万千百十元角分	

总 分 类 账

总第_____页
分第_____页
会计科目或编号_____

年		凭证		摘要	借方	√	贷方	√	借或贷	余额	√
月	日	字	号		亿千百十万千百十元角分		亿千百十万千百十元角分			亿千百十万千百十元角分	

总 分 类 账

总第_____页
分第_____页
会计科目或编号_____

年		凭证		摘要	借方	√	贷方	√	借或贷	余额	√
月	日	字	号		亿千百十万千百十元角分		亿千百十万千百十元角分			亿千百十万千百十元角分	

总分类账

总第_____页
分第_____页
会计科目或编号_____

年		凭证	摘要	借方	√	贷方	√	借或贷	余额	√
月	日	字号		亿千百十万千百十元角分		亿千百十万千百十元角分			亿千百十万千百十元角分	

总分类账

总第_____页
分第_____页
会计科目或编号_____

年		凭证	摘要	借方	√	贷方	√	借或贷	余额	√
月	日	字号		亿千百十万千百十元角分		亿千百十万千百十元角分			亿千百十万千百十元角分	

总分类账

总第_____页
分第_____页
会计科目或编号_____

年		凭证	摘要	借方	√	贷方	√	借或贷	余额	√
月	日	字号		亿千百十万千百十元角分		亿千百十万千百十元角分			亿千百十万千百十元角分	

总 分 类 账

总第_____页
分第_____页
会计科目或编号_____

年		凭证		摘要	借方	√	贷方	√	借或贷	余额	√
月	日	字	号		亿千百十万千百十元角分		亿千百十万千百十元角分			亿千百十万千百十元角分	

总 分 类 账

总第_____页
分第_____页
会计科目或编号_____

年		凭证		摘要	借方	√	贷方	√	借或贷	余额	√
月	日	字	号		亿千百十万千百十元角分		亿千百十万千百十元角分			亿千百十万千百十元角分	

总 分 类 账

总第_____页
分第_____页
会计科目或编号_____

年		凭证		摘要	借方	√	贷方	√	借或贷	余额	√
月	日	字	号		亿千百十万千百十元角分		亿千百十万千百十元角分			亿千百十万千百十元角分	

总 分 类 账

总第_____页
分第_____页
会计科目或编号_____

年		凭证		摘要	借方	√	贷方	√	借或贷	余额	√
月	日	字	号		亿千百十万千百十元角分		亿千百十万千百十元角分			亿千百十万千百十元角分	

总 分 类 账

总第_____页
分第_____页
会计科目或编号_____

年		凭证		摘要	借方	√	贷方	√	借或贷	余额	√
月	日	字	号		亿千百十万千百十元角分		亿千百十万千百十元角分			亿千百十万千百十元角分	

总 分 类 账

总第_____页
分第_____页
会计科目或编号_____

年		凭证		摘要	借方	√	贷方	√	借或贷	余额	√
月	日	字	号		亿千百十万千百十元角分		亿千百十万千百十元角分			亿千百十万千百十元角分	

模块一 分项目练习与实训

总 分 类 账

总第_____页
分第_____页
会计科目或编号_____

年		凭证字号	摘要	借方 亿千百十万千百十元角分	√	贷方 亿千百十万千百十元角分	√	借或贷	余额 亿千百十万千百十元角分	√
月	日									

总 分 类 账

总第_____页
分第_____页
会计科目或编号_____

年		凭证字号	摘要	借方 亿千百十万千百十元角分	√	贷方 亿千百十万千百十元角分	√	借或贷	余额 亿千百十万千百十元角分	√
月	日									

总 分 类 账

总第_____页
分第_____页
会计科目或编号_____

年		凭证字号	摘要	借方 亿千百十万千百十元角分	√	贷方 亿千百十万千百十元角分	√	借或贷	余额 亿千百十万千百十元角分	√
月	日									

总 分 类 账

总第_____页
分第_____页
会计科目或编号_____

年		凭证		摘要	借方	√	贷方	√	借或贷	余额	√
月	日	字	号		亿千百十万千百十元角分		亿千百十万千百十元角分			亿千百十万千百十元角分	

总 分 类 账

总第_____页
分第_____页
会计科目或编号_____

年		凭证		摘要	借方	√	贷方	√	借或贷	余额	√
月	日	字	号		亿千百十万千百十元角分		亿千百十万千百十元角分			亿千百十万千百十元角分	

总 分 类 账

总第_____页
分第_____页
会计科目或编号_____

年		凭证		摘要	借方	√	贷方	√	借或贷	余额	√
月	日	字	号		亿千百十万千百十元角分		亿千百十万千百十元角分			亿千百十万千百十元角分	

总 分 类 账

总第_____页
分第_____页

会计科目及编号_____

年		凭证		摘要	借方	√	贷方	√	借或贷	余额	√
月	日	字	号		亿千百十万千百十元角分		亿千百十万千百十元角分			亿千百十万千百十元角分	

总 分 类 账

总第_____页
分第_____页

会计科目及编号_____

年		凭证		摘要	借方	√	贷方	√	借或贷	余额	√
月	日	字	号		亿千百十万千百十元角分		亿千百十万千百十元角分			亿千百十万千百十元角分	

总 分 类 账

总第_____页
分第_____页

会计科目及编号_____

年		凭证		摘要	借方	√	贷方	√	借或贷	余额	√
月	日	字	号		亿千百十万千百十元角分		亿千百十万千百十元角分			亿千百十万千百十元角分	

总 分 类 账

总第_____页
分第_____页
会计科目或编号_____

年		凭证		摘要	借方	√	贷方	√	借或贷	余额	√
月	日	字	号		亿千百十万千百十元角分		亿千百十万千百十元角分			亿千百十万千百十元角分	

总 分 类 账

总第_____页
分第_____页
会计科目或编号_____

年		凭证		摘要	借方	√	贷方	√	借或贷	余额	√
月	日	字	号		亿千百十万千百十元角分		亿千百十万千百十元角分			亿千百十万千百十元角分	

总 分 类 账

总第_____页
分第_____页
会计科目或编号_____

年		凭证		摘要	借方	√	贷方	√	借或贷	余额	√
月	日	字	号		亿千百十万千百十元角分		亿千百十万千百十元角分			亿千百十万千百十元角分	

模块一　分项目练习与实训

总 分 类 账

总第_____页
分第_____页
会计科目或编号_____

年		凭证		摘要	借方									√	贷方									√	借或贷	余额									√
月	日	字	号		亿	千	百	十	万	千	百	十	元	角	分	亿	千	百	十	万	千	百	十	元	角	分		亿	千	百	十	万	千	百	十	元	角	分	

总 分 类 账

总第_____页
分第_____页
会计科目或编号_____

年		凭证		摘要	借方	√	贷方	√	借或贷	余额	√
月	日	字	号		亿千百十万千百十元角分		亿千百十万千百十元角分			亿千百十万千百十元角分	

总 分 类 账

总第_____页
分第_____页
会计科目或编号_____

年		凭证		摘要	借方	√	贷方	√	借或贷	余额	√
月	日	字	号		亿千百十万千百十元角分		亿千百十万千百十元角分			亿千百十万千百十元角分	

3. 根据总账编制李氏家具有限公司 2019 年 12 月的资产负债表和利润表。

资 产 负 债 表

会企 01 表

编制单位：　　　　　　　　　　　　　年　　月　　日　　　　　　　　　　　　单位：元

资　产	期末余额	上年年末余额	负债和所有者权益（或股东权益）	期末余额	上年年末余额
流动资产			流动负债		
货币资金			短期借款		
交易性金融资产			交易性金融负债		
衍生金融资产			衍生金融负债		
应收票据			应付票据		
应收账款			应付账款		
应收款项融资			预收款项		
预付款项			合同负债		
其他应收款			应付职工薪酬		
存货			应交税费		
合同资产			其他应付款		
持有待售资产			持有待售负债		
一年内到期的非流动资产			一年内到期的非流动负债		
其他流动资产			其他流动负债		
流动资产合计			流动负债合计		
非流动资产			非流动负债		
债权投资			长期借款		
其他债权投资			应付债券		
长期应收款			其中：优先股		
长期股权投资			永续债		
其他权益工具投资			租赁负债		

续表

其他非流动金融资产			长期应付款		
投资性房地产			预计负债		
固定资产			递延收益		
在建工程			递延所得税负债		
生产性生物资产			其他非流动负债		
油气资产			非流动负债合计		
使用权资产			负债合计		
无形资产			所有者权益（或股东权益）		
开发支出			实收资本（或股本）		
商誉			其他权益工具		
长期待摊费用			其中：优先股		
递延所得税资产			永续债		
其他非流动资产			资本公积		
非流动资产合计			减：库存股		
			其他综合收益		
			专项储备		
			盈余公积		
			未分配利润		
			所有者权益（或股东权益）合计		
资产总计			负债及所有者权益（或股东权益）总计		

利 润 表

会企 02 表

编制单位：　　　　　　　　　　　　年　月　　　　　　　　　　　　单位：元

项　　　目	本期金额	上期金额
一、营业收入		
减：营业成本		
税金及附加		
销售费用		
管理费用		
研发费用		
财务费用		
其中：利息费用		
利息收入		
加：其他收益		
投资收益（损失以"-"号填列）		
其中：对联营企业和合营企业的投资收益		
以摊余成本计量的金融资产终止确认收益（损失以"-"号填列）		
净敞口套期收益（损失以"-"号填列）		
公允价值变动收益（损失以"-"号填列）		
信用减值损失（损失以"-"号填列）		
资产减值损失（损失以"-"号填列）		
资产处置收益（损失以"-"号填列）		
二、营业利润（亏损以"-"号填列）		
加：营业外收入		
减：营业外支出		
三、利润总额（亏损总额以"-"号填列）		
减：所得税费用		

续表

四、净利润（净亏损以"-"号填列）		
（1）持续经营净利润（净亏损以"-"号填列）		
（2）终止经营净利润（净亏损以"-"号填列）		
五、其他综合收益的税后净额		
……		
六、综合收益总额		
七、每股收益		
（1）基本每股收益		
（2）稀释每股收益		

项目八　整理和保管会计档案

一、单项选择题

1. 企业原始凭证和记账凭证的保管期限为（　　）。
   A. 10 年　　　　　　　　　　　　B. 25 年
   C. 30 年　　　　　　　　　　　　D. 永久

2. 企业年度财务报告（决算）的保管期限为（　　）。
   A. 5 年　　　　　　　　　　　　B. 10 年
   C. 30 年　　　　　　　　　　　　D. 永久

3. 以下需要永久保管的会计档案是（　　　）。

A. 现金日记账　　　　　　　　　　B. 银行存款日记账

C. 会计档案保管清册　　　　　　　D. 银行存款余额调节表

4. 会计档案的保管期限从（　　　）算起。

A. 会计年度终了后的第一天　　　　B. 出具审计报告之日

C. 移交档案管理机构之日　　　　　D. 会计资料的整理装订日

5. 企业总账的保管期限为（　　　）。

A. 10 年　　　　　　　　　　　　　B. 30 年

C. 25 年　　　　　　　　　　　　　D. 永久

6. 当年形成的会计档案在会计年度终了后，可暂由本单位会计机构保管（　　　）后移交到会计档案管理机构。

A. 3 个月　　　　　　　　　　　　B. 半年

C. 1 年　　　　　　　　　　　　　D. 3 年

7. 企业银行存款余额调节表、银行对账单应当保存的期限是（　　　）。

A. 3 年　　　　　　　　　　　　　B. 永久

C. 10 年　　　　　　　　　　　　　D. 30 年

8. 企业的现金日记账、银行存款日记账保管的期限是（　　　）。

A. 5 年　　　　　　　　　　　　　B. 30 年

C. 25 年　　　　　　　　　　　　　D. 永久

二、多项选择题

1. 会计档案包括（　　　）。

A. 会计凭证　　　　　　　　　　　B. 会计账簿

C. 财务会计报告　　　　　　　　　D. 其他会计资料

2. 下列会计档案中需要永久保管的是（　　　）。

A. 会计档案移交清册　　　　　　　B. 会计档案保管清册

C. 现金和银行存款日记账　　　　　D. 年度财务会计报表

3. 会计档案的保管期分为（　　　）。

A. 永久　　　　　　　　　　　　　B. 定期

C. 临时　　　　　　　　　　　　　D. 短期

4. 会计档案的定期保管期限可以是（　　　）。

A. 5 年　　　　　　　　　　　　　B. 10 年

C. 25 年　　　　　　　　　　　　　D. 30 年

5. 下列属于企业会计档案的是（　　　　）。
A. 会计档案移交清册　　　　　　　B. 固定资产卡片
C. 银行对账单　　　　　　　　　　D. 月度、季度财务报告

6. 下列各项中需要保存 30 年的会计档案是（　　　　）。
A. 明细账　　　　　　　　　　　　B. 日记账
C. 总账　　　　　　　　　　　　　D. 记账凭证

7. 需要永久保管的会计档案是（　　　　）。
A. 会计档案移交清册　　　　　　　B. 会计档案保管清册
C. 会计档案销毁清册　　　　　　　D. 年度财务报告

8. 以下保管期限为 10 年的会计档案是（　　　　）。
A. 月度财务会计　　　　　　　　　B. 银行存款余额调节表
C. 银行对账单　　　　　　　　　　D. 年度财务报表

三、判断题

1. 会计档案的保管期限分为永久保管和定期保管两种，其中定期保管一般分为 10 年和 30 年。（　　　）

2. 单位保存的会计档案一般不得对外借出。确因工作需要且根据国家有关规定必须借出的，应当严格按照规定办理相关手续。（　　　）

3. 会计档案保管清册保管期限为 30 年。（　　　）

4. 企业会计账簿中的总账应当保管 30 年。（　　　）

5. 财会部门或经办人，必须在会计年度终了后的第一天，将应归档的会计档案全部移交档案部门，保证会计档案齐全完整。（　　　）

6. 企业的出纳可以兼管会计档案。（　　　）

7. 现金和银行存款日记账的保管期限为 10 年。（　　　）

8. 保管期满但未结清的债权债务会计凭证和涉及其他未了事项的会计凭证不得销毁。（　　　）

测 试 题 一

湖南华远服饰有限公司 2019 年 12 月的经济业务如下，要求根据经济业务编制会计分录。

（共 25 题，每小题 4 分，合计 100 分）

（本测试题建议在学习完项目三填制和审核记账凭证后进行）

1. 12 月 1 日，收到投资人张伟投资的货币资金 100 万元存入银行。收到投资人周昊投入的设备一套，价值 100 万元。

2. 12 月 1 日，从银行借入 1 年期借款 500 000 元存入银行，年利率为 6%，到期还本付息。

3. 12 月 2 日，从东方公司购买棉布 8000 米，单价为 50 元／米，增值税率为 13%，运输费为 1000 元，材料收到验收入库，以银行存款付讫全部款项。

4. 12 月 2 日，提取现金 1000 元备用。

5. 12 月 5 日，办公室李敏报销购买的办公用品 320 元，以现金付讫。

6. 12 月 5 日，从东方公司购买棉布 4000 米，单价为 50 元／米，增值税率为 13%，材料尚未收到，货款暂未支付。

7. 12月5日，生产男士衬衣领用棉布8000米，单价为50元/米。

8. 12月15日，以银行存款支付广告费5228元；

9. 12月30日，结算本月应付职工工资120 000元，其中生产男衬衫工人工资为90 000元，车间管理人员工资为8000元，企业管理人员工资为22 000元。

10. 12月30日，计提本月固定资产折旧费3680元，其中生产车间为2000元，管理部门为1680元。

11. 12月30日，将本月发生的制造费用转入生产成本。

12. 12月30日，本月生产的男衬衫5000件全部完工入库，结转完工产品的生产成本。

13. 12月31日，销售给长沙通程商业公司男衬衫3000件，单价为200元/件，增值税率为13%，货款收到存入银行。

14. 12月31日，销售给长沙友谊百货公司男衬衫1000件，单价为200元/件，增值税率为13%，货款暂未收到。

15. 12月31日，结转本月销售男衬衫的成本。

16. 12月31日，支付本月应付职工工资 120 000 元。（通过银行直接划付到职工工资卡账户）

17. 12月31日，销售给弘伟服装公司棉布 250 米，单价为 80 元／米，增值税率为 13%，款项收到存入银行。（棉布的成本价为 50 元／米）

18. 12月31日，结转本月应交未交增值税额。

19. 12月31日，分别按 7%、3% 和 2% 计提应交纳的城市维护建设税、教育费附加和地方教育费附加。

20. 12月31日，结转本月损益类账户。

21. 12月31日，按 25% 计提并结转企业所得税。（假定无纳税调整项目）

22. 12月31日，结转全年实现的净利润（湖南华远服饰有限公司 2009 年 1 月～11 月实现的净利润为 968 870 元）。

23. 12月31日，按全年净利润的 10% 和 5% 提取法定盈余公积和任意盈余公积。

24. 12 月 31 日，按全年净利润的 30% 向投资者分配利润。

25. 12 月 31 日，结转"利润分配"所属的明细账户。

测 试 题 二

一、单项选择题（本大题共 10 小题，每小题 1 分，共 10 分）

1. 会计的基本职能是（　　　）。

   A. 核算与决策　　　　　　　　B. 核算与监督
   C. 分析与监督　　　　　　　　D. 预测与决策

2. 下列凭证中属于累计凭证的是（　　　）。

   A. 领料单　　　　　　　　　　B. 限额领料单
   C. 发货单　　　　　　　　　　D. 收料单

3. 记账后，发现将记账凭证中计入制造费用的 65 000 元误记为 56 000 元，应采用的错账更正方法是（　　　）。

   A. 补充登记法　　　　　　　　B. 红字更正法
   C. 蓝字更正法　　　　　　　　D. 划线更正法

4. 各种账务处理程序之间的主要区别是（　　　）的依据不同。

   A. 登记总账　　　　　　　　　B. 登记明细账

C. 登记日记账　　　　　　　　　　D. 填制记账凭证

5. 会计核算采用的主要计量单位是（　　　）。

A. 货币计量单位　　　　　　　　　B. 空间计量单位

C. 劳动计量单位　　　　　　　　　D. 实物计量单位

6. 资产负债表中的"未分配利润"项目，应根据（　　　）填列。

A. "本年利润"账户余额　　　　　　B. "利润分配"账户余额

C. "盈余公积"账户余额　　　　　　D. "本年利润"和"利润分配"的账户余额

7. 在下列有关账项核对中，属于账账核对的内容是（　　　）。

A. 银行存款日记账余额和银行对账单余额的核对

B. 总账账户借方发生额合计与其明细账借方发生额合计的核对

C. 银行存款日记账余额与其总账余额的核对

D. 总账账户贷方余额合计与其明细账贷方余额合计的核对

8. "原材料"明细账的格式应采用（　　　）。

A. 三栏式　　　　　　　　　　　　B. 多栏式

C. 数量金额式　　　　　　　　　　D. 订本式

9. 我国《企业会计准则》规定，企业在对会计要素进行计量时，一般应当采用（　　　）计量属性。

A. 历史成本　　　　　　　　　　　B. 重置成本

C. 公允价值　　　　　　　　　　　D. 现值

10. 在"应收账款"账户中，期初余额为借方200 000元，本期贷方发生额为80 000元，期末余额为借方300 000元，则本期借方发生额为（　　　）元。

A. 150 000　　　　　　　　　　　B. 180 000

C. 20 000　　　　　　　　　　　　D. 120 000

二、多项选择题（本大题共10小题，每小题2分，共20分）

1. 复式记账方法包括（　　　）。

A. 借贷记账法　　　　　　　　　　B. 增减记账法

C. 分类记账法　　　　　　　　　　D. 收付记账法

2. 会计基本前提包括（　　　）。

A. 会计分期　　　　　　　　　　　B. 货币计量

C. 会计主体　　　　　　　　　　　D. 持续经营

3. 反映企业财务状况的会计要素是（　　　）。

A. 资产　　　　　　　　　　　　　B. 负债

C. 收入　　　　　　　　　　　　　D. 所有者权益

4. 下列属于期间费用的是（　　　）。
A. 管理费用　　　　　　　　　　B. 财务费用
C. 销售费用　　　　　　　　　　D. 制造费用

5. 账簿按外表形式的不同可分为（　　　）。
A. 活页式账簿　　　　　　　　　B. 订本式账簿
C. 卡片式账簿　　　　　　　　　D. 联合式账簿

6. 借贷记账法的试算平衡包括（　　　）。
A. 发生额试算平衡　　　　　　　B. 余额试算平衡
C. 差额平衡　　　　　　　　　　D. 总账与明细账平衡

7. 总分类账户与明细分类账户平行登记的要点包括（　　　）。
A. 期间一致　　　　　　　　　　B. 方向相同
C. 金额相等　　　　　　　　　　D. 凭证一致

8. 资产负债表中的"货币资金"项目根据（　　　）总账账户期末余额之和填列。
A. 库存现金　　　　　　　　　　B. 银行存款
C. 其他货币资金　　　　　　　　D. 应收账款

9. 在下列各类错账中，应采用红字更正法进行更正的错账有（　　　）。
A. 结账之前，记账凭证没有错误，但账簿记录有数字错误
B. 因记账凭证中的会计科目有错误而引起的账簿记录错误
C. 记账凭证中的会计科目正确但所记金额大于应记金额所引起的账簿记录错误
D. 记账凭证中的会计科目正确但所记金额小于应记金额所引起的账簿记录错误

10. 全面清查，一般应在（　　　）时进行。
A. 年终　　　　　　　　　　　　B. 月末
C. 单位撤销、合并或改变隶属关系　　D. 一次性清产核资

三、判断题（本大题共 10 小题，每小题 1 分，共 10 分。）

1. 会计主体不同于法律主体。法律主体一般是会计主体，但会计主体不一定是法律主体。　　　　　　　　　　　　　　　　　　　　　（　　　）

2. 转账支票既可转账，又可支取现金。　　　　　　　　　　（　　　）

3. 明细账只能采用货币计量单位登账。　　　　　　　　　　（　　　）

4. 在借贷记账法下，账户的借方登记增加数，贷方登记减少数。（　　　）

5. 企业的出纳不可以兼管会计档案。　　　　　　　　　　　（　　　）

6. 一笔复合会计分录可以分解为两笔或两笔以上简单会计分录；反之，两笔或两笔以上简单会计分录也可以合并为一笔复合会计分录。　　　　（　　　）

7. 年终结账时，有余额的账户，应将其余额直接记入新账余额栏内，不需要编制记账凭证。   （   ）

8. 在填制记账凭证时，误将4270元记为4720元，并已登记入账。月终结账前发现该错误，应采用划线更正法更正。   （   ）

9. 月末应根据"银行存款余额调节表"中调整后的余额进行账务处理，使企业银行存款账的余额与调整后的余额一致。   （   ）

10. 如果试算平衡，说明账户记录完全正确。   （   ）

四、会计分录题（本大题共15小题，每小题3分，共45分。）

湖南飞跃有限公司为增值税一般纳税人，2019年12月发生的部分经济业务如下，要求根据经济业务编制会计分录。（有明细科目的请写出明细科目）

1. 12月2日，从通达公司购入甲材料10 000千克，单价为5元/千克，增值税率为13%，运输费为1000元，款项以银行存款支付，材料验收入库。

2. 12月3日，办公室王凯借支差旅费1000元，以现金支票付讫。

3. 12月6日，企业行政管理部门购买办公用品1500元，以银行存款支付。

4. 12月10日，仓库发出材料，根据领料单编制材料费用分配表如下：

材料费用分配表
2019年12月10日 单位：元

材料用途	甲材料 数量	甲材料 单价	甲材料 金额	乙材料 数量	乙材料 单价	乙材料 金额	丙材料 数量	丙材料 单价	丙材料 金额	合计
制造A产品	2000	5.10	10 200.00	1000	2.10	2100.00				12 300.00
制造B产品	1500	5.10	7650.00	800	2.10	1680.00				9330.00
车间一般耗用							100	2.00	200.00	200.00
管理部门耗用							50	2.00	100.00	100.00
合计	3500	5.10	17 850.00	1800	2.10		150	2.00	300.00	21 930.00

5. 12 月 12 日，收到金海公司交来的违约金 3000 元，存入银行。

6. 12 月 12 日，办公室王凯出差归来，报销差旅费 900 元，交回现金 100 元。

7. 12 月 13 日，销售给楚天公司 A 产品 2000 件，售价为 100 元/件，增值税率为 13%，款项收到存入银行。（A 产品的单位成本 40 元/件）

8. 12 月 14 日，以银行存款支付电视台广告费 4800 元。

9. 12 月 18 日，销售给友联公司甲材料 3000 千克，售价为 7 元/千克，增值税率为 13%，货款尚未收到。（甲材料的单位成本为 5 元/千克）

10. 12 月 31 日，计提本月固定资产折旧费 10 800 元，其中，生产车间使用的固定资产应计提折旧费 7800 元，企业行政管理部门使用的固定资产应计提折旧费 3000 元。

11. 11 日和 31 日，分配本月职工工资为 35 000 元。其中，生产工人工资为 30 000 元，（A 产品生产工人工资为 16 000，B 产品生产工人工资为 14 000 元）车间管理人员工资为 4000 元，企业行政管理部门工资为 1000 元。

12. 12 月 31 日，本月应交增值税额为 12 000 元，按 7% 计提城市维护建设税 840 元，按 3% 计提教育费附加 360 元，按 2% 计提地方教育费附加 240 元。

13. 12 月 31 日，结转本月损益类账户。

12 月损益类账户发生额如下：

单位：元

主营业务收入	200000 （贷方）	其他业务收入	21000（贷方）
营业外收入	3000 （贷方）	主营业务成本	80000（借方）
税金及附加	1200 （借方）	其他业务成本	15000（借方）
营业外支出	1000 （借方）	销售费用	3000（借方）
财务费用	800 （借方）	管理费用	6400（借方）

14. 承 13 题，12 月 31 日，按本月利润总额的 25％计提并结转本月企业所得税。（假定无纳税调整项目）

15. 12 月 31 日，结转全年实现的净利润 150 000 元。

五、根据原始凭证填制记账凭证（6 分）

2021 年 1 月 × 日，长沙远东服饰有限公司财务处收到以下原始凭证，请根据原始凭证编制记账凭证（假设你是长沙远东服饰有限公司财务部的会计，该笔凭证为测试当天的第 1 笔凭证）：

湖南增值税专用发票

4300174130　　　　　No 00128963

机器编号：889902611966　　　开票日期：2021年1月05日

购买方	名　称：长沙远东服饰有限公司 纳税人识别号：914305412824151L968 地址、电话：长沙市芙蓉区远大路256号 0731-84588790 开户行及账号：中国建设银行长沙远大支行 4300204502674S125

密码区：
03-874-2392-42>->-34*31<066>
92289>2217*>/29262735*25*83-
+16985--99>7>1671*7*/2<66-93
2<-*264/5-018-6/0/4<+>+/+3+2

货物或应税劳务、服务名称	规格型号	单位	数量	单价	金额	税率	税额
*纺织品*天丝亚麻棉		米	3000	50.00	150000.00	13%	19500.00
合　　　计					¥150000.00		¥19500.00

价税合计（大写）　⊗壹拾陆万玖仟伍佰圆整　　（小写）¥169500.00

销售方	名　称：长沙瑞祥纺织品有限公司 纳税人识别号：914302541781235810 地址、电话：长沙市岳麓区桐梓坡西路362号 0731-82031485 开户行及账号：中国工商银行岳麓支行 1901231458201236361

收款人：李峰　　　复核：刘昕　　　开票人：童佳　　　销售方：（章）

收料单

2021年1月05日

供应单位：长沙瑞祥纺织品有限公司　　　　　编　号：第1152号
材料类别：原料及主要材料　　　　　　　　　收料仓库：材料库

材料编号	材料名称	规格	计量单位	数量 应收	数量 实收	实际成本 买价 单价	实际成本 买价 发票金额	运杂费	合计	单位成本
CL1001	天丝亚麻棉		米	3000	3000	50.00	150 000.00		150 000.00	50.00
	合　　计								150 000.00	50.00

备　注：

采购：杨浩　　　　　会计：张进　　　　　收料：陈娟

中国建设银行 转账支票存根

10504316
01630651

附加信息

出票日期：2021年1月05日
收款人：长沙瑞祥纺织品有限公司
金　额：¥169500.00
用　途：购入天丝亚麻棉
单位主管 周天昊　会计 张进

记 账 凭 证

年　月　日　　　　　　　　　字第　　　号

摘要	会计科目		借方金额	贷方金额	记账
	总账科目	明细科目	亿千百十万千百十元角分	亿千百十万千百十元角分	(签章)
合计					

会计主管　　　　　　出纳　　　　　　审核　　　　　　制单

附件　　张

六、编制利润表（9分）

湖南长弘有限公司 2019 年 12 月损益类账户发生额如下：

账户名称	借方发生额	贷方发生额
主营业务收入		4 500 000
主营业务成本	2 500 000	
税金及附加	18 500	
销售费用	32 000	
管理费用	131 500	
财务费用	62 500	
其他业务收入		82 000
其他业务成本	55 000	
营业外收入		65 000
营业外支出	42 500	
所得税费用	451 250	

要求：编制该公司 12 月的利润表。（9 分）

利 润 表

会企 02 表

编制单位：　　　　　　　　　　　年　　月　　　　　　　　　　　　　单位：元

项　　　　目	本期金额	上期金额
一、营业收入		
减：营业成本		
税金及附加		
销售费用		
管理费用		
研发费用		
财务费用		
其中：利息费用		
利息收入		
加：其他收益		
投资收益（损失以"－"号填列）		
其中：对联营企业和合营企业的投资收益		
以摊余成本计量的金融资产终止确认收益（损失以"－"号填列）		
净敞口套期收益（损失以"－"号填列）		
公允价值变动收益（损失以"－"号填列）		
信用减值损失（损失以"－"号填列）		
资产减值损失（损失以"－"号填列）		
资产处置收益（损失以"－"号填列）		
二、营业利润（亏损以"－"号填列）		
加：营业外收入		
减：营业外支出		
三、利润总额（亏损总额以"－"号填列）		
减：所得税费用		

续表

四、净利润（净亏损以"-"号填列）		
（1）持续经营净利润（净亏损以"-"号填列）		
（2）终止经营净利润（净亏损以"-"号填列）		
五、其他综合收益的税后净额		
……		
六、综合收益总额		
七、每股收益		
（1）基本每股收益		
（2）稀释每股收益		

测 试 题 三

一、单项选择题（本大题共 10 小题，每小题 1 分，共 10 分）

1.（　　　）是会计确认、计量和报告的空间范围。
　A. 持续经营　　　　　　　　B. 会计分期
　C. 会计主体　　　　　　　　D. 货币计量

2."会计"一词最早出现在（　　　）。
　A. 唐朝　　　　　　　　　　B. 西周
　C. 宋朝　　　　　　　　　　D. 明末清初

3. 下列各项中不属于原始凭证要素的是（　　　）。
   A. 凭证名称
   B. 经济业务的基本内容
   C. 会计人员记账标记
   D. 凭证日期和编号

4. "应付账款"账户期初余额为贷方 10 000 元，本期借方发生额 30 000 元，本期贷方发生额 60 000 元，则期末余额是（　　　）元。
   A. 借方 20 000
   B. 贷方 40 000
   C. 贷方 20 000
   D. 贷方 80 000

5. 在借贷记账法下，期末没有余额的是（　　　）账户。
   A. 资产类
   B. 损益类
   C. 负债类
   D. 成本类

6. 下列各项不属于反映企业财务状况的会计要素是（　　　）。
   A. 资产
   B. 利润
   C. 负债
   D. 所有者权益

7. "原材料"明细账的格式应采用（　　　）。
   A. 三栏式
   B. 多栏式
   C. 订本式
   D. 数量金额式

8. 现金日记账必须采用（　　　）。
   A. 活页式账簿
   B. 卡片式账簿
   C. 订本式账簿
   D. 备查账簿

9. 采用永续盘存制运用的公式是（　　　）。
   A. 期末结存数＝期初结存数＋本期增加数－本期减少数
   B. 本期减少数＝期初结存余额＋本期增加数－期末实地盘点数
   C. 本期累计结存数＝本期增加数－本期减少数
   D. 本期减少数＝本期增加数－期末实地盘点数

10. 存货盘亏属定额内损耗，处理时列入（　　　）。
    A. 销售费用
    B. 管理费用
    C. 财务费用
    D. 制造费用

二、多项选择题（本大题共 10 小题，每小题 2 分，共 20 分）

1. 下列属于会计核算基本前提是（　　　）。
   A. 持续经营
   B. 会计分期
   C. 会计主体
   D. 货币计量

2. 会计核算采用的计量单位包括（　　　）。
   A. 货币计量单位
   B. 空间计量单位

C. 劳动计量单位　　　　　　　　　　D. 实物计量单位

3. 下列能作为会计主体的有（　　　　）。

A. 一个企业　　　　　　　　　　　　B. 企业集团

C. 分公司　　　　　　　　　　　　　D. 法人

4. 原始凭证的基本内容包括（　　　　）。

A. 原始凭证的名称　　　　　　　　　B. 接受原始凭证单位的名称

C. 经济业务的基本内容　　　　　　　D. 填制原始凭证的日期和编号

5. 下列原始凭证属于一次凭证的是（　　　　）。

A. 限额领料单　　　　　　　　　　　B. 发票

C. 领料单　　　　　　　　　　　　　D. 收料单

6. 借贷记账法的贷方反映（　　　　）。

A. 资产增加　　　　　　　　　　　　B. 资产减少

C. 负债增加　　　　　　　　　　　　D. 所有者权益增加

7. 资产负债表中的"货币资金"项目根据（　　　　）总账账户期末余额之和填列。

A. 库存现金　　　　　　　　　　　　B. 银行存款

C. 其他货币资金　　　　　　　　　　D. 应收账款

8. 生产费用按其经济用途的分类可称为成本项目，成本项目包括（　　　　）。

A. 直接材料　　　　　　　　　　　　B. 直接人工

C. 制造费用　　　　　　　　　　　　D. 采购费用

9. 平行登记的要点是（　　　　）。

A. 数量相等　　　　　　　　　　　　B. 方向相同

C. 期间一致　　　　　　　　　　　　D. 金额相等

10. 错账的更正方法有（　　　　）。

A. 划线更正法　　　　　　　　　　　B. 红字更正法

C. 结账法　　　　　　　　　　　　　D. 补充登记法

三、判断题（本大题共 10 小题，每小题 1 分，共 10 分。）

1. 所有的会计主体都是法律主体。　　　　　　　　　　　　　　　（　　　）

2. 企业的会计岗位可以一人一岗、一人多岗，也可以一岗多人。　（　　　）

3. 支票的出票日期必须大写。　　　　　　　　　　　　　　　　　（　　　）

4. 从外单位取得的原始凭证，必须盖有填制单位的公章。　　　　　（　　　）

5. 填制记账凭证日期一般应为填制记账凭证当天的日期，但在下月初编制上月末的转账凭证时，应填上个月最后一天的日期。　　　　　　　　　　　　　（　　　）

6. 借贷记账法的记账规则是"有借必有贷，借贷必相等"。　　（　　）

7. 资产类账户期末余额＝期初贷方余额＋本期贷方发生额－本期借方发生额。

　　　　　　　　　　　　　　　　　　　　　　　　　　　（　　）

8. 会计基本等式是编制资产负债表和利润表的基础。　　　（　　）

9. 明细分类账只能以货币计量单位进行登账。　　　　　　（　　）

10. 区分各种账务处理程序的主要标志在于编制会计报表的依据不同。

　　　　　　　　　　　　　　　　　　　　　　　　　　　（　　）

四、会计分录题（本大题共 15 小题，每小题 3 分，共 45 分。）

湖南正大有限公司为增值税一般纳税人，2019 年 12 月发生如下经济业务：

要求：根据经济业务编制会计分录。

1. 12 月 1 日，收到海信公司归还上月所欠货款 20 000 元，存入银行。

2. 12 月 6 日，从大新公司购进乙材料 20 000 千克，单价为 2 元／千克，增值税率为 13%，运输费为 2000 元，款项以银行存款支付，材料尚未验收入库。

3. 12 月 6 日，企业行政管理部门购买办公用品 300 元，以库存现金支付。

4. 12 月 7 日，经批准从银行借入期限为 6 个月的借款 80 000 元，存入银行。

5. 12 月 10 日，从大新公司购进的乙材料 20 000 千克验收入库。

6. 12 月 13 日，销售给楚天公司 A 产品 2000 件，每件售价为 100 元／件，增值税率为 13%，款项收到存入银行。

7. 12月14日，以银行存款支付电视台广告费4000元。

8. 12月15日，从银行提取现金35 000元，以备发放工资。

9. 12月15日，用库存现金发放本月职工工资35 000元。

10. 12月31日，计提本月固定资产折旧费10 800元，其中，生产车间使用的固定资产计提折旧费7800元，企业行政管理部门使用的固定资产计提折旧费3000元。

11. 12月31日，分配本月职工工资35 000元。其中，生产工人工资为30 000元，（A产品生产工人工资为16 000元，B产品生产工人工资为14 000元）车间管理人员工资为4000元，企业行政管理部门工资为1000元。

12. 12月31日，结转本月制造费用12 000元。（按产品的生产工时比例分配，A产品生产工时为2000小时，B产品生产工时为4000小时）

13. 12月31日，本月A产品、B产品全部完工，结转完工入库A产品、B产品的制造成本，其中，A产品完工5000件，B产品完工3000件。（A产品的成本为200 000元，B产品的成本为780 000元）

14. 12月31日，结转本月已销A产品2000件的成本。（A产品的单位成本为40元/件）

15. 12 月 31 日，企业向希望工程捐款 20 000 元，以银行存款付讫。

五、根据原始凭证填制记账凭证（6 分）

2021 年 1 月 X 日，长沙远东服饰有限公司财务部收到以下原始凭证，请根据原始凭证编制记账凭证（假设你是该公司财务部的会计，该笔凭证为考试当天的第 1 笔凭证）。

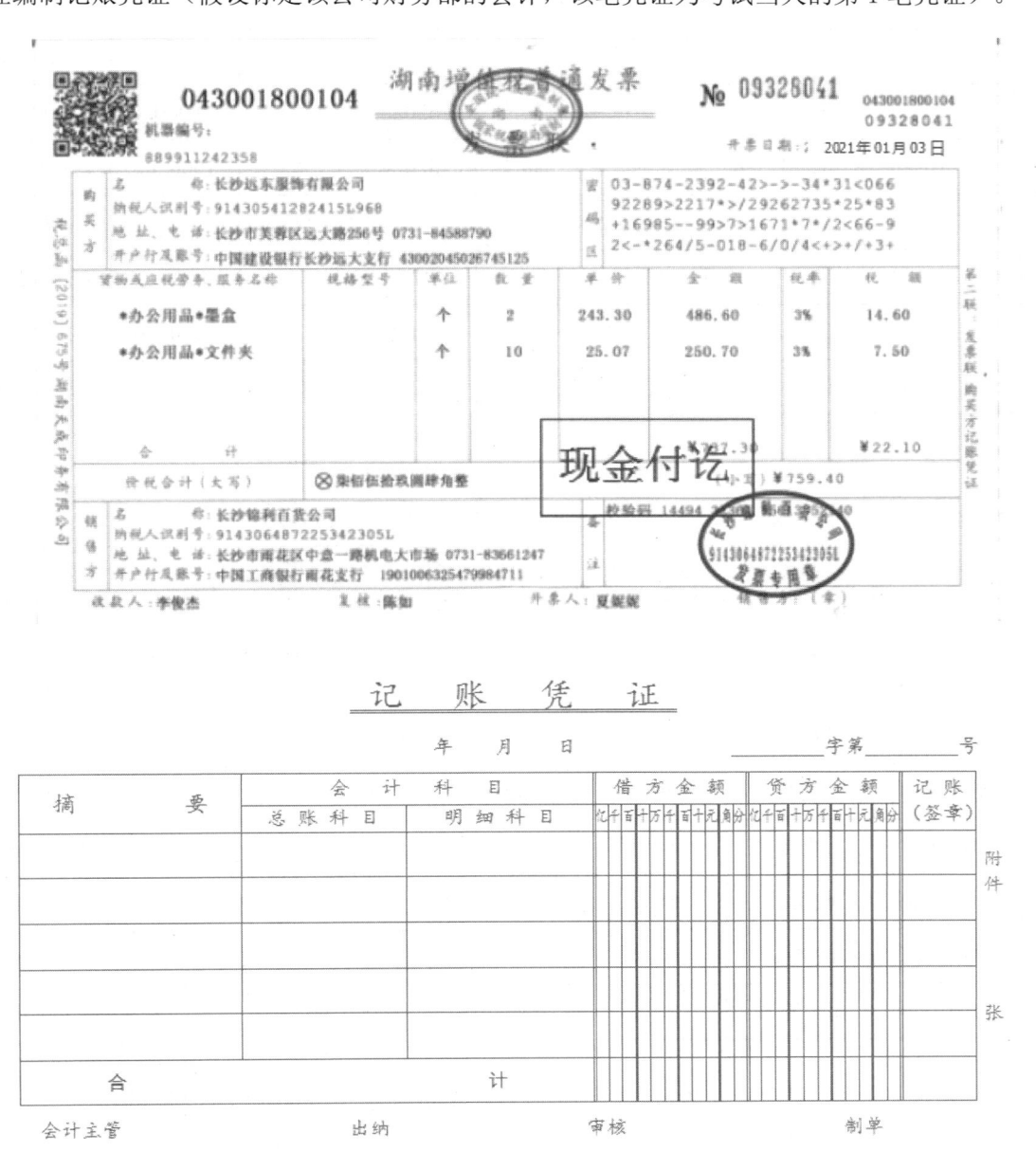

六、编制银行存款余额调节表（9分）

湖南华昌有限公司 2019 年 10 月 25 日至 10 月 31 日银行存款日记账和银行对账单的内容如下：

银行存款日记账

单位：元

2019年		凭证		摘要	结算凭证		借方	贷方	余额
月	日	字	号		种类	号数			
10	24			余额					250 000.00
	25	记	85	购买材料	转支	0452023		200 000.00	50 000.00
	26	记	86	支付运费	转支	0452024		1000.00	49 000.00
	27	记	89	销售产品	网银	532	226 000.00		275 000.00
	30	记	93	购买材料	网银	1473		90 000.00	185 000.00
	30	记	95	支付广告费	转支	0452025		2500.00	182 500.00
	31	记	96	销售产品	网银	1521	150 000.00		332 500.00

中国建设银行客户存款对账单

客户名称：湖南华昌有限公司　　　　账号：43002908643091　　　　单位：元

时间	摘要	结算种类	凭证号	借方	贷方	余额
20191024	余额					250 000.00
20191026	收货款	网银	532		226 000.00	476 000.00
20191026	付材料款	转账支票	0452023	200 000.00		276 000.00
20191029	运费	转账支票	0452024	1000.00		275 000.00
20191030	电费	网银	533	23 000.00		252 000.00
20191030	收货款	网银	1548		3200.00	255 200.00
20191030	收货款	网银	1549		60 000.00	315 200.00
20191030	付材料款	网银	1473	90 000.00		225 200.00

要求：（1）对银行存款日记账和银行对账单进行逐笔勾对指出未达账项；

（2）编制银行存款余额调节表，并指出企业可动用的银行存款实有数额。

银行存款余额调节表

年　月　日　　　　　　　　　　　　　　　　　　　　　单位：元

项　目	金额	项　目	金额
银行存款日记账余额		银行对账单余额	
加：银行已收企业未收款项		加：企业已收银行未收款项	
减：银行已付企业未付款项		减：企业已付银行未付款项	
调节后余额		调节后余额	

模块二　综合模拟实训

1. 综合模拟实训的内容

本模块适用于所有学习项目完成后的综合实训，根据综合模拟实训案例进行以下实训内容：

（1）根据经济业务的原始凭证填制记账凭证；

（2）根据记账凭证登记库存现金、银行存款日记账；

（3）根据记账凭证及所附的原始凭证登记原材料、库存商品、应收账款、应付账款、生产成本、制造费用、管理费用、销售费用、财务费用、应交税费（增值税明细账）；

（4）根据记账凭证（或科目汇总表）登记总账（采用记账凭证账务处理程序或科目汇总表账务处理程序；若采用科目记总表账务处理程序，在登记总账前需先编制科目记总表）；

（5）根据银行对账单和银行存款日记账编制银行存款余额调节表；

（6）根据账簿记录对账和结账；

（7）根据总账编制资产负债表、利润表；

（8）整理和装订会计档案。

2. 综合模拟实训需要准备的耗材：

（1）记账凭证50张。

（2）总账1本。

（3）现金日记账、银行存款日记账各1张。

（4）三栏式明细账4张。

（5）数量金额式明细账6张。

（6）生产成本明细账 2 张。
（7）多栏式明细账 4 张。
（8）应交税费（增值税）明细账 1 张。
（9）科目汇总表 3 张。
（10）账夹 1 个、 螺丝钉 2 个。
（11）会计凭证封面、封底、包角纸各 1 张。
（12）装订线、装订针、胶水、长尾夹。

《会计职业基础》综合模拟实训案例

一、企业基本情况

长沙远东服饰有限公司成立于 2018 年 7 月，企业基本情况如下。
企业名称：长沙远东服饰有限公司；
注册地址：长沙市芙蓉区远大路 256 号；
注册资金：400 万元。
电话号码：0731-84588790。
开户银行及账号：中国建设银行长沙远大支行，43002045026745125。
税务登记类型：增值税一般纳税企业，增值税税率为 13%，
城市维护建设税率为 7%，教育费附加征收率为 3%，地方教育费附加征收率为 2%，企业所得税税率为 25%。
纳税人登记号：91430541282415L968。
法人代表：赵远洋。
会计主管：周天昊；会计：张进；出纳：王清。
主营业务：衬衣的生产及销售。

二、长沙远东服饰有限公司2020年12月月初有关账户余额如下：

（1）总账账户余额：

金额单位：元

账户名称	借方金额	贷方金额
库存现金	505.00	
银行存款	2 775 320.00	
原材料	561 600.00	
应收账款	1 898 400.00	
库存商品	1 212 000.00	
固定资产	2 850 000.00	
累计折旧		585 200.00
短期借款		500 000.00
应付账款		197 200.00
应付职工薪酬		215 200.00
应交税费		57 970.08
应付利息		7 500.00
实收资本		4 500 000.00
本年利润		2 081 040.77
利润分配		790 574.15
盈余公积		363 140.00
合计	9 297 825.00	9 297 825.00

（2）明细账户余额表1：

金额单位：元

总账账户	明细账户	单位	数量	单价	金额
原材料	天丝亚麻棉	米	4000	50.00	200 000.00
	真丝乔其纱	米	6000	60.00	360 000.00
	缝纫线	卷	20	10.00	200.00
	纽扣	盒	40	35.00	1 400.00
合　　计					561 600.00

（3）明细账户余额表2：

金额单位：元

总账账户	明细账户	单位	数量	单价	金额
库存商品	男衬衫	件	4000	105.00	42 0000.00
	女衬衫	件	8000	99.00	792 000.00
合　　计					1 212 000.00

（4）明细账户余额表3：

金额单位：元

总账账户	明细账户	单位	金额
应收账款	长沙友谊百货公司	元	813 600.00
	长沙万达百货公司	元	1 084 800.00
合计			1 898 400.00

（5）明细账户余额表4：

金额单位：元

总账账户	明细账户	单位	金额
应付账款	长沙瑞祥纺织品公司	元	135 600.00
	武汉三彩纺织品公司	元	61 600.00
合计			197 200.00

三、长沙远东服饰有限公司 2020 年 12 月发生的经济业务如下：

（1）12 月 1 日，销售给长沙天虹百货公司男衬衫 4500 件，单价为 240 元/件，价款为 1 080 000 元，女衬衫 5000 件，单价为 220 元/件，价款为 1 100 000 元，增值税 283 400 元，价税合计为 2 463 400 元。款项收到存入银行。

原始凭证：①增值税专用发票（记账联）1-1；②产品销售单 1-2；

③银行进账单（收账通知）1-3；④ 商品购销合同 1-4。

（2）12 月 1 日，归还 2019 年 12 月 2 日从银行借入的一年期借款 500 000 元及利息 7500 元（利息按季度支付，按月预提）。

原始凭证：①银行贷款还款凭证 2-1；②银行贷款利息清单 2-2。

（3）12 月 2 日，从长沙瑞祥纺织品有限公司购入天丝亚麻棉 8000 米，单价为 50 元/米，价款为 400 000 元，真丝乔其纱 4000 米，单价为 60 元/米，价款为 240 000 元，缝纫线 160 卷，单价为 10 元/米，纽扣 240 盒，单价为 35 元/盒，增值税为 84500 元，价税合计为 734 500 元。材料收到验收入库，款项付讫。

原始凭证：①增值税专用发票（发票联）3-1；②收料单 3-2 和收料单 3-3；

③转账支票存根 3-4；④ 商品购销合同 3-5。

（4）12 月 1 日，从银行借入 2 年期借款 800 000 元存入银行，年利率为 6%，利息按季度支付。

原始凭证：①借款借据 4-1；②借款合同 4-2。

（5）12 月 2 日，从银行提取现金 1000 元备用。

原始凭证：现金支票存根 5-1。

（6）12 月 2 日，从长沙锦泰纺织品有限公司购入天丝亚麻棉 3000 米，单价为 50 元/米，价款为 150 000 元，真丝乔其纱 2000 米，单价为 60 元/米，价款为 120 000 元，增值税为 35 100 元，价税合计为 305 100 元。材料收到验收入库，货款暂未支付。

原始凭证：①增值税专用发票（发票联）6-1；②收料单 6-2；

③商品购销合同 6-3。

（7）12 月 3 日，办公室张海报销购买的办公用品 525.30 元，以现金付讫。

原始凭证：增值税普通发票（发票联）7-1。

（8）12 月 3 日，从长沙威士机械有限公司购入自动拉布机一台，价款为 96 000 元，增值税为 12480 元，款项支付。

原始凭证：①增值税专用发票（发票联）8-1；②固定资产验收单 8-2；

③转账支票存根 8-3；④商品购销合同 8-4。

（9）12 月 4 日，归还长沙瑞祥纺织品有限公司货款 135 600 元。

原始凭证：转账支票（存根联）9-1。

（10）12 月 4 日，从武汉三彩纺织品有限公司购入天丝亚麻棉 4000 米，单价为 49.8 元/米，价款为 199 200 元，增值税为 25 896 元，价税合计为 225 096 元。运输费为 800 元，材料尚未验收入库，运输费支付，材料款暂未支付。

原始凭证：①增值税专用发票（发票联）10-1；②增值税普通发票 10-2；
③网上银行支付回单 10-3；④商品购销合同 8-4。

（11）12 月 5 日，生产男衬衫领用天丝亚麻棉 12000 米，生产女衬衫领用真丝乔其纱 6000 米，生产车间生产样品领用天丝亚麻棉 30 米和真丝乔其纱 20 米、生产车间生产衬衣领用缝纫线 150 卷和纽扣 250 盒，管理部门领用天丝亚麻棉 10 米和真丝乔其纱 5 米（天丝亚麻棉单价为 50 元／米，真丝乔其纱单价为 60 元／米）

原始凭证：①材料领用汇总表 11-1；②领料单 11-2　11-3　11-4　11-5

（12）12 月 5 日，开出 2500 元现金支票一张，支付采购部杨浩出差借款。

原始凭证：①借支单 12-1；②现金支票存根 12-2

（13）12 月 8 日，从上海佳美纺织品有限公司购入天丝亚麻棉 2000 米，单价为 49.6 元／米，价款为 992 000 元，真丝乔其纱 3000 米，单价为 59.6/米，价款为 178 800 元，增值税为 36 140 元，价税合计为 314 140 元。运输费为 2000 元，全部款项付讫，材料验收入库。（运输费按材料重量比例分配）

原始凭证：①增值税专用发票（发票联）13-1；②增值税普通发票 13-2；
③收料单 13-3；④网上银行支付回单 13-4 和 13-5；
⑥商品购销合同 13-6

（14）12 月 9 日，上交 11 月份应交纳的城市维护建设税为 3623.13 元、教育费附加为 1552.77 元、地方教育费附加为 1035.18 元、增值税为 51 759.00 元。

原始凭证：电子缴税付款凭证 14-1。

（15）12 月 12 日，销售给长沙万达百货公司男衬衫 3500 件，单价为 240 元／件，价款为 840 000 元。增值税为 109 200 元，价税合计为 949 200 元，货款收到存入银行。

原始凭证：①增值税专用发票（记账联）15-1；②产品销售单 15-2；
③银行进账单（收账通知）15-3；④商品购销合同 15-4。

（16）12 月 12 日，收到长沙友谊百货公司还的欠款 813600 元。

原始凭证：银行进账单（收账通知）16-1。

（17）12 月 12 日，从武汉三彩纺织品有限公司购入的天丝亚麻棉 4000 米，验收入库。
原始凭证：收料单 17-1。

（18）12 月 12 日，以银行存款支付前欠武汉三彩纺织品有限公司材料款 225 096 元。
原始凭证：网上银行支付回单 18-1。

（19）12 月 14 日，生产车间报销购买的办公用品 2165 元，以银行存款支付。
原始凭证：①增值税普通发票（发票联）19-1；② 转账支票存根 19-2 。

（20）12 月 15 日，销售部门报销购买的办公用品 1030 元，以银行存款支付。
原始凭证：①增值税普通发票（发票联）20-1；② 转账支票存根 20-2。

（21）12 月 15 日，从银行提取现金 215 200 元，准备发放上月工资。
原始凭证：现金支票存根 21-1。

（22）12 月 15 日，支付上月应付职工工资 215 200 元。

原始凭证：工资发放明细表 22-1。

（23）12 月 16 日，职工杨浩出差回来报销旅差费 2400 元，借款余额 100 元交回财务部。
原始凭证：①旅差费报销单 23-1；②增值税普通发票发票 23-2；
③车票 23-3 和 23-4；④收款收据 23-5。

（24）12 月 20 日，收到长沙海联百货公司交来的合同违约金 3000 元并存入银行。
原始凭证：①收款收据 24-1；②银行进账单（收账通知）24-2。

（25）12 月 20 日，销售给长沙逸晨服装有限公司天丝亚麻棉 1000 米，单价为 80 元/米，价款为 80 000 元，增值税为 10 400 元，货款收到并存入银行。
原始凭证：①增值税专用发票（记账联）25-1；②材料销售单 25-2；
③银行进账单（收账通知）25-3；④ 商品购销合同 25-4。

（26）12 月 26 日，以银行存款支付长沙创意文化传媒有限公司广告费 20 600 元；
原始凭证：①增值税普通发票（发票联）26-1；②转账支票存根 26-2。

（27）12 月 27 日，销售给长沙友谊百货公司女衬衫 2000 件，单价为 220 元/件，价款为 440 000 元，增值税为 57 200 元，货款暂未收到。
原始凭证：①增值税专用发票（记账联）27-1；②产品销售单 27-2；
③商品购销合同。

（28）12 月 28 日，以银行存款向希望工程捐款 40 000 元。
原始凭证：①公益事业捐赠统一票据 28-1；②网上银行支付回单 28-2。

（29）30 日，支付并分配本月水费为 3480 元，增值税为 313.20 元。
原始凭证：①增值税专用发票（发票联）29-1 ；②网上银行支付回单 29-2；
③水费分配表 29-3。

（30）30 日，支付并分配本月电费 28 960 元，增值税为 3764.80 元。
原始凭证：①增值税专用发票（发票联）30-1；②网上银行支付回单 30-2；
③电费分配表 30-3。

（31）12 月 30 日，计提本月固定资产折旧费为 22 320 元，其中生产车间为 10 480 元，管理部门为 11840 元。
原始凭证：固定资产折旧计算表 31-1。

（32）12 月 30 日，结算本月应付职工工资 438 280 元，其中生产男衬衫工人工资为 192 000 元，生产女衬衫工人工资为 1 080 000 元，车间管理人员工资为 30 395 元，厂部管理人员工资为 75 385 元，销售人员工资为 32 500 元。
原始凭证：职工工资分配表 32-1。

（33）12 月 30 日，将本月发生的制造费 75 000 元转入生产成本。（按生产工人工资标准分配）
原始凭证：制造费用分配表 33-1。

（34）12 月 30 日，本月生产的衬衣全部完工入库（其中男衬衫 8000 件，女衬衫 5000 件），结转完工产品生产成本为 1 335 000 元（其中男衬衫为 840 000 元，女衬衫为 495 000 元）

原始凭证：完工产品成本汇总表 34-1。

（35）12月30日，结转本月销售产品成本（其中男衬衫单位成本为105元／件，女衬衫单位成本为99元／件）。

原始凭证：产品销售成本计算表 35-1。

（36）12月30日，结转本月销售材料成本（其中天丝亚麻棉单位成本为50元／米）。

原始凭证：材料销售成本计算表 36-1。

（37）12月30日，在财产清查中发现短缺现金120元。原因待查。

原始凭证：库存现金盘点报告表（记账联）37-1。

（38）12月30日，在财产清查时发现盘亏天丝亚麻棉2米，单价为50元／米，真丝乔其纱50米，单价为60元／米，原因待查。

原始凭证： 实存账存对比表 38-1。

（39）12月31日，本月应交纳增值税262 006元，分别按7%、3%和2%计提应交纳的城市维护建设税为18 340.12元、教育费附加为7860.18元和地方教育费附加为5240.12元。

原始凭证：城市维护建设税、教育费附加和地方教育费附加计算表 39-1。

（40）12月31日，计提本月银行借款利息4000元。

原始凭证：应付利息计提表 40-1。

（41）12月31日，在财产清查中短缺现金120元，系出纳王清失职造成的，由其赔偿100元，企业承担20元。

原始凭证：库存现金盘点报告表（批复联）41-1。

（42）12月31日，经查盘亏天丝亚麻棉2米系定额内损耗，盘亏真丝乔其纱50米系保管员陈娟失职所致，由其赔偿60%，企业承担40%。

原始凭证：实存账存对比表（批复联）42-1。

（43）12月31日，计算并结转本月应交增值税。

原始凭证：应交增值税计算表 43-1。

（44）12月31日，结转损益类账户余额（结转本年利润）。

原始凭证：损益类账户结转表 44-1。

（45）12月31日，计提并结转本月企业所得税。

原始凭证：企业所得税计算表 45-1。

（46）12月31日，结转全年实现的净利润。

原始凭证：（无）。

（47）12月31日，分别按全年净利润的10%和5%提取法定盈余公积和任意盈余公积。

原始凭证：盈余公积计提表 47-1。

（48）12月31日，按净利润的40%向投资者分配利润。

原始凭证：应付股利计算表 48-1。

（49）12月31日，结转"利润分配"所属明细账户。

原始凭证：（无）

四、长沙远东服饰有限公司2020年12月的银行对账单如下，根据银行对账单和银行存款日记账编制银行存款余额调节表。

中国建设银行客户存款对账单

户名：长沙远东服饰有限公司　　　　　　账号：91430541282415L968

期间：20201201-20201231　　　　　　　　币种：人民币

时间	摘要	凭证种类	凭证号	借方	贷方	余额
20201201	期初余额					2,775,320.00
20201201	收货款				2,463,400.00	5,238,720.00
20201201	归还借款			500,000.00		4,738,720.00
20201201	归还利息			7,500.00		4,731,220.00
20201201	银行借款				800,000.00	5,531,220.00
20201202	支付货款	转支	10506578	734,500.00		4,796,720.00
20201202	提现	现支	7301214	1,000.00		4,795,720.00
20201203	支付货款	转支	10506579	108,480.00		4,687,220.00
20201204	支付货款	转支	10506580	135,600.00		455,180.00
20201204	支付运费	网银	668	800.00		4,550,840.00
20201205	借支差旅费	现支	7301215	2,500.00		4,548,340.00
20201208	支付货款	网银	669	314,140.00		4,234,200.00
20201208	支付运费	网银	670	2,000.00		4,232,200.00
20201209	缴纳税费	电子缴税	28207175	57,970.08		4,174,229.92
20201212	收货款				949,200.00	5,123,429.92
20201212	收货款				813,600.00	5,937,029.92
20201212	支付货款	网银	892	225,096.00		5,711,933.92
20201214	购办公用品	转支	10506581	2,165.00		5,709,768.92

续表

20201215	购办公用品	转支	10506582	1,030.00		5,708,738.92
20201215	提现	现支	7301216	215,200.00		5,493,538.92
20201220	违约金			3,000.00		5,496,538.92
20201220	收货款				90,400.00	5,586,938.92
20201228	支付捐款	网银	902	40,000.00		5,546,938.92
20201230	支付水费	网银	752	3,793.20		5,543,145.72
20201230	支付电费	网银	677	32,724.80		5,510,420.92
20201231	存款利息				2,854.00	5,513,274.92
20201231	电话费			1,428.00		5,511,846.92

打印时间：2020-12-31　　　交易柜员 00231　　　交易机构 4102821

银行存款余额调节表

年　　月　　日　　　　　　　　　　　　　　　　单位：元

项　目	金　额	项　目	金　额
银行存款日记账余额		银行对账单余额	
加：银行已收企业未收款项		加：企业已收银行未收款项	
减：银行已付企业未付款项		减：企业已付银行未付款项	
调节后余额		调节后余额	

五、根据总账编制的资产负债表和利润表如下：

资产负债表

会企 01 表

编制单位：　　　　　　　　　年　　月　　日　　　　　　　　　　单位：元

资　产	期末余额	上年年末余额	负债和所有者权益（或股东权益）	期末余额	上年年末余额
流动资产			流动负债		
货币资金			短期借款		

续表

交易性金融资产			交易性金融负债		
衍生金融资产			衍生金融负债		
应收票据			应付票据		
应收账款			应付账款		
应收款项融资			预收款项		
预付款项			合同负债		
其他应收款			应付职工薪酬		
存货			应交税费		
合同资产			其他应付款		
持有待售资产			持有待售负债		
一年内到期的非流动资产			一年内到期的非流动负债		
其他流动资产			其他流动负债		
流动资产合计			流动负债合计		
非流动资产			非流动负债		
债权投资			长期借款		
其他债权投资			应付债券		
长期应收款			其中：优先股		
长期股权投资			永续债		
其他权益工具投资			租赁负债		
其他非流动金融资产			长期应付款		
投资性房地产			预计负债		
固定资产			递延收益		
在建工程			递延所得税负债		
生产性生物资产			其他非流动负债		

续表

油气资产			非流动负债合计		
使用权资产			负债合计		
无形资产			所有者权益（或股东权益）		
开发支出			实收资本（或股本）		
商誉			其他权益工具		
长期待摊费用			其中：优先股		
递延所得税资产			永续债		
其他非流动资产			资本公积		
非流动资产合计			减：库存股		
			其他综合收益		
			专项储备		
			盈余公积		
			未分配利润		
			所有者权益（或股东权益）合计		
资产总计			负债及所有者权益（或股东权益）总计		

利 润 表

会企 02 表

编制单位：　　　　　　　　　　　年　月　　　　　　　　　　单位：元

项　　目	本期金额	上期金额
一、营业收入		
减：营业成本		
税金及附加		
销售费用		

续表

管理费用		
研发费用		
财务费用		
其中：利息费用		
利息收入		
加：其他收益		
投资收益（损失以"-"号填列）		
其中：对联营企业和合营企业的投资收益		
以摊余成本计量的金融资产终止确认收益（损失以"-"号填列）		
净敞口套期收益（损失以"-"号填列）		
公允价值变动收益（损失以"-"号填列）		
信用减值损失（损失以"-"号填列）		
资产减值损失（损失以"-"号填列）		
资产处置收益（损失以"-"号填列）		
二、营业利润（亏损以"-"号填列）		
加：营业外收入		
减：营业外支出		
三、利润总额（亏损总额以"-"号填列）		
减：所得税费用		
四、净利润（净亏损以"-"号填列）		
（1）持续经营净利润（净亏损以"-"号填列）		
（2）终止经营净利润（净亏损以"-"号填列）		
五、其他综合收益的税后净额		
……		
六、综合收益总额		

续表

七、每股收益		
（1）基本每股收益		
（2）稀释每股收益		

六、长沙远东服饰有限公司 2020 年 12 月发生经济业务的原始凭证如下：

【业务 1】

湖南增值税专用发票 No 00129922
4300174130
机器编码：889902615321
开票日期：2020年12月01日

购买方：
名称：长沙天虹百货公司
纳税人识别号：91430300984320842L
地址、电话：长沙市芙蓉中路298号 0731-88591115
开户行及账号：中国建设银行芙蓉支行 43000102032179196987

货物或应税劳务、服务名称	规格型号	单位	数量	单价	金额	税率	税额
*服装*女衬衫		件	5000	220.00	1100000.00	13%	143000.00
*服装*男衬衫		件	4500	240.00	1080000.00	13%	140400.00
合计					¥2180000.00		¥283400.00

价税合计（大写）：贰佰肆拾陆万叁仟肆佰圆整　（小写）¥2463400.00

销售方：
名称：长沙远东服饰有限公司
纳税人识别号：91430541282415L968
地址、电话：长沙市芙蓉区远大路256号 0731-84588790
开户行及账号：中国建设银行长沙远大支行 43002045026745125

校验码 58656

收款人：王清　复核：周天昊　开票人：张进　销售方（章）

增值税专用发票（记账联）1-1

产品销售单
2020年12月1日
单据编号：XC00181

购货单位：长沙天虹百货公司　地址和电话：长沙市芙蓉中路298号 0731-88591115
纳税识别号：91430300984320842L　开户行及账号：中国建设银行芙蓉支行 43000102032179196987

编码	材料名称	规格	单位	数量	单价	金额	备注
CP2006	女衬衫		件	5000	248.60	1243000.00	含税价
CP2005	男衬衫		件	4500	271.20	1220400.00	含税价
合计	（大写）贰佰肆拾陆万叁仟肆佰元整				（小写）¥2463400.00		

销售经理：李旭　会计：张进　经手人：杨晓晓　签收人：张斌文

产品销售单 1-2

中国建设银行进账单（收账通知）

2020 年 12 月 01 日

出票人	全称	长沙天虹百货公司	收款人	全称	长沙远东服饰有限公司
	账号	43000102032179196987		账号	43002045026745125
	开户银行	中国建设银行芙蓉支行		开户银行	中国建设银行长沙远大支行

金额	人民币（大写）	贰佰肆拾陆万叁仟肆佰元整	亿千百十万千百十元角分 2 4 6 3 4 0 0 0 0

票据种类	转账支票	票据张数	1
票据号码	00215366		
备注			

此联是收款人开户银行交给收款人的收账通知

（银行盖章）

银行进账单（收账通知）1-3

商品购销合同

甲方（购货方）：长沙天虹百货公司
乙方（销货方）：长沙远东服饰有限公司

根据《中华人民共和国合同法》及有关法律、法规规定，甲、乙双方本着平等、自愿、公平、互惠互利和诚实守信的原则，就产品供销的有关事宜协商一致订立本合同，以便共同遵守。

一、合同价款及付款方式：
本合同总价款为人民币 贰佰肆拾陆万叁仟肆佰元整 （¥2463400.00），签订合同后甲方支付货款人民币（¥2463400.00）。
商品于 当日 发出。

二、产品质量：
1、乙方保证所提供的产品货真价实，来源合法，无任何法律纠纷和质量问题，如果乙方所提供产品与第三方出现了纠纷，由此引起的一切法律后果均由乙方承担。

2、购销商品明细

商品名称	单位	数量	单价（含税）	金额（含税）
女衬衫	件	5000	248.60	1243000.00
男衬衫	件	4500	271.20	1220400.00
合计				2463400.00

三、违约责任：
1、甲乙双方均应全面履行本合同约定，一方违约给另一方造成损失的，应当承担赔偿责任。
2、甲方未按照合同约定的期限结算的，应按照中国人民银行有关延期付款的规定，延迟一日，需支付结算货款的万分之五的违约金延迟 10 日以上的，除支付违约金外，乙方有权解除合同。
3、甲方不得无故拒绝接收货物，否则应当承担由此造成的损失和运输费用。
4、合同解除后，双方应当按照本合同的约定进行对账和结算。

四、其他约定事项
本合同一式两份，自双方签字之日起生效。如果出现纠纷，双方均可向有管辖权的人民法院提起诉讼。

五、其它事项：

甲方：长沙天虹百货公司
签约代表：
开户银行：中国建设银行芙蓉支行
账号：43000102032179196987
2020年 12 月 01 日

乙方：长沙远东服饰有限公司
签约代表：
开户银行：中国建设银行长沙远大支行
账号：43002045026745125
2020年 12 月 01 日

商品购销合同 1-4

【业务2】

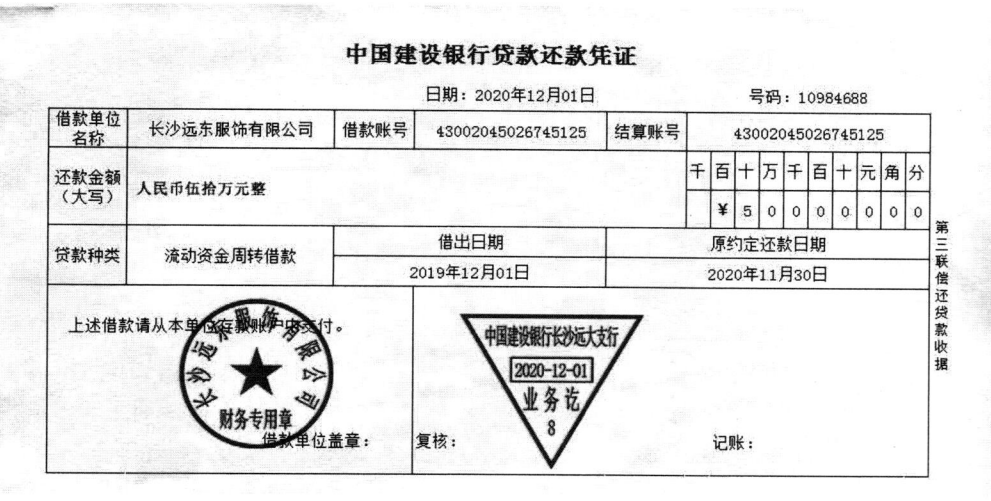

中国建设银行贷款还款凭证

日期：2020年12月01日　　　号码：10984688

借款单位名称	长沙远东服饰有限公司	借款账号	43002045026745125	结算账号	43002045026745125
还款金额（大写）	人民币伍拾万元整				¥500000000 （千百十万千百十元角分）
贷款种类	流动资金周转借款	借出日期 2019年12月01日		原约定还款日期 2020年11月30日	

上述借款请从本单位存款账户中支付。

借款单位盖章：（财务专用章）　复核：　记账：

第三联 借还贷款收据

银行贷款还款凭证 2-1

中国建设银行贷款利息清单

2020年12月01日

户名	长沙远东服饰有限公司		账号	43002045026745125	
开户银行	中国建设银行长沙远大支行				
起息日期	结息日期	天数	基　数（千百十万千百十元角分）	利率（月）	利　息（千百十万千百十元角分）
2020年09月01日	2020年11月30日	90	¥500000000	0.50%	¥7500000

上列贷款利息已从你单位账户中支付。

银行盖章

银行贷款利息清单 2-2

223

【业务3】

湖南增值税专用发票

No 00128973
4300174130
00128973

开票日期：2020年12月02日

购买方：
名称：长沙远东服饰有限公司
纳税人识别号：91430541282415L968
地址、电话：长沙市芙蓉区远大路256号 0731-84588790
开户行及账号：中国建设银行长沙远大支行 4300204502674 5125

密码区：
03-874-2392-42>->-34*31<066>
92289>2217*>/29262735*25*83-
+16985--99>7>1671*7*/2<66-93
2<-*264/5-018-6/0/4<+>+/+3+2

货物或应税劳务、服务名称	规格型号	单位	数量	单价	金额	税率	税额
*纺织品*天丝亚麻棉		米	8000	50.00	400000.00	13%	52000.00
*纺织品*真丝乔其纱		米	4000	60.00	240000.00	13%	31200.00
*线*缝纫线		卷	160	10.00	1600.00	13%	208.00
*纽扣*纽扣		盒	240	35.00	8400.00	13%	1092.00
合计					¥650000.00		¥84500.00

价税合计（大写）：柒拾叁万肆仟伍佰圆整 （小写）¥734500.00

销售方：
名称：长沙瑞祥纺织品有限公司
纳税人识别号：914302541781 23581U
地址、电话：长沙市岳麓区桐梓坡西路362号 0731-82031485
开户行及账号：中国工商银行岳麓支行 1901231458201236361

校验码：58656 592...

收款人：李峰　　复核：刘丽　　开票人：董佳　　销售方：（章）

增值税专用发票（发票联）3-1

收料单

2020年12月02日

供应单位：长沙瑞祥纺织品有限公司　　　　　　　　　编号：第1283号
材料类别：原料及主要材料　　　　　　　　　　　　　收料仓库：材料库

材料编号	材料名称	规格	计量单位	数量 应收	数量 实收	买价 单价	买价 发票金额	运杂费	合计	单位成本
CL1001	天丝亚麻棉		米	8000	8000	50.00	400000.00		400000.00	50.00
CL1002	真丝乔其纱		米	4000	4000	60.00	240000.00		240000.00	60.00
			合计						640000.00	

备注：

采购：杨浩　　　　　会计：张进　　　　　收料：陈娟

收料单3-2

收料单

2020年12月02日

供应单位：长沙瑞祥纺织品有限公司　　　　　　　　　编　号：第1284号
材料类别：辅助材料　　　　　　　　　　　　　　　　收料仓库：材料库

材料编号	材料名称	规格	计量单位	数量 应收	数量 实收	实际成本 买价 单价	实际成本 买价 发票金额	运杂费	合计	单位成本
CL1003	缝纫线		卷	160	160	10.00	1600.00		1600.00	10.00
CL1004	纽扣		盒	240	240	35.00	8400.00		8400.00	35.00
	合计								10000.00	

备注：

采购：杨洁　　　　会计：张进　　　　收料：陈娟

收料单 3-3

中国建设银行 转账支票存根

10506578
02106764

附加信息：

出票日期 2020 年 12 月 02 日
收款人：长沙瑞祥纺织品有限公司
金　额：￥734500.00
用　途：付货款

单位主管 周天昊　会计 张进

转账支票存根 3-4

商品购销合同

甲方（购货方）：长沙远东服饰有限公司
乙方（销货方）：长沙瑞祥纺织品有限公司

根据《中华人民共和国合同法》及有关法律、法规规定，甲、乙双方本着平等、自愿、公平、互惠互利和诚实守信的原则，就产品供销的有关事宜协商一致订立本合同，以便共同遵守。

一、合同价款及付款方式：
本合同总价款为人民币 柒拾叁万肆仟伍佰元整 （￥734500.00），签订合同后支付货款人民币（￥734500.00）。
商品于 当日 发出。

二、产品质量：
1、乙方保证所提供的产品货真价实，来源合法，无任何法律纠纷和质量问题，如果乙方所提供产品与第三方出现了纠纷，由此引起的一切法律后果均由乙方承担。

2、购销商品明细

商品名称	单位	数量	单价（含税）	金额（含税）
天丝亚麻棉	米	8000	56.50	452000.00
真丝乔其纱	米	4000	67.80	271200.00
缝纫线	卷	160	11.30	1808.00
纽扣	盒	240	39.55	9492.00
合计				734500.00

三、违约责任
1、甲乙双方均应全面履行本合同约定，一方违约给另一方造成损失的，应当承担赔偿责任。
2、甲方未按照合同约定的期限结算的，应按照中国人民银行有关延期付款的规定，延迟一日，需支付结算货款的万分之五的违约金延迟 10 以上的，除支付违约金外，乙方有权解除合同。
3、甲方不得无故拒绝接收货物，否则应当承担由此造成的损失和运输费用。
4、合同解除后，双方应当按照本合同的约定进行对账和结算。

四、其他约定事项
本合同一式两份，自双方签字之日起生效。如果出现纠纷，双方均可向有管辖权的人民法院提起诉讼。

五、其它事项：
甲方：长沙远东服饰有限公司　　　乙方：长沙瑞祥纺织品有限公司
签约代表：赵远洋　　　　　　　签约代表：蔡云飞
开户银行：中国建设银行长沙大支行　开户银行：中国工商银行芙蓉支行
账号：430020450267615125　　　账号：1901231458201236361
2020 年 12 月 02 日　　　　　　2020 年 12 月 02 日

商品购销合同 3-5

【业务4】

中国建设银行借款借据

2020年12月01日　　编号：028798412

借款单位名称	长沙远东服饰有限公司		账号	43002045026745125								
贷款金额	人民币（大写）捌拾万元整			千	百	十	万	千	百	十	元	角	分
				¥	8	0	0	0	0	0	0	0
用途	流动资金周转借款	期限	利率	借款合同号码			约定还款时间					
		2年	6%	87009861			2022年11月30日					

上列借款已批准发放，已存入你单位存款账户。

复核：　　记账：　　银行盖章：

（中国建设银行长沙远大支行 2020-12-01 业务讫 8）

借款借据 4-1

中国建设银行流动资产借款合同

借款人：（下简称甲方）　长沙远东服饰有限公司
贷款人：（下简称乙方）　中国建设银行长沙远大支行

甲方因扩大生产经营活动，向乙方借款，经双方友好协商，特订立本合同，并共同遵守执行。

一、借款金额：　人民币捌拾万元整

二、借款期限：从 2020 年 12 月 01 日至 2022 年 11 月 30 日止，借款期限为 24 月。借款到期后如双方无异议，则本借款合同可顺延，顺延期限另行约定。

三、借款利息为年利率6%。

四、借款用途：借款方应按协议使用贷款，不得转移用途，否则，乙方有权停止发放新贷款，直至收回已发放的贷款。

五、借款偿还：

1、如甲方不能按期还款，最迟在借款到期前十五天应向乙方提出延期申请，届时乙方可在双方协商的基础上决定是否延期。

2、如乙方临时需要收回借款，应提前十五天向甲方提出还款申请。

六、违约和违约处理：

1、甲方不按合同规定的用途使用借款，乙方有权收回部分或全部贷款。

2、乙方应按期、按额向甲方提供贷款，否则，按违约数额和延期天数，付给甲方违约金。违约金数额的计算利率与逾期贷款罚息的计算利率相同，为每日万分之五。

七、合同生效：本合同经甲、乙双方签字（盖章）后生效。本合同共贰份，双方各执壹份。本合同若有其他未及事宜，双方进一步商定补充条款。

（长沙远东服饰有限公司 合同专用章　签约日期：2020年12月01日）
（中国建设银行长沙远大支行 合同专用章　签约日期：2020年12月01日）

借款合同 4-2

【业务5】

现金支票存根 5-1

【业务6】

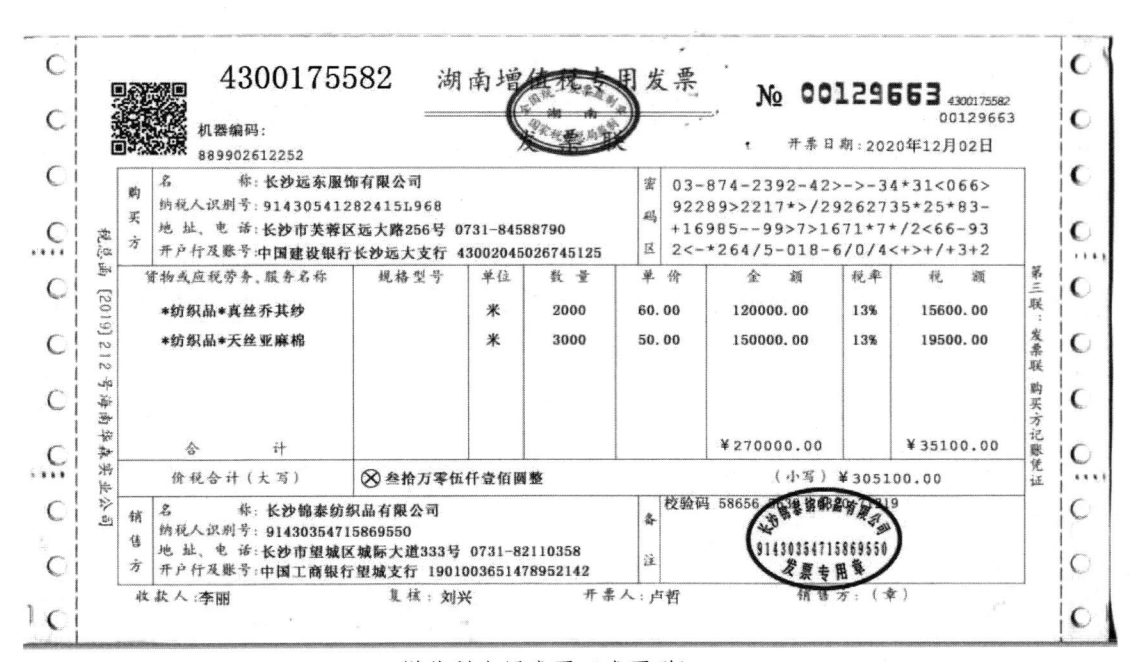

增值税专用发票（发票联）6-1

收料单

2020年12月02日

供应单位：长沙锦泰纺织品有限公司　　　　　　　编　号：第1285号
材料类别：原料及主要材料　　　　　　　　　　　收料仓库：材料库

材料编号	材料名称	规格	计量单位	数量 应收	数量 实收	实际成本 买价 单价	实际成本 买价 发票金额	运杂费	合计	单位成本
CL1001	天丝亚麻棉		米	3000	3000	50.00	150000.00		150000.00	50.00
CL1002	真丝乔其纱		米	2000	2000	60.00	120000.00		120000.00	60.00
			合计						270000.00	

备注：

采购：杨洁　　　　　　会计：张进　　　　　　收料：陈娟

收料单 6-2

商品购销合同

甲方（购货方）：长沙远东服饰有限公司
乙方（销货方）：长沙锦泰纺织品有限公司

根据《中华人民共和国合同法》及有关法律、法规规定，甲、乙双方本着平等、自愿、公平、互惠互利和诚实守信的原则，就产品供销的有关事宜协商一致订立本合同，以便共同遵守。

一、合同价款及付款方式：

本合同总价款为人民币 叁拾万伍仟壹佰元整 （￥305100.00 ），签订合同后，甲方于 60天内 支付货款。

商品于 当日 发出。

二、产品质量：

1. 乙方保证所提供的产品货真价实，来源合法，无任何法律纠纷和质量问题，如果乙方所提供产品与第三方出现了纠纷，由此引起的一切法律后果均由乙方承担。

2. 购销商品明细

商品名称	单位	数量	单价（含税）	金额（含税）
真丝乔其纱	米	2000	67.80	135600.00
天丝亚麻棉	米	3000	56.50	169500.00
合计				305100.00

三、违约责任

1. 甲乙双方均应全面履行本合同约定，一方违约给另一方造成损失的，应当承担赔偿责任。

2. 甲方未按照合同约定的期限结算的，应按照中国人民银行有关延期付款的规定，延迟一日，需支付结算货款的万分之五的违约金延迟 10 日以上的，除支付违约金外，乙方有权解除合同。

3. 甲方不得无故拒绝接收货物，否则应当承担由此造成的损失和运输费用。

4. 合同解除后，双方应当按照本合同的约定进行对账和结算。

四、其他约定事项

本合同一式两份，自双方签字之日起生效。如果出现纠纷，双方均可向有管辖权的人民法院提起诉讼。

五、其他事项

甲方：长沙远东服饰有限公司　　　　乙方：长沙锦泰纺织品有限公司
签字代表：邓远洋　　　　　　　　　签字代表：张进
开户银行：中国建设银行长沙远大支行　开户银行：中国工商银行芙蓉支行
账号：43001045026745125　　　　　账号：1901005147895412
2020年12月02日　　　　　　　　　2020年12月02日

商品购销合同 6-3

【业务7】

增值税普通发票（发票联）7-1

【业务8】

增值税专用发票（发票联）8-1

固定资产验收单

2020年12月03日　　　　　　　　　　　　编号：第1021号

固定资产名称	型号	计量单位	数量	来源			
衬衫整烫机		台	1	购入			
总价	价值	安装费	运杂费	其他	合计	预计使用年限	净残值率	月折旧率
	96000.00				96000.00	10	4%	0.8%
验收意见	合格	验收人签章	陈娟	保管使用人签章	陈娟			
备注								

固定资产验收单 8-2

中国建设银行 转账支票存根
10506579
02106765

附加信息

出票日期 2020年 12月 03日
收款人：长沙威士机械有限公司
金　额：¥108480.00
用　途：购买自动拉布机
单位主管 周天昊　会计 张迪

转账支票存根 8-3

商品购销合同

甲方（购货方）：　长沙远东服饰有限公司
乙方（销货方）：　长沙威士机械有限公司

根据《中华人民共和国合同法》及有关法律、法规规定，甲、乙双方本着平等、自愿、公平、互惠互利和诚实守信的原则，就产品供销的有关事宜协商一致订立本合同，以便共同遵守。

一、合同价款及付款方式：
本合同总价款为人民币 壹拾万捌仟肆佰捌拾元整（¥108 480.00），签订合同后甲方支付货款人民币（¥108 480.00）。
商品于 当日 发出。

二、产品质量：
1、乙方保证所提供的产品货真价实，来源合法，无任何法律纠纷和质量问题，如果乙方所提供产品与第三方出现了纠纷，由此引起的一切法律后果均由乙方承担。

2、购销商品明细

商品名称	单位	数量	单价（含税）	金额（含税）
自动拉布机	台	1	108 480.00	108 480.00
合计				108 480.00

三、违约责任
1、甲乙双方均应全面履行本合同约定，一方违约给另一方造成损失的，应当承担赔偿责任。
2、甲方未按照合同约定的期限结算的，应按照中国人民银行有关延期付款的规定，延迟一日，需支付结算货款的万分之三的违约金延迟 10 日以上的，除支付违约金外，乙方有权解除合同。
3、甲方不得无故拒绝接收货物，否则应当承担由此造成的损失和运输费用。
4、合同解除后，双方应当按照本合同的约定进行对账和结算。

四、其他约定事项
本合同一式两份，自双方签字之日起生效。如果出现纠纷，双方均可向有管辖权的人民法院提起诉讼。
五、其他事项：
甲方：长沙远东服饰有限公司　　　乙方：长沙威士机械有限公司
签约代表：　　　　　　　　　　　签约代表：
开户银行：中国建设银行长沙远大支行　开户银行：中国工商银行长沙芙蓉支行
账号：43002045026745125　　　　　账号：19010005641002485
2020年 12月 03日　　　　　　　　2020年 12月 03日

商品购销合同 8-4

模块二 综合模拟实训

【业务9】

转账支票存根 9-1

中国建设银行
转账支票存根
10506580
02106766

附加信息

出票日期 2020年 12月 04日
收款人：长沙瑞祥纺织品有限公司
金　额：￥135600.00
用　途：归还货款
单位主管 周天美　会计 张迅

【业务10】

增值税专用发票（发票联）10-1

湖北增值税专用发票　No 00129052
4200175287
机器编号：889902616685
开票日期：2020年12月04日

购买方
名　称：长沙远东服饰有限公司
纳税人识别号：91430541282415L968
地址、电话：长沙市芙蓉区远大路256号 0731-84588790
开户行及账号：中国建设银行长沙远大支行 43002045026745125

密码区：
03-874-2392-42>->-34*31<066>
92289>2217*>/29262735*25*83-
+16985--99>7>1671*7*/2<66-93
2<-*264/5-018-6/0/4<+>+/+3+2

货物或应税劳务、服务名称	规格型号	单位	数量	单价	金额	税率	税额
*纺织品*天丝亚麻棉		米	4000	49.80	199200.00	13%	25896.00
合　计					￥199200.00		￥25896.00

价税合计（大写）　⊗ 贰拾贰万伍仟零玖拾陆圆整　（小写）￥225096.00

销售方
名　称：武汉三彩纺织品有限公司
纳税人识别号：93265111487920022D
地址、电话：武汉市江汉区建设大道709号 027-65775214
开户行及账号：中国建设银行枫林支行 43005286325893021587

校验码：58656 5980

收款人：陆永华　　复核：周伟波　　开票人：邓茹茹　　销售方：（章）

增值税普通发票（发票联）10-2

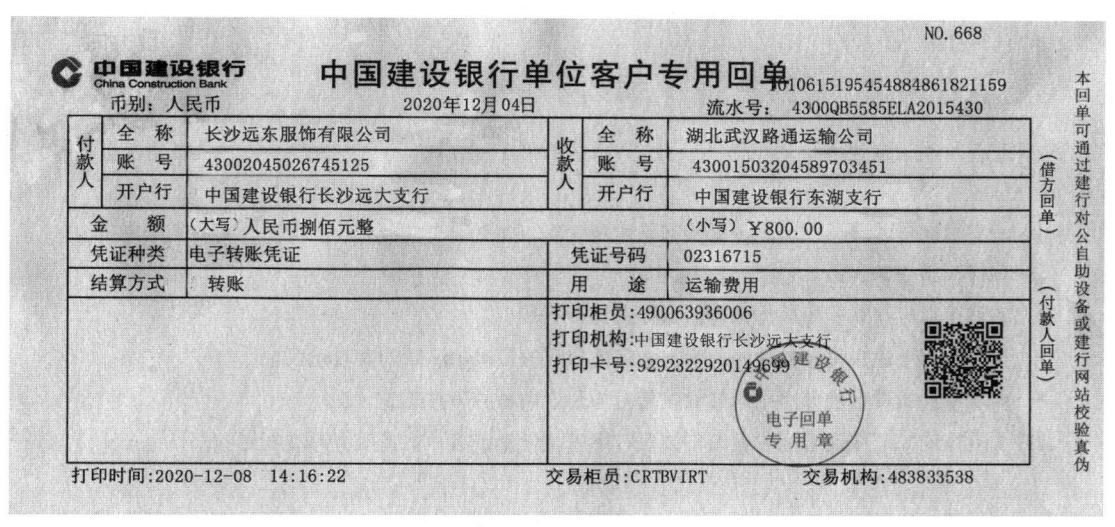

网上银行支付回单 10-3

商品购销合同

甲方（购货方）：__长沙远东服饰有限公司__
乙方（销货方）：__武汉三彩纺织品有限公司__

根据《中华人民共和国合同法》及有关法律、法规规定，甲、乙双方本着平等、自愿、公平、互惠互利和诚实守信的原则，就产品供销的有关事宜协商一致订立本合同，以便共同遵守。

一、合同价款及付款方式：

本合同总价款为人民币 __贰拾贰万伍仟零玖拾陆元整__ （￥225096.00），签订合同后甲方在60天内支付货款。

运费由甲方承担。

商品于 __当日__ 发出。

二、产品质量

1. 乙方保证所提供的产品货真价实，来源合法，无任何法律纠纷和质量问题，如果乙方所提供产品与第三方出现了纠纷，由此引起的一切法律后果均由乙方承担。

2. 购销商品明细

商品名称	单位	数量	单价（含税）	金额（含税）
天丝亚麻棉	米	4000	56.274	225096.00
合计				225096.00

三、违约责任

1. 甲乙双方均应全面履行本合同约定，一方违约给另一方造成损失的，应当承担赔偿责任。

2. 甲方未按照合同约定的期限结算的，应按照中国人民银行有关延期付款的规定，延迟一日，需支付结算货款的万分之五的违约金;延迟10日以上的，除支付违约金外，乙方有权解除合同。

3. 甲方不得无故拒绝接收货物，否则应当承担由此造成的损失。

4. 合同解除后，双方应当按照本合同的约定进行对账和结算。

四、其他约定事项

本合同一式两份，自双方签字之日起生效。如果出现纠纷，双方均可向有管辖权的人民法院提起诉讼。

五、其他事项：

甲方：长沙远东服饰有限公司   乙方：武汉三彩纺织品有限公司
签约代表：王迎祥   签约代表：祝雨
开户银行：中国建设银行长沙远大支行 开户银行：中国建设银行枫林支行
账号：4300702450267451251   账号：430052832589302150711
2020年12月04日   2020年12月04日

商品购销合同 10-4

【业务11】

材料领用汇总表

2020年12月5日

用途	天丝亚麻棉 数量	单价	金额	真丝乔其纱 数量	单价	金额	缝纫线 数量	单价	金额	纽扣 数量	单价	金额	合计
生产产品耗用——男衬衫	12 000	50.00	600 000.00										600 000.00
生产产品耗用——女衬衫				6000	60.00	360 000.00							360 000.00
车间一般耗用	30	50.00	1500.00	20	60.00	1200.00	120	10.00	1200.00	220	35.00	7700.00	11 600.00
管理部门耗用	10	50.00	500.00	5	60.00	300.00							800.00
合计	12 040	50.00	602 000.00	6025	60.00	361 500.00	120	10.00	1200.00	220	35.00	4200.00	972 400.00

记账：吴霞　　　　　　　　　　　复核：张进　　　　　　　　　　　制单：陈娟

材料领用汇总表 11-1

领 料 单

2020年12月05日

仓库：材料库　　　　　　　　　　　　　　　　　编号：1451号　　金额单位：元

编号	类别	材料名称	规格	单位	数量（请领）	数量（实发）	单价	金额
CL1001		天丝亚麻棉		米	12000	12000	50.00	600 000.00
合　计								600 000.00
用途	生产男衬衫						备注	

第二联 会计联

领料：张明　　　　　　　记账：吴霞　　　　　　　发料：刘星

领料单 11-2

领 料 单

2020年12月05日

仓库：材料库　　　　　　　　　　　　　　　　　编号：1452号　　金额单位：元

编号	类别	材料名称	规格	单位	数量（请领）	数量（实发）	单价	金额
CL1002		真丝乔其纱		米	6000	6000	60.00	360 000.00
合　计								360 000.00
用途	生产女衬衫						备注	

第二联 会计联

领料：张明　　　　　　　记账：吴霞　　　　　　　发料：刘星

领料单 11-3

领 料 单

2020年12月05日

仓库：材料库　　　　　　　　　　　　　　　　　编号：1453号　　金额单位：元

编号	类别	材料名称	规格	单位	数量（请领）	数量（实发）	单价	金额
CL1001		天丝亚麻棉		米	30	30	50.00	1500.00
CL1002		真丝乔其纱		米	20	20	60.00	1200.00
CL1003		缝纫线		卷	120	120	10.00	1200.00
CL1004		纽扣		盒	220	220	35.00	7700.00
合　计								11 600.00
用途	生产车间领用						备注	

第二联 会计联

领料：张明　　　　　　　记账：吴霞　　　　　　　发料：刘星

领料单 11-4

领 料 单

2020年12月05日

仓库：材料库　　　　　　　　　　　　　　　　　　　　编号：1454号　金额单位：元

编号	类别	材料名称	规格	单位	数量 请领	数量 实发	单价	金额
CL1001		天丝亚麻棉		米	10	10	50.00	500.00
CL1002		真丝乔其纱		米	5	5	60.00	300.00
		合	计					800.00
用途	管理部门领用						备注	

领料：张明　　　　　记账：吴霞　　　　　发料：刘星

第二联 会计联

领料单 11-5

【业务12】

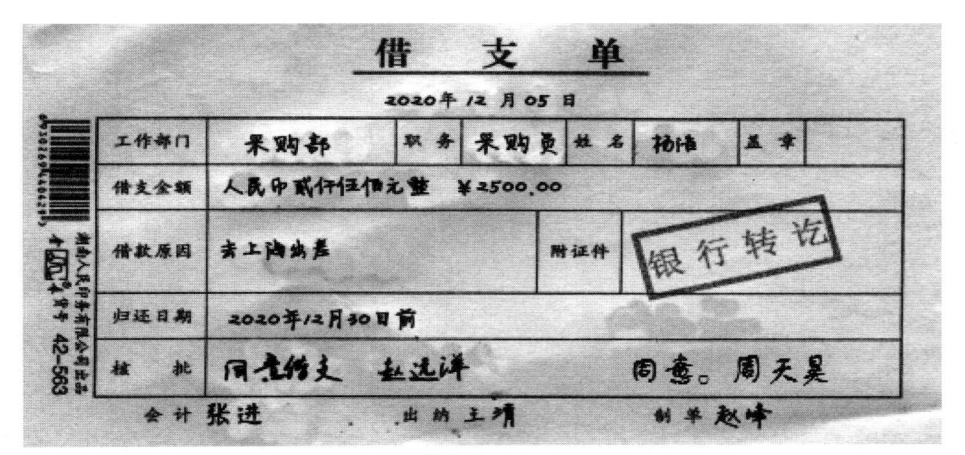

借支单 12-1

现金支票存根 12-2

247

【业务13】

增值税专用发票（发票联）13-1

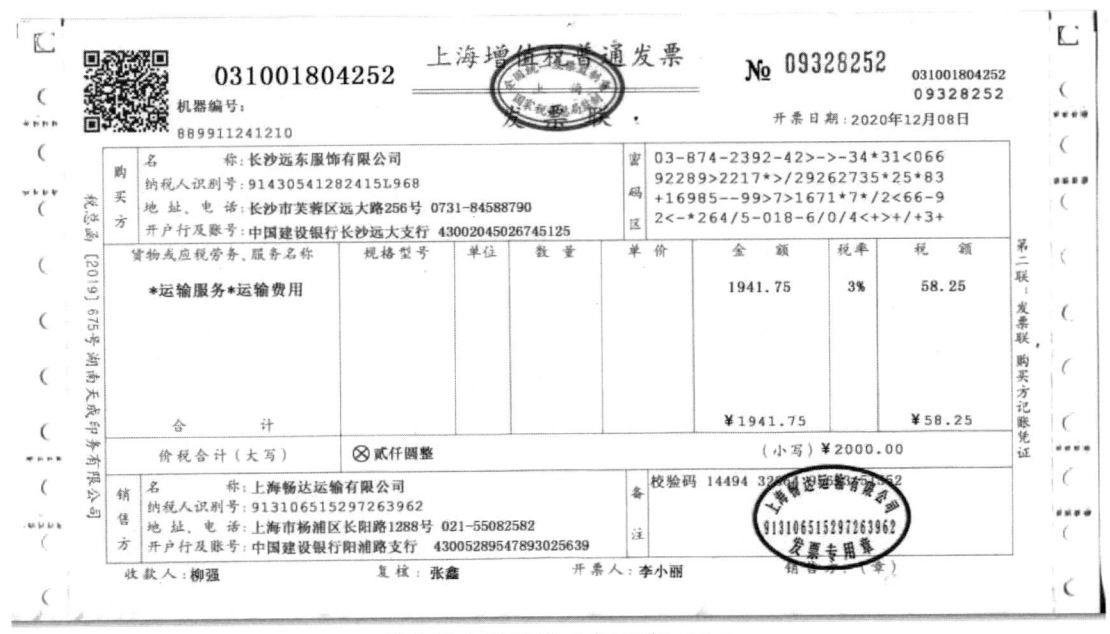

增值税普通发票（发票联）13-2

收料单

2020年12月08日

供应单位：上海佳美纺织品有限公司 编　号：第1286号
材料类别：原料及主要材料 收料仓库：材料库　金额单位：元

材料编号	材料名称	规格	计量单位	数量 应收	数量 实收	买价 单价	买价 发票金额	运杂费	合计	单位成本
CL1001	天丝亚麻棉		米	2000	2000	49.60	99200.00	800	100 000.00	50.00
CL1002	真丝乔其纱		米	3000	3000	59.60	178800.00	1200	100 000.00	60.00
合　计									280 000.00	

备注：

采购：杨浩　　　　　　　会计：张进　　　　　　　收料：陈娟

收料单 13-3

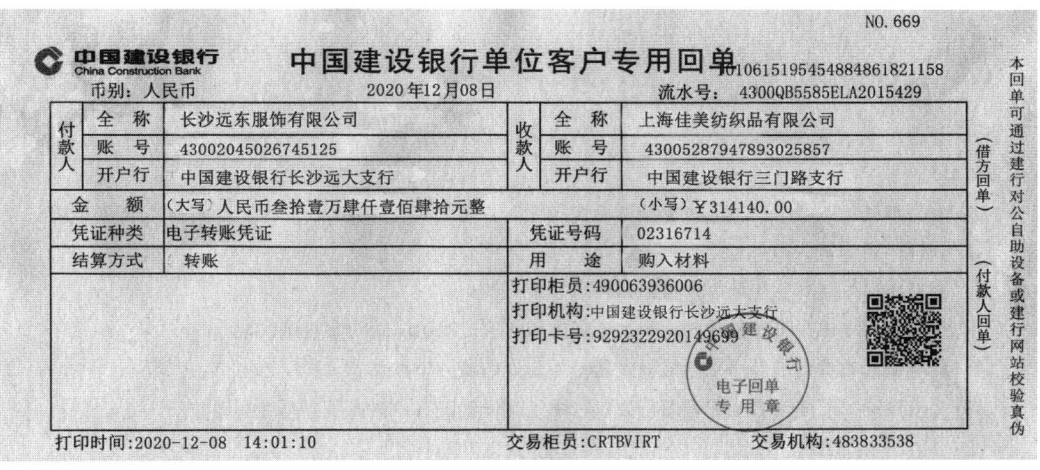

NO.669

中国建设银行　中国建设银行单位客户专用回单

币别：人民币　　2020年12月08日　　流水号：4300QB5585ELA2015429

付款人	全称	长沙远东服饰有限公司	收款人	全称	上海佳美纺织品有限公司
	账号	43002045026745125		账号	43005287947893025857
	开户行	中国建设银行长沙远大支行		开户行	中国建设银行三门路支行

金　额：（大写）人民币叁拾壹万肆仟壹佰肆拾元整　（小写）¥314140.00
凭证种类：电子转账凭证　　　凭证号码：02316714
结算方式：转账　　　　　　　用　途：购入材料

打印柜员：490063936006
打印机构：中国建设银行长沙远大支行
打印卡号：9292322920149699

打印时间：2020-12-08 14:01:10　　交易柜员：CRTBVIRT　　交易机构：483833538

网上银行支付回单 13-4

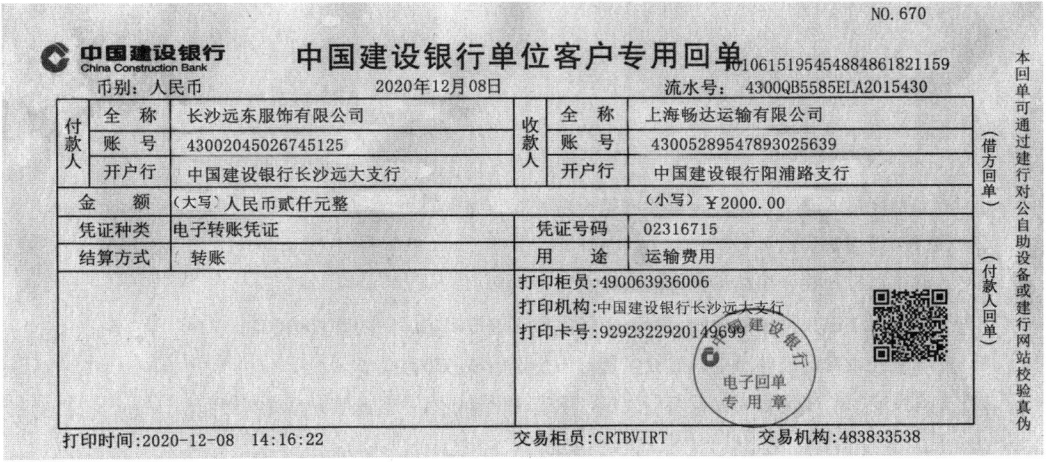

NO.670

中国建设银行　中国建设银行单位客户专用回单

币别：人民币　　2020年12月08日　　流水号：4300QB5585ELA2015430

付款人	全称	长沙远东服饰有限公司	收款人	全称	上海畅达运输有限公司
	账号	43002045026745125		账号	43005289547893025639
	开户行	中国建设银行长沙远大支行		开户行	中国建设银行阳浦路支行

金　额：（大写）人民币贰仟元整　　　　　　　　（小写）¥2000.00
凭证种类：电子转账凭证　　　凭证号码：02316715
结算方式：转账　　　　　　　用　途：运输费用

打印柜员：490063936006
打印机构：中国建设银行长沙远大支行
打印卡号：9292322920149699

打印时间：2020-12-08 14:16:22　　交易柜员：CRTBVIRT　　交易机构：483833538

网上银行支付回单 13-5

商品购销合同

甲方（购货方）：长沙远东服饰有限公司
乙方（销货方）：上海佳美纺织品有限公司

根据《中华人民共和国合同法》及有关法律、法规规定，甲、乙双方本着平等、自愿、公平、互惠互利和诚实守信的原则，就产品供销的有关事宜协商一致订立本合同，以便共同遵守。

一、合同价款及付款方式：
本合同总价款为人民币 叁拾壹万肆仟壹佰肆拾元整 （￥314 140.00），签订合同后乙方支付货款人民币 ￥314 140.00。
运费由甲方承担。
商品于 当日 发出。

二、产品质量：
1. 乙方保证所提供的产品货真价实，来源合法，无任何法律纠纷和质量问题，如果乙方所提供产品与第三方出现了纠纷，由此引起的一切法律后果均由乙方承担。

2. 购销商品明细

金额单位：元

商品名称	单位	数量	单价（含税）	金额（含税）
天丝亚麻棉	米	2000	56.048	112 096.00
真丝乔其纱	米	3000	67.348	202 044.00
合计				314 140.00

三、违约责任
1. 甲乙双方均应全面履行本合同约定，一方违约给另一方造成损失的，应当承担赔偿责任。
2. 甲方未按照合同约定的期限结算的，应按照中国人民银行有关延期付款的规定，延迟一日，需支付结算货款的万分之五的违约金；延迟 10 日以上的，除支付违约金外，乙方有权解除合同。
3. 甲方不得无故拒绝接收货物，否则应当承担由此造成的损失。
4. 合同解除后，双方应当按照本合同的约定进行对账和结算。

四、其他约定事项
本合同一式两份，自双方签字之日起生效。如果出现纠纷，双方均可向有管辖权的人民法院提起诉讼。

五、其他事项：
甲方：长沙远东服饰有限公司   乙方：上海佳美纺织品有限公司
签约代表：   签约代表：
开户银行：中国建设银行长沙远大支行   开户银行：中国建设银行三门路支行
账号：43002045026745125   账号：43005207870930258857
2020年 12月 08日   2020年 12月 08日

商品购销合同 13-6

【业务14】

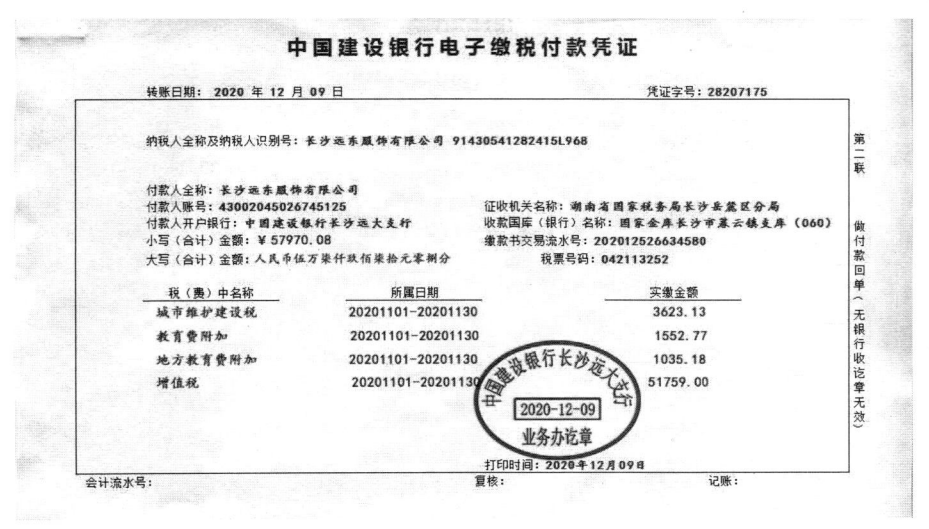

中国建设银行电子缴税付款凭证

转账日期：2020 年 12 月 09 日   凭证字号：28207175

纳税人全称及纳税人识别号：长沙远东服饰有限公司 91430541282415L968
付款人全称：长沙远东服饰有限公司
付款人账号：43002045026745125
付款人开户银行：中国建设银行长沙远大支行
小写（合计）金额：￥57970.08
大写（合计）金额：人民币伍万柒仟玖佰柒拾元零捌分

证收机关名称：湖南省国家税务局长沙岳麓区分局
收款国库（银行）名称：国家金库长沙市慕云镇支库（060）
缴款书交易流水号：20201252626345580
税票号码：042113252

税（费）种名称	所属日期	实缴金额
城市维护建设税	20201101-20201130	3623.13
教育费附加	20201101-20201130	1552.77
地方教育费附加	20201101-20201130	1035.18
增值税	20201101-20201130	51759.00

打印时间：2020年12月09日

电子缴税付款凭证 14-1

【业务15】

增值税专用发票（记账联）15-1

产品销售单 15-2

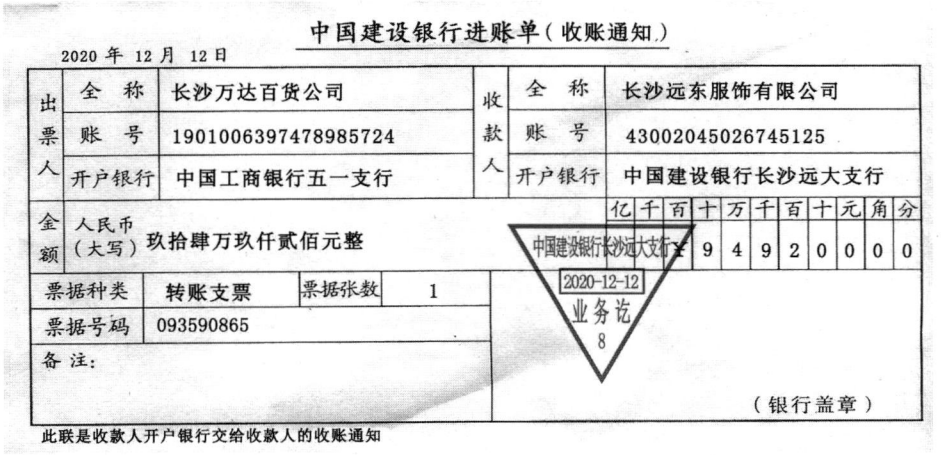

银行进账单（收账通知）15-3

商品购销合同

甲方（购货方）：长沙万达百货公司
乙方（销货方）：长沙远东服饰有限公司

根据《中华人民共和国合同法》及有关法律、法规规定，甲、乙双方本着平等、自愿、公平、互惠互利和诚实守信的原则，就产品供销的有关事宜协商一致订立本合同，以便共同遵守。

一、合同价款及付款方式：
本合同总价款为人民币 玖拾肆万玖仟贰佰元整 （￥949 200.00），签订合同后甲方支付货款人民币（￥949 200.00）。
商品于 当日 发出。

二、产品质量：
1. 乙方保证所提供的产品货真价实，来源合法，无任何法律纠纷和质量问题，如果乙方所提供产品与第三方出现了纠纷，由此引起的一切法律后果均由乙方承担。
2. 购销商品明细

商品名称	单位	数量	单价（含税）	金额（含税）
男衬衫	件	3500	271.20	949 200.00
合计				949 200.00

三、违约责任
1. 甲乙双方均应全面履行本合同约定，一方违约给另一方造成损失的，应当承担赔偿责任。
2. 甲方未按照合同约定的期限结算的，应按照中国人民银行有关延期付款的规定，延迟一日，需支付结算货款的万分之五的违约金;延迟 10 日以上的，除支付违约金外，乙方有权解除合同。
3. 甲方不得无故拒绝接收货物，否则应当承担由此造成的损失和运输费用。
4. 合同解除后，双方应当按照本合同的约定进行对账和结算。

四、其他约定事项
本合同一式两份，自双方签字之日起生效。如果出现纠纷，双方均可向有管辖权的人民法院提起诉讼。

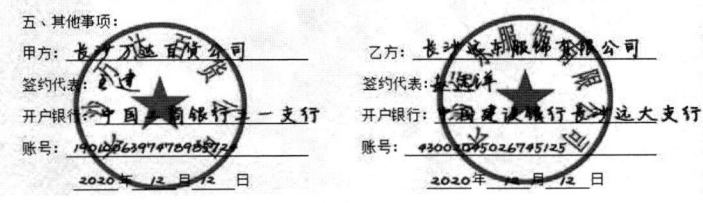

五、其他事项

甲方：长沙万达百货公司　　　　乙方：长沙远东服饰有限公司
签约代表：　　　　　　　　　　签约代表：
开户银行：中国建设银行××支行　开户银行：中国建设银行长沙远大支行
账号：43005263974789655725　　账号：43002045026745125
2020年 12月 12日　　　　　　　2020年 12月 12日

商品购销合同 15-4

【业务 16】

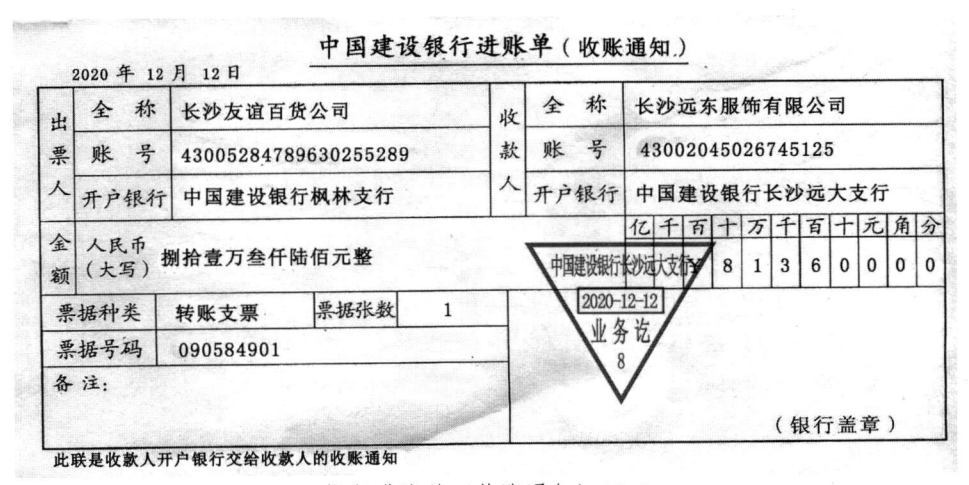

中国建设银行进账单（收账通知）

2020 年 12 月 12 日

出票人	全称	长沙友谊百货公司	收款人	全称	长沙远东服饰有限公司
	账号	43005284789630255289		账号	43002045026745125
	开户银行	中国建设银行枫林支行		开户银行	中国建设银行长沙远大支行

金额	人民币（大写）	捌拾壹万叁仟陆佰元整	亿 千 百 十万 千 百 十 元 角 分
			8 1 3 6 0 0 0 0

票据种类	转账支票	票据张数	1
票据号码	090584901		
备注			

此联是收款人开户银行交给收款人的收账通知

银行进账单（收账通知）16-1

【业务17】

收料单

2020年12月12日

供应单位：武汉三彩纺织品有限公司　　　　　　　　　　编　号：第1287号
材料类别：原料及主要材料　　　　　　　　　　　　　　收料仓库：材料库

材料编号	材料名称	规格	计量单位	数量 应收	数量 实收	实际成本 买价 单价	实际成本 买价 发票金额	运杂费	合计	单位成本
CL1001	天丝亚麻棉		米	4000	4000	49.80	199200.00	800.00	200000.00	50.00
		合　计							200000.00	

备　注：
采购：杨浩　　　　　　　会计：张进　　　　　　　收料：陈娟

第二联 会计联

收料单 17-1

【业务18】

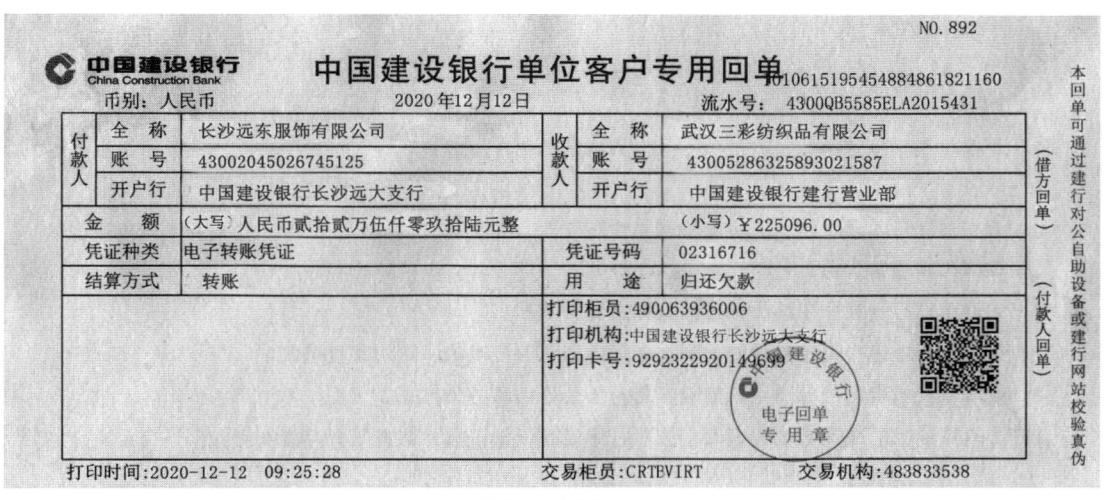

NO.892

中国建设银行单位客户专用回单

2020年12月12日

账号：0106151954548848618211160
流水号：4300QB5585ELA2015431

币别：人民币

付款人	全称	长沙远东服饰有限公司	收款人	全称	武汉三彩纺织品有限公司
	账号	43002045026745125		账号	43005286325893021587
	开户行	中国建设银行长沙远大支行		开户行	中国建设银行建营营业部
金额		（大写）人民币贰拾贰万伍仟零玖拾陆元整		（小写）¥225096.00	
凭证种类		电子转账凭证	凭证号码	02316716	
结算方式		转账	用途	归还欠款	
			打印柜员	490063936006	
			打印机构	中国建设银行长沙远大支行	
			打印卡号	9292322920149699	

打印时间：2020-12-12 09:25:28　　交易柜员：CRTBVIRT　　交易机构：483833538

（加盖"中国建设银行电子回单专用章"）

网上银行支付回单 18-1

【业务19】

增值税普通发票（发票联）19-1

转账支票存根 19-2

【业务 20】

增值税普通发票（发票联）20-1

【业务 21】

现金支票存根 21-1

转账支票存根 20-2

【业务 22】

长沙远东服饰有限公司工资发放明细表

发放时间：2020年12月15日

部门	序号	姓名	应付工资 标准工资	奖金	缺勤扣款	合计	待扣款项 水电费	个税	合计	实发工资	签名
总经理	1	赵远洋	2600.00	2400.00		5000.00				5000.00	赵远洋
财务部	2	周天昊	2600.00	2220.00		4820.00				4820.00	周天昊
	3	张进	2600.00	2200.00		4800.00				4800.00	张进
	4	王清	2600.00	1800.00		4400.00				4400.00	王清
行政部	5	陈娟	2600.00	2000.00		4600.00				4600.00	陈娟
	6	刘霞	2600.00	1800.00		4400.00				4400.00	刘霞
采购部	7	杨浩	2600.00	1200.00		3800.00				3800.00	杨浩
	8	赵峰	2600.00	1200.00		3800.00				3800.00	赵峰
销售部	9	丁晓平	2600.00	2000.00		4600.00				4600.00	丁晓平
	10	杨晓晓	2600.00	2000.00		4600.00				4600.00	杨晓晓
	11	杨峰	2600.00	1800.00		4400.00				4400.00	杨峰
生产部	12	丁小平	2600.00	1800.00		4400.00				4400.00	丁小平
	13	周甲仁	2600.00	1800.00		4400.00				4400.00	周甲仁
	14	马红运	2600.00	1800.00		4400.00				4400.00	马红运
	15	张茜	2600.00	1800.00		4400.00				4400.00	张茜
	16	王尼	2600.00	1800.00		4400.00				4400.00	王尼
	17	刘小红	2400.00	1800.00		4200.00				4200.00	刘小红
	18	陈冰	2600.00	1800.00		4400.00				4400.00	陈冰
	19	黄芬	2600.00	1800.00		4400.00				4400.00	黄芬
	20	周永华	2600.00	1800.00		4400.00				4400.00	周永华
	21	王旭林	2600.00	1800.00		4400.00				4400.00	王旭林
	22	陈周勇	2600.00	1800.00		4400.00				4400.00	陈周勇
	23	李晶	2600.00	1800.00		4400.00				4400.00	李晶
	24	刘晓晓	2600.00	1800.00		4400.00				4400.00	刘晓晓
	25	李莹	2600.00	1800.00		4400.00				4400.00	李莹
	26	周巧云	2600.00	1800.00		4400.00				4400.00	周巧云
	27	邓晨	2600.00	1800.00		4400.00				4400.00	邓晨
	28	陈杨	2600.00	1800.00		4400.00				4400.00	陈杨
	29	徐霞	2600.00	1800.00		4400.00				4400.00	徐霞
	30	黎前路	2600.00	1800.00		4400.00				4400.00	黎前路
	31	刘根股	2600.00	1800.00		4400.00				4400.00	刘根股
	32	廖黄金	2600.00	1800.00		4400.00				4400.00	廖黄金
	33	胡小文	2600.00	1800.00		4400.00				4400.00	胡小文
	34	陈超	2600.00	1800.00		4400.00				4400.00	陈超
	35	周楚	2600.00	1800.00		4400.00				4400.00	周楚
	36	邓莉	2600.00	1800.00		4400.00				4400.00	邓莉
	37	李文龙	2600.00	1100.00		3700.00				3700.00	李文龙
	38	刘晓英	2400.00	1100.00		3500.00				3500.00	刘晓英
	39	张慧	2600.00	1100.00		3700.00				3700.00	张慧
	40	陆台	2600.00	1100.00		3700.00				3700.00	陆台
	41	刘韬	2600.00	1100.00		3700.00				3700.00	刘韬
	42	郑文华	2600.00	1200.00		3800.00				3800.00	郑文华
	43	苏文	2600.00	1800.00		4400.00				4400.00	苏文
	44	雷英姿	2600.00	1200.00		3800.00				3800.00	雷英姿
	45	陈永	2600.00	1200.00		3800.00				3800.00	陈永
	46	徐旭	2600.00	1000.00		3600.00				3600.00	徐旭
	47	陈文茹	2600.00	1000.00		3600.00				3600.00	陈文茹
	48	刘巧华	2600.00	1000.00		3600.00				3600.00	刘巧华
	49	谭文	2600.00	1000.00		3600.00				3600.00	谭文
	50	李连利	2600.00	1080.00		3680.00				3680.00	李连利
	51	陆洲	2500.00	1500.00		4000.00				4000.00	陆洲
合计			132100.00	83100.00		215200.00				215200.00	

审核：周天昊　　　　　　　　　　　　　　　　　　　　　　　　　制单人：陈娟

工资发放明细表 22-1

【业务 23】

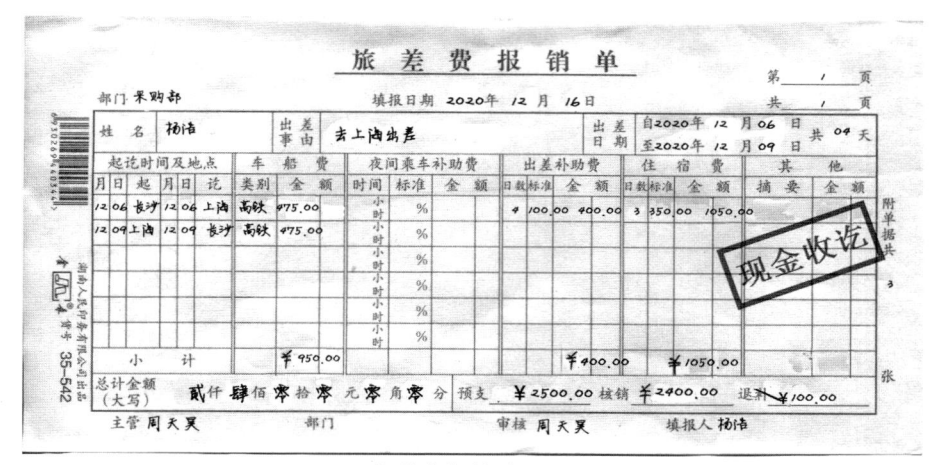

旅差费报销单 23-1

增值税普通发票（发票联）23-2

车票 23-3　　　　　　　　　　车票 23-4

收款收据 23-5

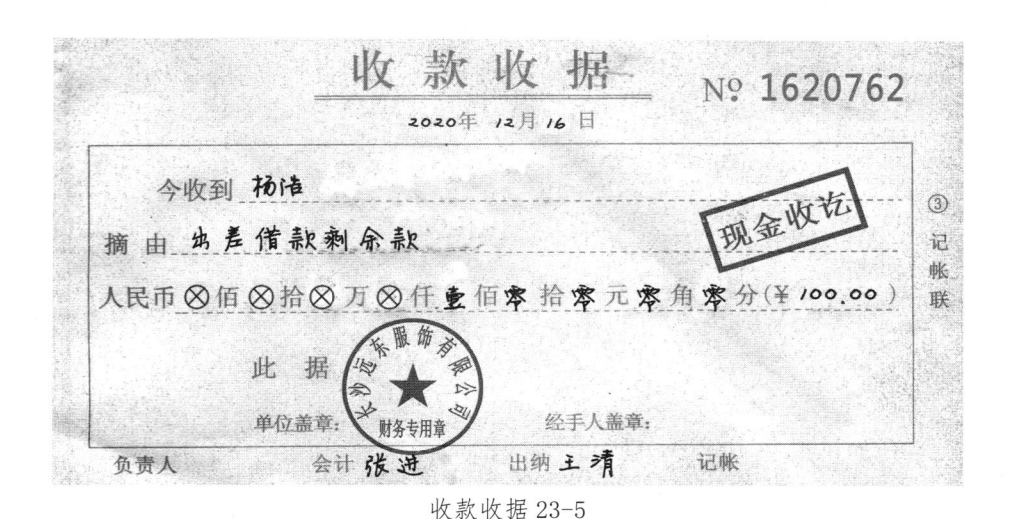

【业务 24】

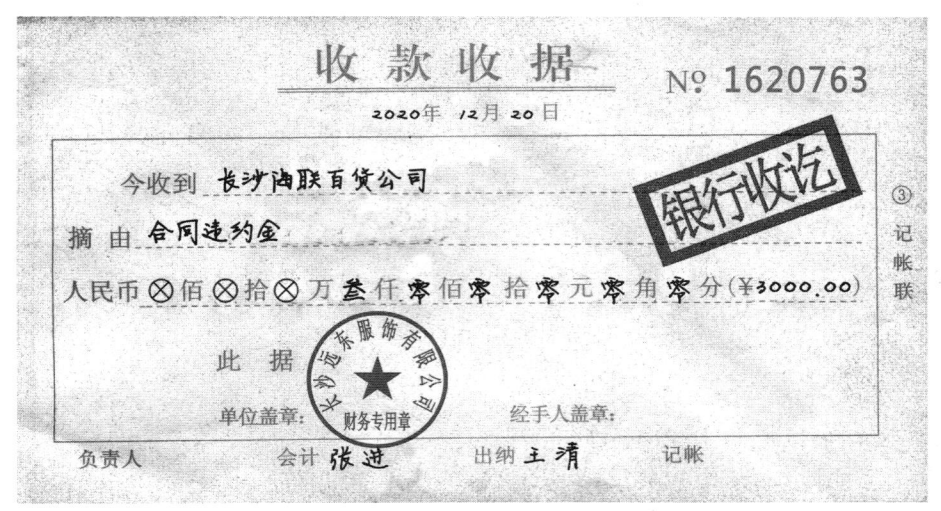

收款收据 24-1

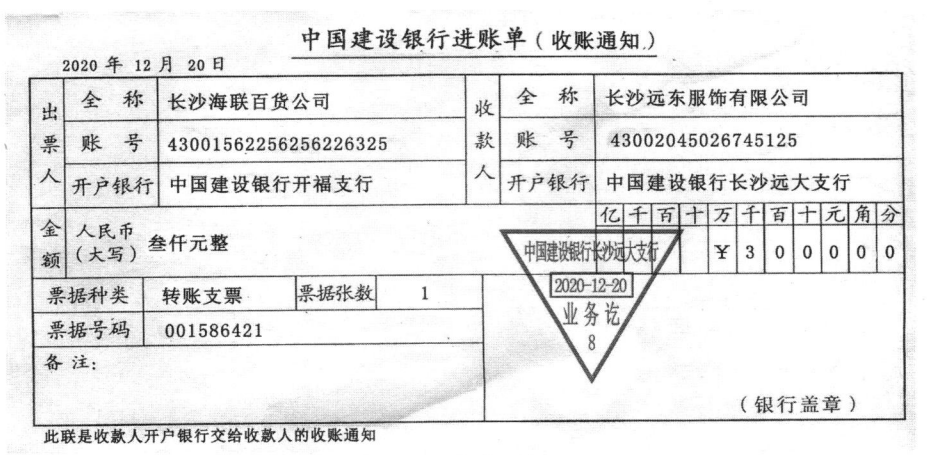

银行进账单（收账通知）24-2

【业务25】

增值税专用发票（记账联）25-1

材料销售单 25-2

银行进账单（收账通知）25-3

商品购销合同

甲方（购货方）： 长沙逸晨服装有限公司
乙方（销货方）： 长沙远东服饰有限公司

根据《中华人民共和国合同法》及有关法律、法规规定，甲、乙双方本着平等、自愿、公平、互惠互利和诚实守信的原则，就产品供销的有关事宜协商一致订立本合同，以便共同遵守。

一、合同价款及付款方式：

本合同总价款为人民币 玖万零肆佰元整 （￥90 400.00），签订合同后甲方支付货款人民币（￥90 400.00）。

商品于 当日 发出。

二、产品质量：

1．乙方保证所提供的产品货真价实，来源合法，无任何法律纠纷和质量问题，如果乙方所提供产品与第三方出现了纠纷，由此引起的一切法律后果均由乙方承担。

2．购销商品明细

商品名称	单位	数量	单价（含税）	金额（含税）
天丝亚麻棉	米	1000	90.40	90 400.00
合计				90 400.00

三、违约责任

1．甲乙双方均应全面履行本合同约定，一方违约给另一方造成损失的，应当承担赔偿责任。

2．甲方未按照合同约定的期限结算的，应按照中国人民银行有关延期付款的规定，延迟一日，需支付结算货款的万分之五的违约金;延迟 10 日以上的，除支付违约金外，乙方有权解除合同。

3．甲方不得无故拒绝接收货物，否则应当承担由此造成的损失和运输费用。

4．合同解除后，双方应当按照本合同的约定进行对账和结算。

四、其他约定事项

本合同一式两份，自双方签字之日起生效。如果出现纠纷，双方均可向有管辖权的人民法院提起诉讼。

五、其他事项：

甲方： 长沙逸晨服装有限公司　　乙方： 长沙远东服饰有限公司
签约代表：　　　　　　　　　　　签约代表：
开户银行：中国建设银行橘子洲支行　开户银行：中国建设银行长沙远大支行
账号：43001277893002578　　　　　账号：43003045026745128
　　　2020年 12月 20日　　　　　　　　2020年 12月 20日

商品购销合同 25-4

【业务26】

增值税普通发票（发票联）26-1

转账支票存根 26-2

【业务27】

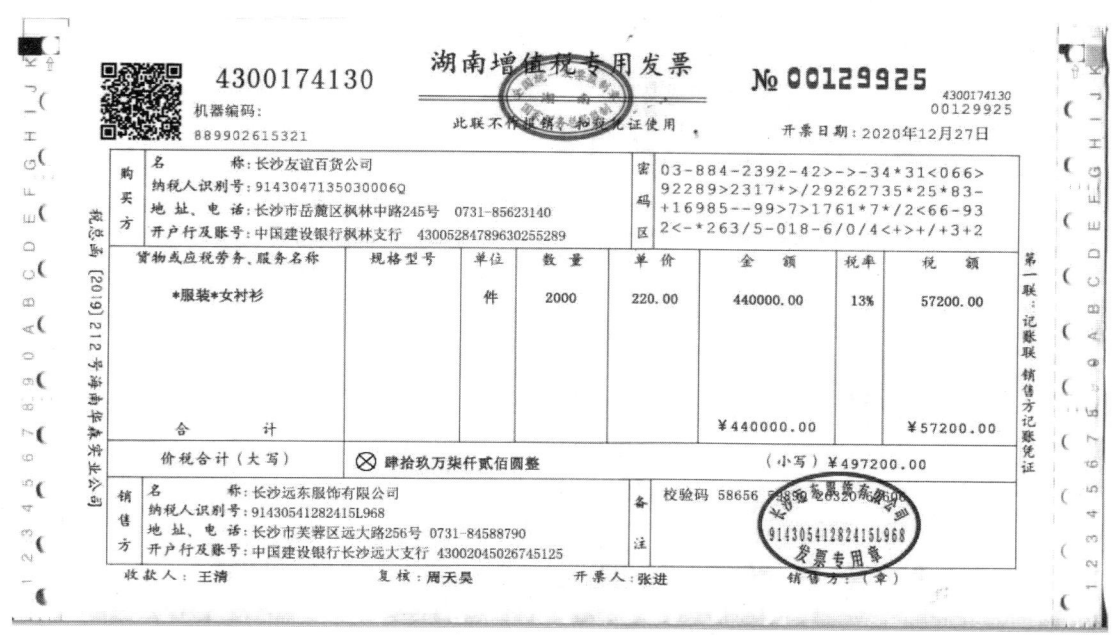

增值税专用发票（记账联）27-1

产品销售单 27-2

商品购销合同

甲方（购货方）：长沙友谊百货公司
乙方（销货方）：长沙远东服饰有限公司

根据《中华人民共和国合同法》及有关法律、法规规定，甲、乙双方本着平等、自愿、公平、互惠互利和诚实守信的原则，就产品供销的有关事宜协商一致订立本合同，以便共同遵守。

一、合同价款及付款方式：

本合同总价款为人民币 肆拾玖万柒仟贰佰元整 （￥497 200.00），签订合同后甲方在60天内支付货款。

商品于 当日 发出。

二、产品质量：

1．乙方保证所提供的产品货真价实，来源合法，无任何法律纠纷和质量问题，如果乙方所提供产品与第三方出现了纠纷，由此引起的一切法律后果均由乙方承担。

2．购销商品明细

商品名称	单位	数量	单价（含税）	金额（含税）
女衬衫	件	2000	248.60	497 200.00
合计				497 200.00

三、违约责任

1．甲乙双方均应全面履行本合同约定，一方违约给另一方造成损失的，应当承担赔偿责任。

2．甲方未按照合同约定的期限结算的，应按照中国人民银行有关延期付款的规定，延迟一日，需支付结算货款的万分之五的违约金；延迟 10 日以上的，除支付违约金外，乙方有权解除合同。

3．甲方不得无故拒绝接收货物，否则应当承担由此造成的损失和运输费用。

4．合同解除后，双方应当按照本合同的约定进行对账和结算。

四、其他约定事项

本合同一式两份，自双方签字之日起生效。如果出现纠纷，双方均可向有管辖权的人民法院提起诉讼。

五、其他事项：

甲方：长沙友谊百货公司   乙方：长沙远东服饰有限公司
签约代表：柳长风   签约代表：赵远平
开户银行：中国建设银行城湘支行   开户银行：中国建设银行长沙远大支行
账号：43005287896302555889   账号：4300203026745125
2020年 12 月 27 日   2020年 12 月 27 日

商品购销合同 27-3

【业务28】

公益事业捐赠统一票据

2020年12月28日

国财 00201
捐赠人：长沙远东服饰有限公司
NO.1170573539

捐赠项目	实物种类	数量	金额 千 百 十 万 千 百 十 元 角 分
希望工程基金	人民币		4 0 0 0 0 0 0 0

金额合计（小写）：¥40 000.00
金额合计（大写）：⊗千⊗百⊗十 肆 万 零 千 零 百 零 十 零 元 零 角 零 分

接受单位（盖章）：　　　　复核人：　　　　开票人：王君宝

感谢您对公益事业的支持！

公益事业捐赠统一票据 28-1

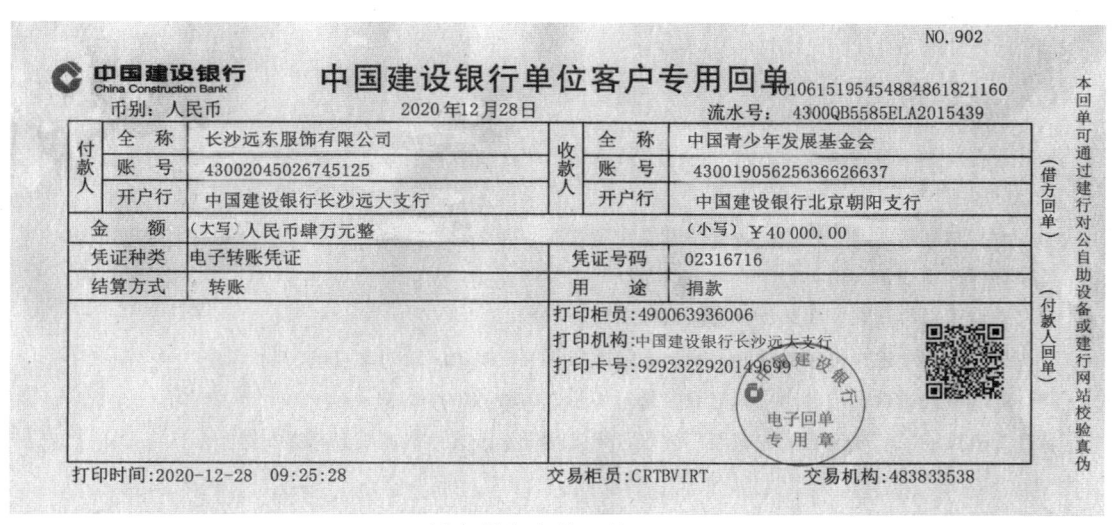

NO.902

中国建设银行　中国建设银行单位客户专用回单

币别：人民币　　2020年12月28日　　流水号：4300QB5585ELA2015439

付款人	全称	长沙远东服饰有限公司	收款人	全称	中国青少年发展基金会
	账号	43002045026745125		账号	43001905625636626637
	开户行	中国建设银行长沙远大支行		开户行	中国建设银行北京朝阳支行

金额：（大写）人民币肆万元整　　（小写）¥40 000.00
凭证种类：电子转账凭证　　凭证号码：02316716
结算方式：转账　　用途：捐款

打印柜员：490063936006
打印机构：中国建设银行长沙远大支行
打印卡号：9292322920149699

打印时间：2020-12-28 09:25:28　　交易柜员：CRTBVIRT　　交易机构：483833538

网上银行支付回单 28-2

【业务29】

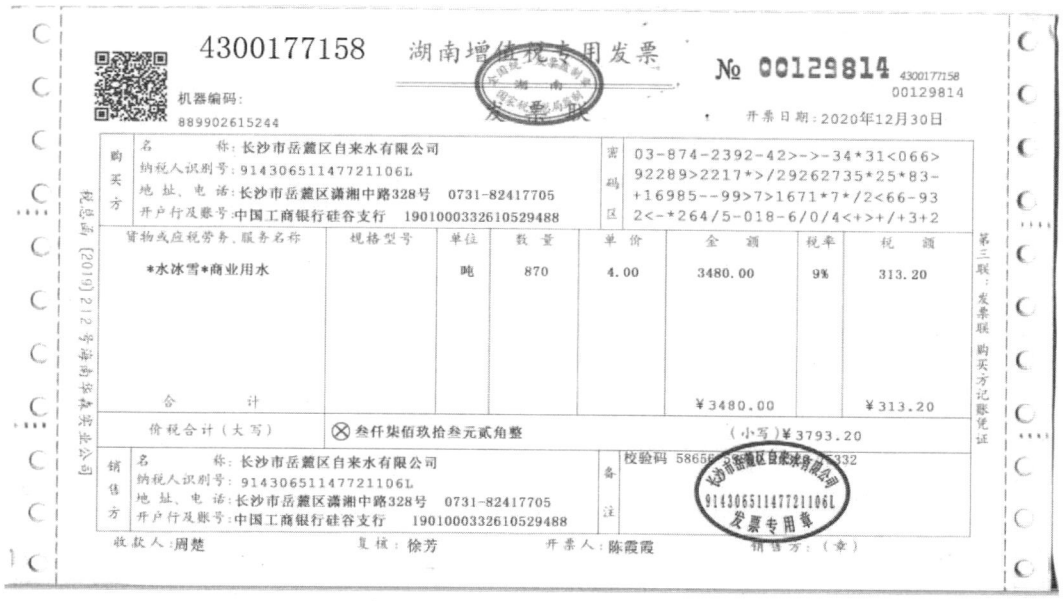

湖南增值税专用发票

发票号码：00129814
机器编号：889902615244
开票日期：2020年12月30日

购买方：
名称：长沙市岳麓区自来水有限公司
纳税人识别号：914306511477211106L
地址、电话：长沙市岳麓区潇湘中路328号 0731-82417705
开户行及账号：中国工商银行硅谷支行 1901000332610529488

货物或应税劳务、服务名称	规格型号	单位	数量	单价	金额	税率	税额
*水冰雪*商业用水		吨	870	4.00	3480.00	9%	313.20
合计					¥3480.00		¥313.20

价税合计（大写）：叁仟柒佰玖拾叁元贰角整　（小写）¥3793.20

销售方：
名称：长沙市岳麓区自来水有限公司
纳税人识别号：914306511477211106L
地址、电话：长沙市岳麓区潇湘中路328号 0731-82417705
开户行及账号：中国工商银行硅谷支行 1901000332610529488

收款人：周楚　复核：徐芳　开票人：陈霞霞　销售方：（章）

增值税专用发票（发票联）29-1

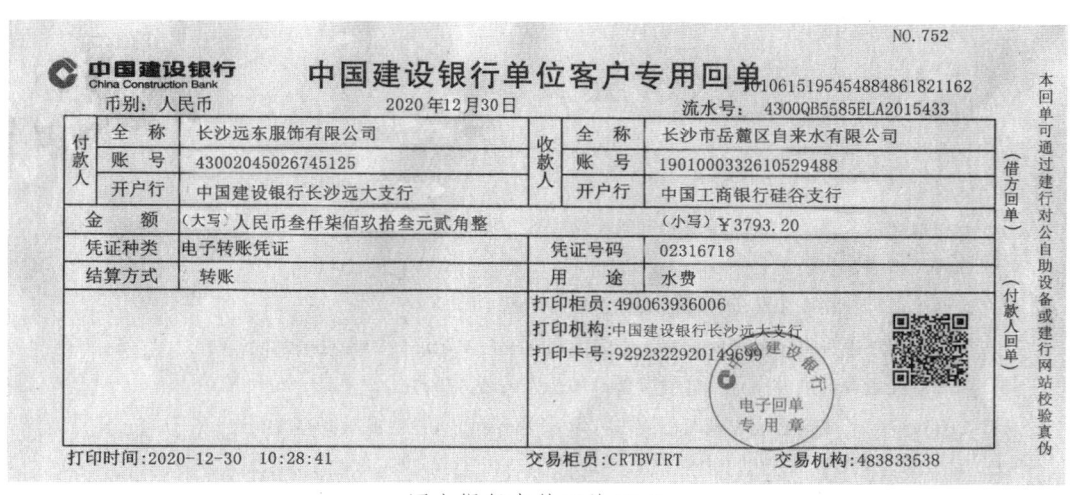

中国建设银行单位客户专用回单

NO.752
2020年12月30日
流水号：4300QB5585ELA2015433

付款人	全称	长沙远东服饰有限公司
	账号	43002045026745125
	开户行	中国建设银行长沙远大支行

收款人	全称	长沙市岳麓区自来水有限公司
	账号	1901000332610529488
	开户行	中国工商银行硅谷支行

币别：人民币
金额：（大写）人民币叁仟柒佰玖拾叁元贰角整　（小写）¥3793.20
凭证种类：电子转账凭证
凭证号码：02316718
结算方式：转账
用途：水费

打印柜员：490063936006
打印机构：中国建设银行长沙远大支行
打印卡号：9292322920149699

打印时间：2020-12-30 10:28:41　交易柜员：CRTBVIRT　交易机构：483833538

网上银行支付回单 29-2

外购水费分配表

2020年12月30日　　　　　　　　　　　　　　　　金额单位：元

受益对象	耗用量（吨）	单位成本	分配金额
生产车间	490.00	4.00	1960.00
管理部门	380.00	4.00	1520.00
合计	870.00	4.00	3480.00

审核人：周天昊　　　　　　　　　　　　　　　编制人：张进

水费分配表 29-3

【业务30】

湖南增值税专用发票（发票联）

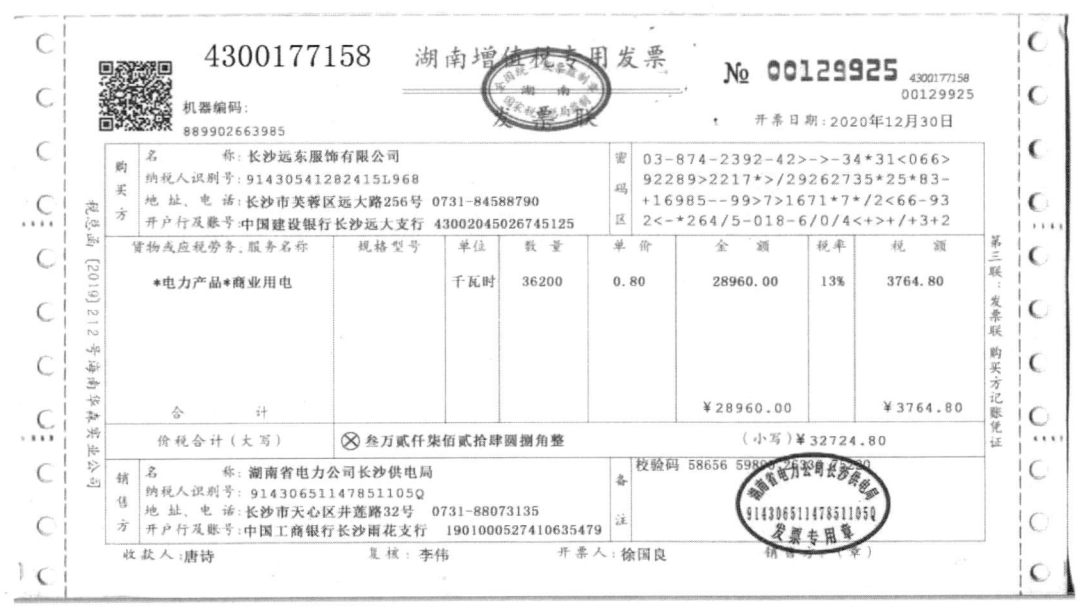

机器编码：4300177158 No 00129925
机器编码：889902663985
开票日期：2020年12月30日

购买方：
名称：长沙远东服饰有限公司
纳税人识别号：91430541282415L968
地址、电话：长沙市芙蓉区远大路256号 0731-84588790
开户行及账号：中国建设银行长沙远大支行 43002045026745125

货物或应税劳务、服务名称	规格型号	单位	数量	单价	金额	税率	税额
*电力产品*商业用电		千瓦时	36200	0.80	28960.00	13%	3764.80
合　计					¥28960.00		¥3764.80

价税合计（大写）：叁万贰仟柒佰贰拾肆圆捌角整　（小写）¥32724.80

销售方：
名称：湖南省电力公司长沙供电局
纳税人识别号：91430651147851105Q
地址、电话：长沙市天心区井莲路32号 0731-88073135
开户行及账号：中国工商银行长沙雨花支行 1901000527410635479

收款人：唐诗　复核：李伟　开票人：徐国良

增值税专用发票（发票联）30-1

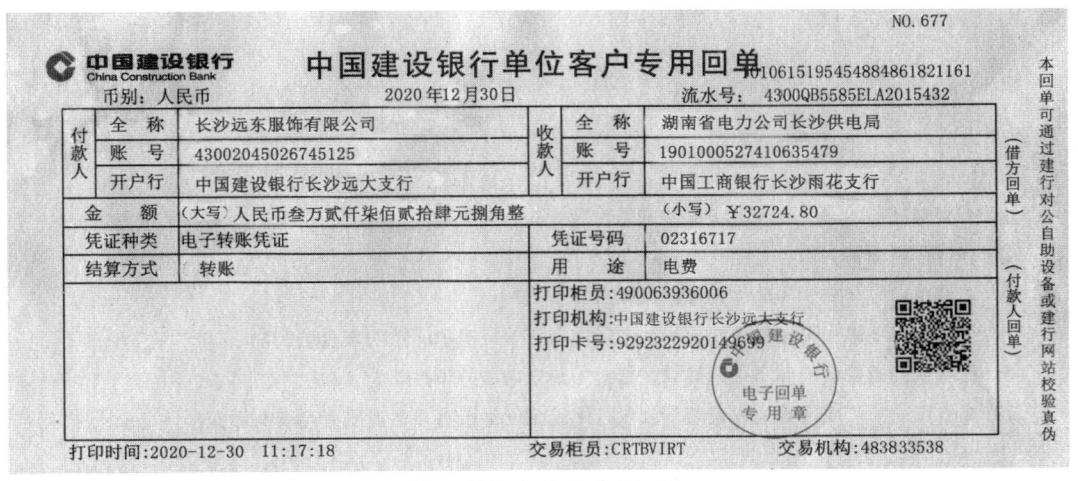

中国建设银行单位客户专用回单

NO.677
2020年12月30日　流水号：4300QB5585ELA2015432
币别：人民币

付款人：
全称：长沙远东服饰有限公司
账号：43002045026745125
开户行：中国建设银行长沙远大支行

收款人：
全称：湖南省电力公司长沙供电局
账号：1901000527410635479
开户行：中国工商银行长沙雨花支行

金额：（大写）人民币叁万贰仟柒佰贰拾肆元捌角整　（小写）¥32724.80
凭证种类：电子转账凭证　凭证号码：02316717
结算方式：转账　用途：电费

打印柜员：490063936006
打印机构：中国建设银行长沙远大支行
打印卡号：9292322920149699

打印时间：2020-12-30 11:17:18　交易柜员：CRTBVIRT　交易机构：483833538

网上银行支付回单 30-2

外购电费分配表

2020年12月30日　金额单位：元

受益对象	耗用量（吨）	单位成本	分配金额
生产车间	23000.00	0.80	18400.00
管理部门	13200.00	0.80	10560.00
合计	36200.00	0.80	28960.00

审核人：周天昊　　　　　　编制人：张进

电费分配表 30-3

【业务 31】

固定资产折旧计算表

2020年12月30日

金额单位：元

使用部门和固定资产类别		原值	固定资产月折旧率（%）	本月计提折旧额
生产车间	厂房	680000.00	0.40%	2720.00
	生产设备	970000.00	0.80%	7760.00
	小计	1650000.00		10480.00
管理部门	办公用房	720000.00	0.40%	2880.00
	运输设备	320000.00	2%	6400.00
	管理设备	160000.00	1.60%	2560.00
	小计	1200000.00		11840.00
合计		2850000.00		22320.00

审核人：周天昊　　　　　　　　　　　　　　制单人：张进

固定资产折旧计算表 31-1

【业务 32】

职工工资分配表

2020年12月30日

金额单位：元

应借账户	成本或费用项目	工资费用
生产车间	男衬衫	直接人工	192 000.00
	女衬衫	直接人工	108 000.00
	小计		300 000.00
制造费用	生产车间	工资	30 395.00
管理费用		工资	75 385.00
销售费用		工资	32 500.00
合计			438 280.00

审核：周天昊　　　　　　　　　　　　　　编制人：张进

职工工资分配表 32-1

【业务 33】

制造费用分配表

2020年12月30日

金额单位（元）

产品名称	分配标准（生产工人工资）	分配率	分配金额
男衬衫	192 000.00		48 000.00
女衬衫	108 000.00		27 000.00
合计	300 000.00	0.25	75 000.00

审核人：周天昊　　　　　　　　　　　　　　　制单人：张进

制造费用分配表 33-1

【业务 34】

完工产品成本汇总表

2020年12月30日

金额单位：元

产品名称	单位	产量	直接材料	直接人工	制造费用	总成本	单位成本
男衬衫	件	8000	600000.00	192000.00	48000.00	840000.00	105.00
女衬衫	件	5000	360000.00	108000.00	27000.00	495000.00	99.00
合计		13000	960000.00	300000.00	75000.00	1335000.00	

审核人：周天昊　　　　　　　　　　　　　　　制单人：张进

完工产品成本汇总表 34-1

【业务 35】

产品销售成本计算表

2020年12月30日

金额单位：元

产品	销售数量（件）	单位成本	金额	备注
男衬衫	8000	105.00	840 000.00	
女衬衫	7000	99.00	693 000.00	
合计	15000		1 533 000.00	

审核：周天昊　　　　　　　　　　　　　　　制单：张进

产品销售成本计算表 35-1

【业务36】

材料销售成本计算表

2020年12月30日

金额单位：元

材料名称	销售数量（米）	单位成本	金额	备注
天丝亚麻棉	1000	50.00	50 000.00	
合计	1000		50 000.00	

审核：周天昊　　　　　　　　　　　　　　　　　制单：张进

材料销售成本计算表 36-1

【业务37】

库存现金盘点报告表

2020年 12月 30 日　　　　　　　　　　　金额单位：元

| 实存金额 | 账存金额 | 对比结果 ||| 财务部门记账联 |
		相符	盘盈	盘亏	
602.6	722.6			120	
原因及处理意见	原因待查				
审批意见					

盘点人：张进　　　　　　　　　　　　　　出纳：王清

库存现金盘点报告表（记账联）37-1

【业务 38】

实存账存对比表

2020年12月30日　　　　　　　　　　　　　　　　　　　　金额单位：元

编号	名称	规格	计量单位	单价	实存 数量	实存 金额	账存 数量	账存 金额	盘盈 数量	盘盈 金额	盘亏 数量	盘亏 金额
CL1001	天丝亚麻棉		米	50.00	5958	297900.00	5960	298000.00			2	100.00
CL1002	真丝乔其纱		米	60.00	6925	415500.00	6975	418500.00			50	3000.00

原因及处理意见：原因待查

审批意见：

盘点人：陈娟　　　　　　　　　　　　　　会计：张进

实存账存对比表 38-1

【业务 39】

城市维护建设税、教育费附加和地方教育费附加计算表

2020 年 12 月 31 日　　　　　　　　　　　　　　金额单位：元

税种＼项目	计税依据 增值税	消费税	合计	税率	应纳税额
城市维护建设税	262006.00			7%	18340.42
教育费附加	262006.00			3%	7860.18
地方教育费附加	262006.00			2%	5240.12
合计	262006.00				31440.72

审核：周天昊　　　　　　　　　　　　　制单：张进

城市维护建设税、教育费附加和地方教育费附加计算表 39-1

【业务 40】

长沙远东服饰有限公司应付利息计提表

2020年12月31日　　　　　　　　　　　　　　　金额单位：元

序号	贷款银行	借款种类	借款时间	借款金额	年利率	本月利息
	中国建设银行长沙远大支行	生产周转借款	二年	800 000.00	6.00%	4 000.00
	合计					4 000.00

审核：周天昊　　　　　　　　　　　　　制表人：张进

应付利息计提表 40-1

【业务41】

库存现金盘点报告表

2020年12月31日　　　　　　　金额单位：元

实存金额	账存金额	对比结果		
		相符	盘盈	盘亏
602.6	722.6			120

原因及处理意见：出纳工作疏忽所致，由出纳赔偿100元，由企业承担20元。　　会计主管：周天昊 2020.12.31

审批意见：同意处理意见。　　总经理：赵远洋 2020.12.31

盘点人：张进　　　　　出纳：王清

库存现金盘点报告表（批复联）41-1

【业务42】

实存账存对比表

2020年12月31日　　　　　　　金额单位：元

编号	名称	规格	计量单位	单价	实存 数量	实存 金额	账存 数量	账存 金额	盘盈 数量	盘盈 金额	盘亏 数量	盘亏 金额
CL1001	天丝亚麻锦		米	50.00	5958	297 900.00	5960	298 000.00			2	100.00
CL1002	真丝乔其纱		米	60.00	6925	297 900.00	6975	298 000.00			50	3000.00

原因及处理意见：盘亏天丝亚麻锦属于定额内损耗；盘亏真丝乔其纱保管失职所致，由其赔偿60元，企业承担40元。　　会计主管：周天昊 2020.12.31

审批意见：同意处理意见。　　总经理：赵远洋 2020.12.31

盘点人：陈娟　　　　　会计：张进

实存账存对比表（批复联）42-1

【业务43】

应交增值税计算表

2020年12月31日　　　　　　　金额单位：元

项目	本月进项税额	已交税金	本月销项税额	进项税额转出	本月未交增值税
增值税	198 194.00		460 200.00		262 006.00
合计	198 194.00		460 200.00		262 006.00

审核：周天昊　　　　　　　　　　　　　　　制单人：张进

应交增值税计算表 43-1

295

【业务44】

损益类账户结转表

2020 年 12 月 31 日　　　　　　　　　　　　　　　金额单位：元

账户名称	借方发生额	贷方发生额
主营业务收入		346 000.00
其他业务收入		80 000.00
营业外收入		8000.00
主营业务成本	1 533 000.00	
其他业务成本	50 000.00	
营业外支出	40 000.00	
税金及附加	31 440.72	
管理费用	104 350.30	
销售费用	54 130.00	
财务费用	4000.00	
合计	1 816 921.02	3 543 000.00

损益类账户结账表 44-1

【业务45】

企业所得税计算表

2020年12月31日　　　　　　　　　　　　　　　金额单位：元

利润总额	调增金额	调减金额	应纳税所得额	所得税率	应纳所得税额
1726078.98			1 726 078.98	25.00%	431 519.75
合计					431 519.75

审核：周天昊　　　　　　　　　　　　　　制单人：张进

企业所得税计算表 45-1

【业务 46】

12月31日，结转全年实现的净利润。原始凭证：（无）。

【业务 47】

盈余公积计提表

2020年12月31日

金额单位：元

项目	分配基数	分配比例	分配额
法定盈余公积	3 375 600.00	10%	3 375 60.00
任意盈余公积	3 375 600.00	5%	168 780.00
合计			506 340.00

审核：周天昊　　　　　　　　　　　　　　　　　　　　制表：张进

盈余公积计提表 47-1

【业务 48】

应付股利计算表

2020年12月31日

金额单位：元

项　　目	分配比例
计提依据（净利润）	3 375 600.00
向投资者分配比例	40%
应付股利	1 350 240.00

会计主管：周天昊　　　　　　　　　　　　　　　　　　制表：张进

应付股利计算表 48-1

【业务 49】

12月31日，结转"利润分配"所属明细账户。
原始凭证：（无）。

附录

　　本附录原始凭证系《会计职业基础——"教、学、做"一体化实用教程》项目三中任务三填制企业主要经济业务记账凭证经济业务的原始凭证，便于学生在学习时同步使用。项目三中编制的记账凭证为项目四登记会计账簿提供的资料；项目四登记的会计账簿为项目五对账和结账，以及项目六编制财务报表提供的资料；项目三、项目四、项目六的会计凭证、会计账簿、会计报表为项目八整理和保管会计档案提供的资料。整个学习过程让学生将书本上平面的凭证、账簿、报表以立体的方式呈现，巩固所学的知识，真正实现"教、学、做"合一。需要以下实训耗材：

1. 记账凭证 50 张；
2. 总账 1 本；
3. 现金日记账、银行存款日记账各 1 张；
4. 三栏式明细账 4 张；
5. 数量金额式明细账 6 张；
6. 生产成本明细账 2 张；
7. 多栏式明细账 4 张；
8. 应交税费（增值税）明细账 1 张；
9. 科目汇总表 3 张；
10. 账夹 1 个，螺丝钉 2 个；
11. 会计凭证封面、封底、包角纸各 1 张；
12. 装订线、装订针、胶水、长尾夹。

【业务 3-3-1】

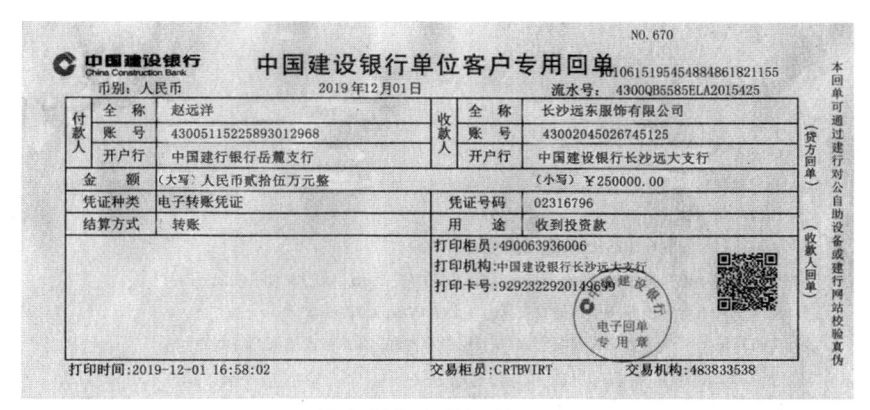

网上银行支付回单 1-1

股东投资入股协议书

甲 方：长沙远东服饰有限公司　　乙 方：赵远洋（自然人）

经甲、乙双方协商，就乙方入股给甲方发展产业，甲、乙双方本着公平、平等、互利的原则订立合作协议如下：

第一条 长沙远东服饰有限公司由自然人赵远洋和张东凯于 2018 年 7 月共同投资成立，注册资本肆佰万元，两人分别占公司股份的 50%。2019 年 12 月 01 日，赵远洋向长沙远东服饰有限公司追加投资人民币贰拾伍万元整（￥250,000.00）。

第二条 本协议各方的权利和义务

根据《公司法》的规定组成股东大会及董事会，投资各方承诺公司的机构及其产生办法、职权、议事规则、法定代表人的担任和财务会计按照《公司法》等国家相关法律规定制定。

第三条 本协议的修改、变更和终止

1．本协议一经签订，投资各方不得中途撤股、撤资，但允许投资各方之间或与其他投资股东实行购买、转让、合并等。

2．对本协议及其补充协议所作的任何修改、变更，须经投资各方共同在书面协议上签字方能生效。

第四条 违约责任

投资各方如有不按期履行本协议约定的出资义务的，则视作违约方单方终止本协议，其他守约方有权共同书面决定消违约方的股东资格。违约方所出的投资金额将作为违约金赔偿给守约方；违约方未出资的，其他守约方有权共同书面决定消违约方的股东资格，并有权按照违约方应当出资额追究违约方的违约责任。

第五条 争议的解决

凡因执行本协议所发生的或与本协议有关的一切争议，双方应通过友好协商解决；如果协商不能解决的，则任何各方均有权通过诉讼途径解决。

第六条 本协议自投资各方签字之日起生效。一式 贰 份，每方各执 壹 份，每份具有同等法律效力。

甲方盖章：　　　　　　　　　　　　　　乙方签字：赵远洋

2019 年 12 月 01 日　　　　　　　　　　2019 年 12 月 01 日

股东投资入股协议书 1-2

【业务 3-3-2】

固定资产验收单

2019年12月01日　　　　　　　　　　　　编号：第1018号

固定资产名称	型号	计量单位	数量	来源			
生产设备（自动裁衣机）		台	1	股东张东凯追加投资			
总价	价值	安装费	运杂费	其他	合计	预计使用年限	净残值率	月折旧率
	250 000.00				250 000.00	10	4%	0.80%
验收意见	合格	验收人签章	尉娟	保管使用人签章	尉娟		
备注							

固定资产验收单 2-1

股东投资入股协议书

甲　方：长沙远东服饰有限公司　　乙　方：张东凯（自然人）

经甲、乙双方协商，就乙方入股给甲方发展产业，甲、乙双方本着公平、平等、互利的原则订立合作协议如下：

第一条　长沙远东服饰有限公司由自然人赵远洋和张东凯于2018年7月共同投资成立，注册资本肆佰万元，两人分别占公司股份的50%。2019年12月1日，张东凯向长沙远东服饰有限公司追加投资生产设备自动裁衣机一台，设备价值以投资日的市场价格为准，价值为人民币贰拾伍万元整（￥250,000.00），由投资方提供资产评估报告。

第二条　本协议各方的权利和义务

根据《公司法》的规定组成股东大会及董事会，投资各方承诺公司的机构及其产生办法、职权、议事规则、法定代表人的担任和财务会计按照《公司法》等国家相关法律规定制定。

第三条　本协议的修改、变更和终止

1．本协议一经签订，投资各方不得中途撤股、撤资，但允许投资各方之间或与其他投资股东实行购买、转让、合并等。

2．对本协议及其补充协议所作的任何修改、变更，须经投资各方共同在书面协议上签字方能生效。

第四条　违约责任

投资各方如有不按期履行本协议约定的出资义务的，则视作违约方单方终止本协议，其他守约方有权共同书面决定取消违约方的股东资格，违约方所出的投资金额将作为违约金赔偿给守约方；违约方未出资的，其他守约方有权共同书面决定取消违约方的股东资格，并有权按照违约方应当出资额追究违约方的违约责任。

第五条　争议的解决

凡因执行本协议所发生的或与本协议有关的一切争议，双方应通过友好协商解决；如果协商不能解决的，则任何各方均有权通过诉讼途径解决。

第六条　本协议自投资各方签字之日起生效。一式　贰　份，每方各执　壹　份，每份具有同等法律效力。

甲方盖章：（长沙远东服饰有限公司 盖章）　　乙方签字：张东凯
2019年12月01日　　　　　　　　　　　　2019年12月01日

股东投资入股协议书 2-2

湖南鹏程资产评估事务所资产评估报告

鹏程[2019]字第 138 号

湖南鹏程资产评估事务所接受张东凯的委托,对其投入的生产设备自动裁衣机一台进行评估。本公司评估人员根据国家有关资产评估的规定,本着独立、客观、公正、科学的原则,按照公认的资产评估方法,实施了包括实地查勘、市场调查与询证、评定估算等必要的资产评估方法,对张东凯投入的生产设备自动裁衣机在评估基准日时所表现的价值做出了公允反映。现将评估情况及评估结果简要报告如下:

一、评估委托方:张东凯。

二、产权持有者:张东凯。

三、评估目的:为委托方资产投资提供价值参考依据。

四、评估范围与对象:张东凯所申报的固定资产。

五、评估基准日:2019 年 12 月 01 日。

六、评估方法:本次评估主要采用成本法。

七、评估结论:在评估基准日 2019 年 12 月 01 日,委托方估资产的评估值为 250,000.00 元,人民币大写为贰拾伍万元整。

八、本评估结论的有效使用期限自评估基准日 2019 年 12 月 01 日起至 2020 年 12 月 01 日止。

评估报告的使用者应关注特别事项及使用限制对评估结论所产生的影响。

评估报告成立的前提、假设条件、特别事项说明及使用限制说明详见资产评估报告书正文。

本评估报告书仅供委托方及"资产评估业务约定书"中约定的评估报告其他使用者为本次评估目的的参考使用和送交资产评估主管机关审查使用。我们只对评估结论本身符合职业规范要求负责,而不对报告使用者业务定价决策负责。

湖南鹏程资产评估事务所
湖南·长沙

法定代表人:张启鹏
注册资产评估师:
二〇一九年十二月

资产评估报告 2-3

【业务 3-3-3】

中国建设银行借款借据

2019年12月01日　　编号:00963521

借款单位名称	长沙远东服饰有限公司	账号	43002045026745125
贷款金额	人民币 伍拾万元整(大写)		¥ 500000000
用途	流动资金周转借款	期限 1年 / 年利率 6% / 借款合同号码 / 约定还款时间 2020年11月30日	

上列借款已批准发放,已存入你单位存款账户。

复核:　　　记账:　　　银行盖章:

此联由银行签章后退回借款单位收执

借款借据 3-1

中国建设银行流动资产借款合同

借款人：(下简称甲方) 长沙远东服饰有限公司

贷款人：(下简称乙方) 中国建设银行长沙远大支行

甲方因扩大生产经营活动，向乙方借款，经双方友好协商，特订立本合同，并共同遵守执行。

一、借款金额： 人民币伍拾万元整

二、借款期限：从 2019 年 12 月 01 日至 2020 年 11 月 30 日止，借款期限为 12 月。借款到期后如双方无异议，则本借款合同可顺延，顺延期限另行约定。

三、借款利息为年利率 6%。

四、借款用途：借款方应按协议使用贷款，不得转移用途，否则，乙方有权停止发放新贷款，直至收回已发放的贷款。

五、借款偿还：

1．如甲方不能按期还款，最迟在借款到期前十五天应向乙方提出延期申请，届时乙方可在双方协商的基础上决定是否延期。

2．如乙方临时需要收回借款，应提前十五天向甲方提出还款申请。

六、违约和违约处理：

1．甲方不按合同规定的用途使用借款，乙方有权收回部分或全部贷款。

2．乙方应按期、按额向甲方提供贷款，否则，按违约数额和延期天数，付给甲方违约金。违约金数额的计算利率与逾期贷款罚息的计算利率相同，为每日万分之五。

七、合同生效：本合同经甲、乙双方签字(盖章)后生效。本合同共贰份，双方各执壹份。本合同若有其他未及事宜，双方进一步商定补充条款。

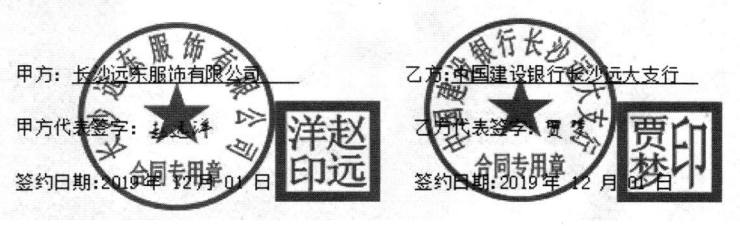

甲方： 长沙远东服饰有限公司　　　　乙方：中国建设银行长沙远大支行

甲方代表签字：赵远洋　　　　　　　乙方代表签字：贾赫

签约日期：2019年12月01日　　　　签约日期：2019年12月01日

借款合同 3-2

【业务 3-3-4】

长沙远东服饰有限公司应付利息计提表

2019年12月1日　　　　　　　　　　　　　　　　　　　金额单位：元

序号	贷款银行	借款种类	借款时间	借款金额	年利率	本月利息
1	中国建设银行长沙远大支行	生产周转借款	一年	500 000.00	6.00%	2 500.00
	合计					2 500.00

审核：周天昊　　　　　　　　　　　　　　　　　　　　制表人：张进

应付利息计提表 4-1

【业务 3-3-5】

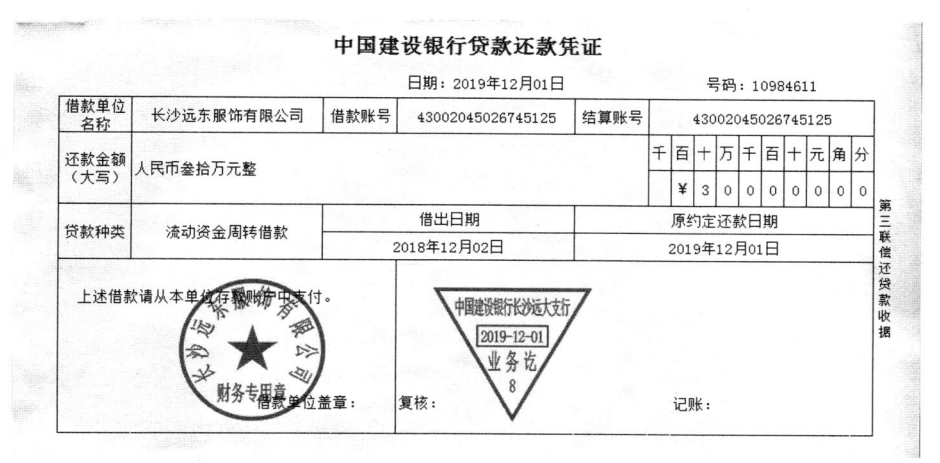

中国建设银行贷款还款凭证

日期：2019年12月01日　　号码：10984611

借款单位名称	长沙远东服饰有限公司	借款账号	43002045026745125	结算账号	43002045026745125
还款金额（大写）	人民币叁拾万元整				¥300000.00
贷款种类	流动资金周转借款	借出日期 2018年12月02日		原约定还款日期 2019年12月01日	

上述借款请从本单位存款账户中支付。

借款单位盖章：（长沙远东服饰有限公司 财务专用章）
银行盖章：（中国建设银行长沙大支行 2019-12-01 业务讫 8）
复核：　　记账：

第三联 借还贷款收据

贷款还款凭证 5-1

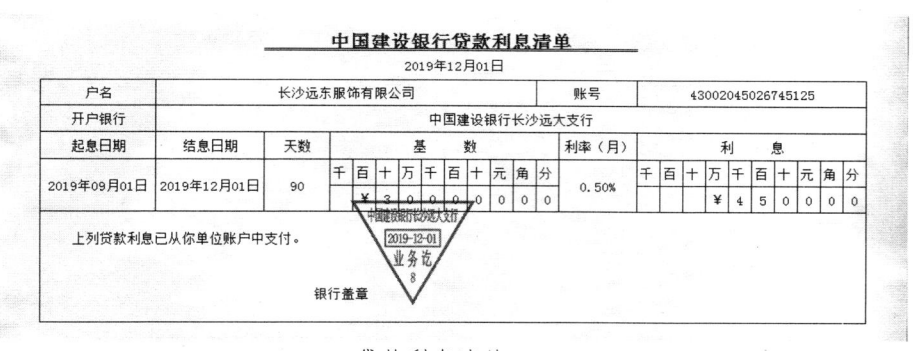

中国建设银行贷款利息清单

2019年12月01日

户名	长沙远东服饰有限公司	账号	43002045026745125
开户银行	中国建设银行长沙远大支行		
起息日期	结息日期	天数	基数　　利率（月）　　利息
2019年09月01日	2019年12月01日	90	¥300000.00　0.50%　¥4500.00

上列贷款利息已从你单位账户中支付。

银行盖章：（中国建设银行长沙远大支行 2019-12-01 业务讫 8）

贷款利息清单 5-2

【业务 3-3-6】

湖南增值税专用发票

4300174748　　No 00129587

机器编码：889902611547　　开票日期：2019年12月02日

密码区：03-874-2392-42>->-34*31<066> 92289>2217*>/29262735*25*83- +16985--99>7>1671*7*/2<66-93 2<-*264/5-018-6/0/4<+>+/+3+2

购买方：
名称：长沙远东服饰有限公司
纳税人识别号：914305412824151968
地址、电话：长沙市芙蓉区远大路256号 0731-84588790
开户行及账号：中国建设银行长沙远大支行 43002045026745125

货物或应税劳务、服务名称	规格型号	单位	数量	单价	金额	税率	税额
*机械设备*衬衫整烫机		台	1	120000.00	120000.00	13%	15600.00
合计					¥120000.00		¥15600.00

价税合计（大写）：壹拾叁万伍仟陆佰圆整　（小写）¥135600.00

销售方：
名称：长沙威士机械有限公司
纳税人识别号：91430356140285125P
地址、电话：长沙市韶山中路436号 0731-88136654
开户行及账号：中国工商银行神龙支行 1901000568410012485

收款人：刘贝贝　复核：叮当　开票人：刘琦

校验码：58656 59950 40989 856

（长沙威士机械有限公司 发票专用章 91430356140285125P）

增值税专用发票（发票联）6-1

311

固定资产验收单

2019年12月02日　　　　　　　编号：第1019号

固定资产名称	型号	计量单位	数量	来源			
衬衫整烫机		台	1	购入			
总价	价值	安装费	运杂费	其他	合计	预计使用年限	净残值率	月折旧率
	120 000.00				120 000.00	10	4%	0.8%
验收意见	合格	验收人签章	陈娟	保管使用人签章	陈娟			
备注								

固定资产验收单 6-2

中国建设银行 转账支票存根
10504315
01630650

附加信息

出票日期 2019 年 12 月 02 日
收款人：长沙威士机械有限公司
金　额：￥135600.00
用　途：购买衬衫整烫机
单位主管 周天昊　会计 张进

转账支票存根 6-3

商品购销合同

甲方（购货方）：　长沙远东服饰有限公司
乙方（销货方）：　长沙威士机械有限公司

根据《中华人民共和国合同法》及有关法律、法规规定，甲、乙双方本着平等、自愿、公平、互惠互利和诚实守信的原则，就产品供销的有关事宜协商一致订立本合同，以便共同遵守。

一、合同价款及付款方式：

本合同总价款为人民币　壹拾叁万伍仟陆佰元整　（￥135 600.00），签订合同后甲方支付货款人民币（￥135 600.00）。

商品于　当日　发出。

二、产品质量：

1、乙方保证所提供的产品货真价实，来源合法，无任何法律纠纷和质量问题，如果乙方所提供产品与第三方出现了纠纷，由此引起的一切法律后果均由乙方承担。

2、购销商品明细

商品名称	单位	数量	单价（含税）	金额（含税）
衬衫整烫机	台	1	135 600.00	135 600.00
合计				135 600.00

三、违约责任

1、甲乙双方均应全面履行本合同约定，一方违约给另一方造成损失的，应当承担赔偿责任。

2、甲方未按照合同约定的期限结算的，应按照中国人民银行有关延期付款的规定，延迟一日，需支付结算货款的万分之五的违约金;延迟 10 日以上的，除支付违约金外，乙方有权解除合同。

3、甲方不得无故拒绝接收货物，否则应当承担由此造成的损失和运输费用。

4、合同解除后，双方应当按照本合同的约定进行对账和结算。

四、其他约定事项

本合同一式两份，自双方签字之日起生效。如果出现纠纷，双方均可向有管辖权的人民法院提起诉讼。

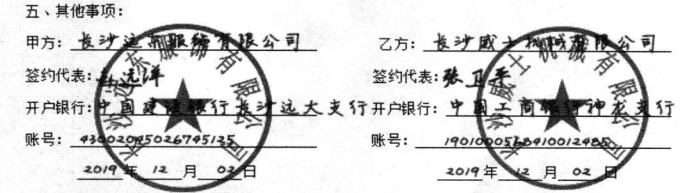

五、其他事项：

甲方：长沙远东服饰有限公司　　乙方：长沙威士机械有限公司
签约代表：陈远洋　　　　　　　签约代表：张正丰
开户银行：中国建设银行长沙远大支行　开户银行：中国工商银行冲农支行
账号：436020450267145125　　　账号：1901000584100124855
2019 年 12 月 02 日　　　　　　2019 年 12 月 02 日

商品购销合同 6-4

【业务 3-3-7】

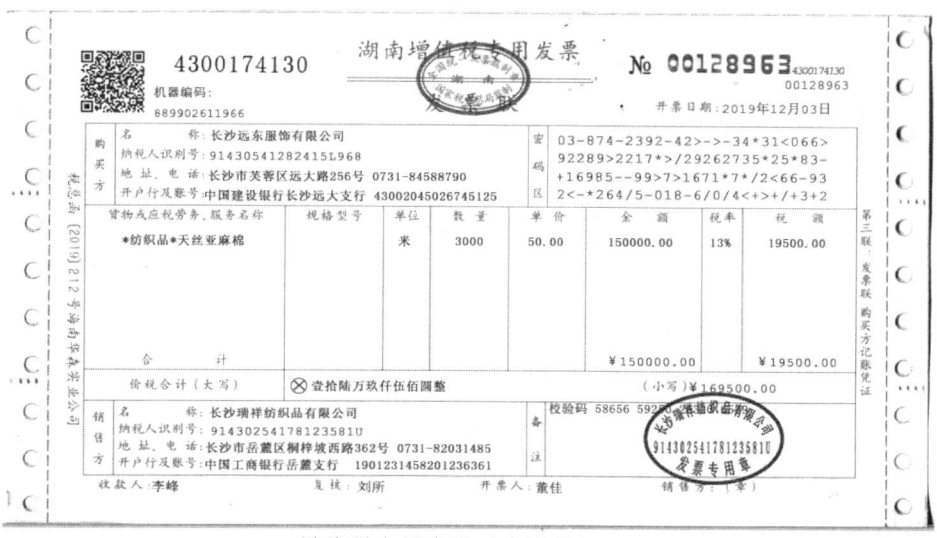

增值税专用发票（发票联）7-1

收料单 7-2

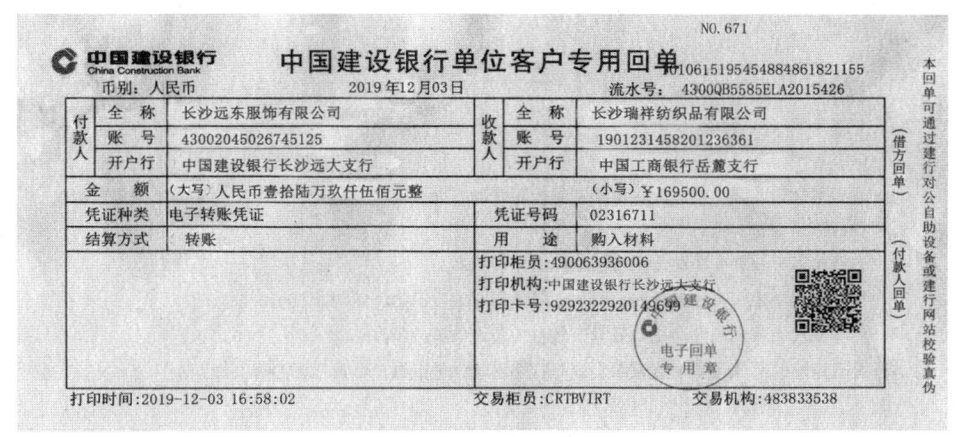

网上银行支付回单 7-3

商品购销合同

甲方（购货方）： 长沙远东服饰有限公司
乙方（销货方）： 长沙瑞祥纺织品有限公司

根据《中华人民共和国合同法》及有关法律、法规规定，甲、乙双方本着平等、自愿、公平、互惠互利和诚实守信的原则，就产品供销的有关事宜协商一致订立本合同，以便共同遵守。

一、合同价款及付款方式：

本合同总价款为人民币 壹拾陆万玖仟伍佰元整 （￥169 500.00），签订合同后支付货款人民币（￥169 500.00）。

商品于 当日 发出。

二、产品质量：

1．乙方保证所提供的产品货真价实，来源合法，无任何法律纠纷和质量问题，如果乙方所提供产品与第三方出现了纠纷，由此引起的一切法律后果均由乙方承担。

2．购销商品明细

商品名称	单位	数量	单价（含税）	金额（含税）
天丝亚麻棉	米	3000	56.50	169 500.00
合计				169 500.00

三、违约责任

1．甲乙双方均应全面履行本合同约定，一方违约给另一方造成损失的，应当承担赔偿责任。

2．甲方未按照合同约定的期限结算的，应按照中国人民银行有关延期付款的规定，延迟一日，需支付结算货款的万分之五的违约金；延迟 10 日以上的，除支付违约金外，乙方有权解除合同。

3．甲方不得无故拒绝接收货物，否则应当承担由此造成的损失和运输费用。

4．合同解除后，双方应当按照本合同的约定进行对账和结算。

四、其他约定事项

本合同一式两份，自双方签字之日起生效。如果出现纠纷，双方均可向有管辖权的人民法院提起诉讼。

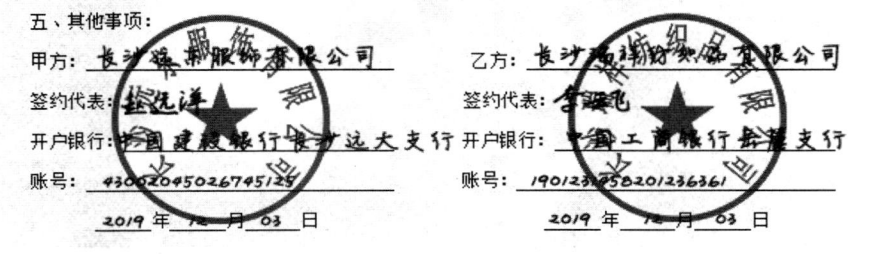

五、其他事项

甲方： 长沙远东服饰有限公司　　　乙方： 长沙瑞祥纺织品有限公司
签约代表： 张远洋　　　　　　　　签约代表： 李瑞礼
开户银行： 中国建设银行长沙远大支行　开户银行： 中国工商银行长沙支行
账号： 43052045026745125　　　账号： 19012375820l236361
2019 年 12 月 03 日　　　　　　2019 年 12 月 03 日

商品购销合同 7-4

附录

【业务 3-3-8】

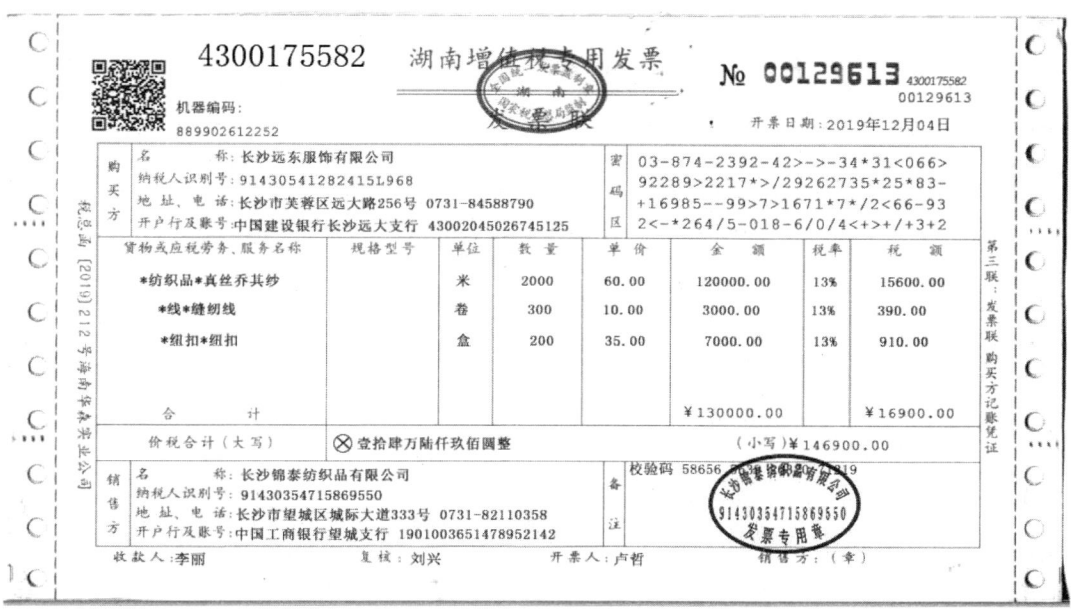

湖南增值税专用发票

发票代码：4300175582
发票号码：No 00129613
机器编码：889902612252
开票日期：2019年12月04日

购买方
名称：长沙远东服饰有限公司
纳税人识别号：91430541282415L968
地址、电话：长沙市芙蓉区远大路256号 0731-84588790
开户行及账号：中国建设银行长沙远大支行 4300204502 6745125

密码区：
03-874-2392-42>->-34*31<066>
92289>2217*>/29262735*25*83-
+16985--99>7>1671*7*/2<66-93
2<-*264/5-018-6/0/4<+>+/+3+2

货物或应税劳务、服务名称	规格型号	单位	数量	单价	金额	税率	税额
*纺织品*真丝乔其纱		米	2000	60.00	120000.00	13%	15600.00
*线*缝纫线		卷	300	10.00	3000.00	13%	390.00
*纽扣*纽扣		盒	200	35.00	7000.00	13%	910.00
合计					￥130000.00		￥16900.00

价税合计（大写）：壹拾肆万陆仟玖佰圆整　（小写）￥146900.00

销售方
名称：长沙锦泰纺织品有限公司
纳税人识别号：91430354715869550
地址、电话：长沙市望城区城际大道333号 0731-82110358
开户行及账号：中国工商银行望城支行 1901003651478952142

校验码：58656...

收款人：李丽　　复核：刘兴　　开票人：卢哲　　销售方：（章）

增值税专用发票（发票联）8-1

收料单

2019年12月04日　　编号：第1153号

供应单位：长沙锦泰纺织品有限公司
材料类别：原料及主要材料　　收料仓库：材料库　　金额单位：元

材料编号	材料名称	规格	计量单位	数量应收	数量实收	买价单价	买价发票金额	运杂费	实际成本合计	单位成本
CL1002	真丝乔其纱		米	2000	2000	60.00	120 000.00		120 000.00	60.00
合计									120 000.00	60.00

备注：
采购：杨浩　　会计：张进　　收料：陈娟

收料单 8-2

收料单

2019年12月04日　　编号：第1154号

供应单位：长沙锦泰纺织品有限公司
材料类别：辅助材料　　收料仓库：材料库　　金额单位：元

材料编号	材料名称	规格	计量单位	数量应收	数量实收	买价单价	买价发票金额	运杂费	实际成本合计	单位成本
CL1003	缝纫线		卷	300	300	10.00	3000.00		3000.00	10.00
CL1004	纽扣		盒	200	200	35.00	7000.00		7000.00	35.00
合计									10 000.00	

备注：
采购：杨浩　　会计：张进　　收料：陈娟

收料单 8-3

商品购销合同

甲方（购货方）： 长沙远东服饰有限公司
乙方（销货方）： 长沙锦泰纺织品有限公司

根据《中华人民共和国合同法》及有关法律、法规规定，甲、乙双方本着平等、自愿、公平、互惠互利和诚实守信的原则，就产品供销的有关事宜协商一致订立本合同，以便共同遵守。

一、合同价款及付款方式：

本合同总价款为人民币 壹拾肆万陆仟玖佰元整 （￥146 900.00），签订合同后，甲方于 60天内 支付货款。

商品于 当日 发出。

二、产品质量：

1．乙方保证所提供的产品货真价实，来源合法，无任何法律纠纷和质量问题，如果乙方所提供产品与第三方出现了纠纷，由此引起的一切法律后果均由乙方承担。

2．购销商品明细

商品名称	单位	数量	单价（含税）	金额（含税）
真丝乔其纱	米	2000	67.80	135 600.00
缝纫线	卷	300	11.30	3390.00
纽扣	盒	200	39.55	7910.00
合计				146 900.00

三、违约责任

1．甲乙双方均应全面履行本合同约定，一方违约给另一方造成损失的，应当承担赔偿责任。

2．甲方未按照合同约定的期限结算的，应按照中国人民银行有关延期付款的规定，延迟一日，需支付结算货款的万分之五的违约金;延迟 10 日以上的，除支付违约金外，乙方有权解除合同。

3．甲方不得无故拒绝接收货物，否则应当承担由此造成的损失和运输费用。

4．合同解除后，双方应当按照本合同的约定进行对账和结算。

四、其他约定事项

本合同一式两份，自双方签字之日起生效。如果出现纠纷，双方均可向有管辖权的人民法院提起诉讼。

五、其他事项：

甲方： 长沙远东服饰有限公司　　　乙方： 长沙锦泰纺织品有限公司
签约代表：赵远洋　　　　　　　　签约代表：张晓港
开户银行：中国建设银行长沙远大支行　开户银行：中国工商银行望城支行
账号：43002845026745128　　　　账号：19010036978952142
2019 年 12 月 04 日　　　　　　　2019 年 12 月 04 日

商品购销合同 8-4

【业务 3-3-9】

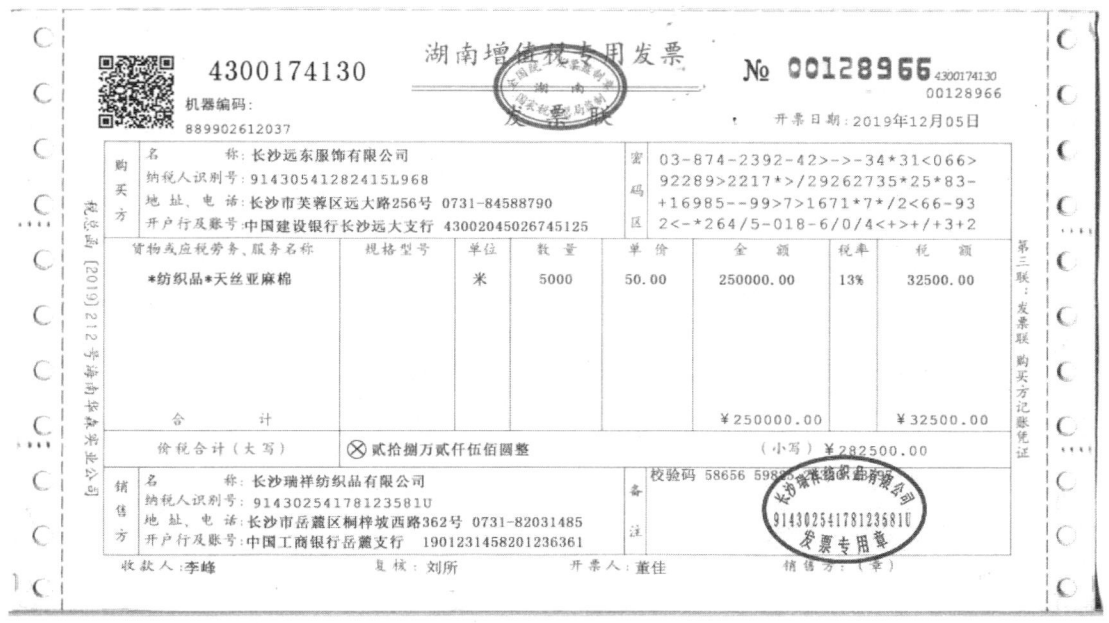

增值税专用发票（发票联）9-1

转账支票存根 9-2

商品购销合同

甲方（购货方）： 长沙远东服饰有限公司
乙方（销货方）： 长沙瑞祥纺织品有限公司

根据《中华人民共和国合同法》及有关法律、法规规定，甲、乙双方本着平等、自愿、公平、互惠互利和诚实守信的原则，就产品供销的有关事宜协商一致订立本合同，以便共同遵守。

一、合同价款及付款方式：

本合同总价款为人民币 贰拾捌万贰仟伍佰元整 （￥282 500.00），签订合同后支付货款人民币（￥282 500.00）。

商品于 60天内 发出。

二、产品质量：

1．乙方保证所提供的产品货真价实，来源合法，无任何法律纠纷和质量问题，如果乙方所提供产品与第三方出现了纠纷，由此引起的一切法律后果均由乙方承担。

2．购销商品明细

商品名称	单位	数量	单价（含税）	金额（含税）
天丝亚麻棉	米	5000	56.50	282 500.00
合计				282 500.00

三、违约责任

1．甲乙双方均应全面履行本合同约定，一方违约给另一方造成损失的，应当承担赔偿责任。

2．甲方未按照合同约定的期限结算的，应按照中国人民银行有关延期付款的规定，延迟一日，需支付结算货款的万分之五的违约金;延迟 10 日以上的，除支付违约金外，乙方有权解除合同。

3．甲方不得无故拒绝接收货物，否则应当承担由此造成的损失和运输费用。

4．合同解除后，双方应当按照本合同的约定进行对账和结算。

四、其他约定事项

本合同一式两份，自双方签字之日起生效。如果出现纠纷，双方均可向有管辖权的人民法院提起诉讼。

五、其他事项：

甲方：长沙远东服饰有限公司　　乙方：长沙瑞祥纺织品有限公司
签约代表：赵远洋　　　　　　　签约代表：李诚龙
开户银行：中国建设银行长沙远大支行　开户银行：中国工商银行岳麓支行
账号：43002085026745125　　　账号：1901231458201236361
2019 年 12 月 05 日　　　　　　2019 年 12 月 05 日

商品购销合同 9-3

附录 <<<

【业务 3-3-10】

增值税专用发票（发票联）10-1

号码	4200175287	湖北增值税专用发票	No 00129052	4200175287 00129052

机器编码：889902616685　　开票日期：2019年12月06日

购买方：
- 名称：长沙远东服饰有限公司
- 纳税人识别号：91430541282415L968
- 地址、电话：长沙市芙蓉区远大路256号 0731-84588790
- 开户行及账号：中国建设银行长沙远大支行 43002045026745125

密码区：
03-874-2392-42>->-34*31<066
92289>2217*>/29262735*25*83
+16985--99>7>1671*7*/2<66-93
-<-*264/5-018-6/0/4<+>+/+3+2

货物或应税劳务、服务名称	规格型号	单位	数量	单价	金额	税率	税额
*纺织品*天丝亚麻棉		米	4000	49.80	199200.00	13%	25896.00
合　计					¥199200.00		¥25896.00

价税合计（大写）：贰拾贰万伍仟零玖拾陆圆整　　（小写）¥225096.00

销售方：
- 名称：武汉三彩纺织品有限公司
- 纳税人识别号：93265111487920022D
- 地址、电话：武汉市江汉区建设大道709号 027-65775214
- 开户行及账号：中国建设银行武汉东湖支行 43005286325893021587

校验码 58656 598...

收款人：陆永华　　复核：周伟波　　开票人：邓茹菲　　销售方：（章）

增值税专用发票（发票联）10-1

增值税普通发票（发票联）10-2

号码	042001804417	湖北增值税普通发票	No 09328174	042001804417 09328174

机器编码：889911248021　　开票日期：2019年12月06日

购买方：
- 名称：长沙远东服饰有限公司
- 纳税人识别号：91430541282415L968
- 地址、电话：长沙市芙蓉区远大路256号 0731-84588790
- 开户行及账号：中国建设银行长沙远大支行 43002045026745125

密码区：
03-874-2392-42>->-34*31<066
92289>2217*>/29262735*25*83
+16985--99>7>1671*7*/2<66-9
2<-*264/5-018-6/0/4<+>+/+3+

货物或应税劳务、服务名称	规格型号	单位	数量	单价	金额	税率	税额
*运输服务*运输费用					776.70	3%	23.30
合　计					¥776.70		¥23.30

价税合计（大写）：捌佰圆整　　（小写）¥800.00

销售方：
- 名称：湖北武汉路通运输公司
- 纳税人识别号：93265152967925217
- 地址、电话：武汉市江汉区建设大道115号 027-65965637
- 开户行及账号：中国建设银行武汉东湖支行 43005157425892263512

校验码 14494 32...

收款人：李洲　　复核：陈霞　　开票人：夏佩佩　　销售方：（章）

增值税普通发票（发票联）10-2

收料单

2019年12月06日

- 供应单位：武汉三彩纺织品有限公司
- 编号：第1155号
- 材料类别：原料及主要材料
- 收料仓库：材料库
- 金额单位：元

材料编号	材料名称	规格	计量单位	数量应收	数量实收	买价单价	买价发票金额	运杂费	实际成本合计	单位成本
CL1001	天丝亚麻棉		米	4000	4000	49.80	199 200.00	800.00	200 000.00	50.00
合　计									200 000.00	50.00

备注：

采购：杨洁　　会计：张进　　收料：陈娟

收料单 10-3

327

商品购销合同

甲方（购货方）： 长沙远东服饰有限公司
乙方（销货方）： 武汉三彩纺织品有限公司

根据《中华人民共和国合同法》及有关法律、法规规定，甲、乙双方本着平等、自愿、公平、互惠互利和诚实守信的原则，就产品供销的有关事宜协商一致订立本合同，以便共同遵守。

一、合同价款及付款方式：

本合同总价款为人民币 贰拾贰万伍仟零玖拾陆元整 （￥225 096.00），签订合同后乙方支付货款人民币（￥225 096.00）。

运费由甲方承担。

商品于 当日 发出。

二、产品质量：

1．乙方保证所提供的产品货真价实，来源合法，无任何法律纠纷和质量问题，如果乙方所提供产品与第三方出现了纠纷，由此引起的一切法律后果均由乙方承担。

2．购销商品明细

商品名称	单位	数量	单价（含税）	金额（含税）
天丝亚麻棉	米	4000	56.274	225 096.00
合计				225 096.00

三、违约责任

1．甲乙双方均应全面履行本合同约定，一方违约给另一方造成损失的，应当承担赔偿责任。

2．甲方未按照合同约定的期限结算的，应按照中国人民银行有关延期付款的规定，延迟一日，需支付结算货款的万分之五的违约金;延迟 10 日以上的，除支付违约金外，乙方有权解除合同。

3．甲方不得无故拒绝接收货物，否则应当承担此造成的损失。

4．合同解除后，双方应当按照本合同的约定进行对账和结算。

四、其他约定事项

本合同一式两份，自双方签字之日起生效。如果出现纠纷，双方均可向有管辖权的人民法院提起诉讼。

五、其他事项：

甲方：长沙远东服饰有限公司	乙方：武汉三彩纺织品有限公司
签约代表：庄迎洋	签约代表：权刚
开户银行：中国建设银行长沙远大支行	开户银行：中国建设银行武汉东湖支行
账号：43002045026745125	账号：43005286325893021587
2019 年 12 月 06 日	2019 年 12 月 06 日

商品购销合同 10-4

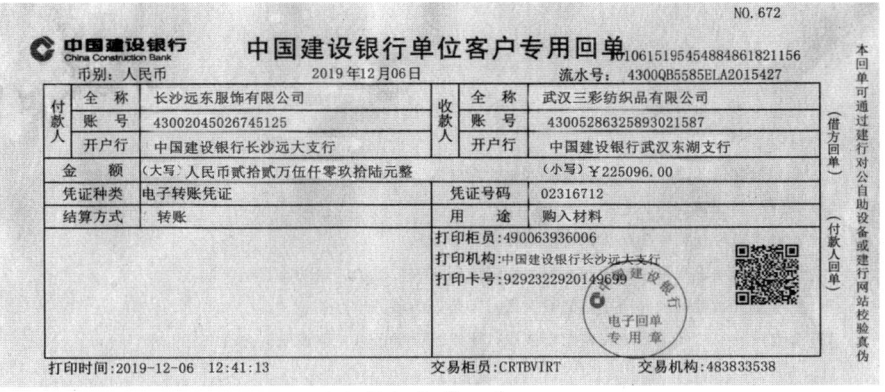

网上银行支付回单 10-5

网上银行支付回单 10-6

【业务 3-3-11】

增值税专用发票（发票联）11-1

网上银行支付回单 11-2

上海增值税普通发票

发票号码：09328252
代码：031001804252
开票日期：2019年12月08日
机器编号：889911241210

购买方
名称：长沙远东服饰有限公司
纳税人识别号：91430541282415L968
地址、电话：长沙市芙蓉区远大路256号 0731-84588790
开户行及账号：中国建设银行长沙远大支行 43002045026745125

货物或应税劳务、服务名称	规格型号	单位	数量	单价	金额	税率	税额
*运输服务*运输费用					1941.75	3%	58.25
合计					¥1941.75		¥58.25

价税合计（大写）：贰仟圆整　（小写）¥2000.00

销售方
名称：上海畅达运输有限公司
纳税人识别号：913106515297263962
地址、电话：上海市杨浦区长阳路1288号 021-55082582
开户行及账号：中国建设银行阳浦路支行 43005289547893025639

收款人：柳强　复核：张鑫　开票人：李小丽

增值税普通发票（发票联）11-3

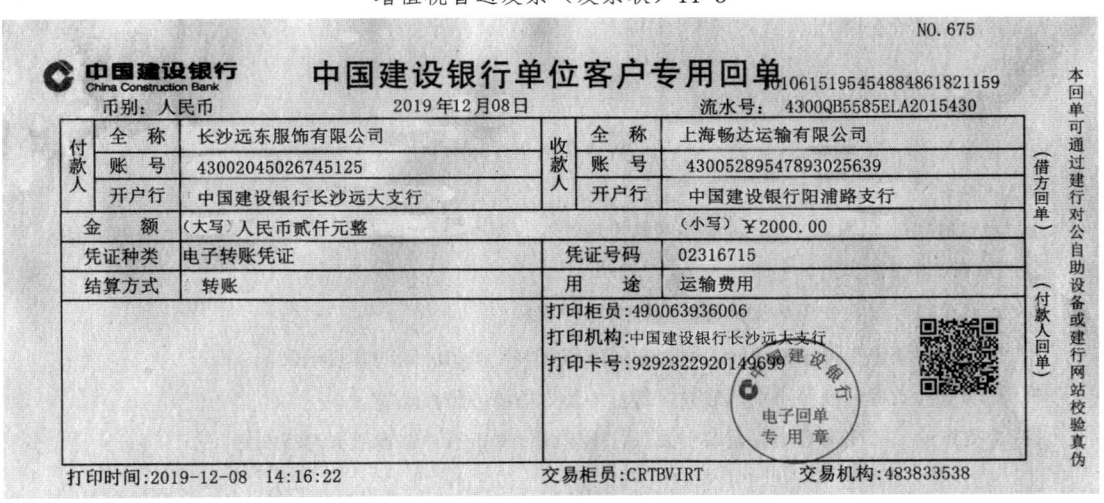

中国建设银行单位客户专用回单

NO.675
2019年12月08日
流水号：4300QB5585ELA2015430
币别：人民币

付款人	全称	长沙远东服饰有限公司	收款人	全称	上海畅达运输有限公司
	账号	43002045026745125		账号	43005289547893025639
	开户行	中国建设银行长沙远大支行		开户行	中国建设银行阳浦路支行

金额：（大写）人民币贰仟元整　（小写）¥2000.00
凭证种类：电子转账凭证　凭证号码：02316715
结算方式：转账　用途：运输费用
打印柜员：490063936006
打印机构：中国建设银行长沙远大支行
打印卡号：9292322920149699

打印时间：2019-12-08 14:16:22　交易柜员：CRTBVIRT　交易机构：483833538

网上银行支付回单 11-4

收料单

2019年12月08日
编号：第1156号
供应单位：上海佳美纺织品有限公司
材料类别：原料及主要材料
收料仓库：材料库
金额单位：元

材料编号	材料名称	规格	计量单位	数量应收	数量实收	买价单价	买价发票金额	运杂费	合计	单位成本
CL1001	天丝亚麻棉		米	2000	2000	49.60	99 200.00	800.00	100 000.00	50.00
CL1002	真丝乔其纱		米	3000	3000	59.60	178 800.00	1200.00	180 000.00	60.00
	合计								280 000.00	

备注：
采购：杨浩　会计：张进　收料：陈娟

收料单 11-5

商品购销合同

甲方（购货方）： 长沙远东服饰有限公司
乙方（销货方）： 上海佳美纺织品有限公司

根据《中华人民共和国合同法》及有关法律、法规规定，甲、乙双方本着平等、自愿、公平、互惠互利和诚实守信的原则，就产品供销的有关事宜协商一致订立本合同，以便共同遵守。

一、合同价款及付款方式：

本合同总价款为人民币 叁拾壹万肆仟壹佰肆拾元整 （￥314 140.00），签订合同后乙方支付货款人民（￥314 140.00）。

运费由甲方承担。

商品于 当日 发出。

二、产品质量：

1. 乙方保证所提供的产品货真价实，来源合法，无任何法律纠纷和质量问题，如果乙方所提供产品与第三方出现了纠纷，由此引起的一切法律后果均由乙方承担。

2. 购销商品明细

商品名称	单位	数量	单价（含税）	金额（含税）
天丝亚麻棉	米	2000	56.048	112 096.00
真丝乔其纱	米	3000	67.348	202 044.00
合计				314 140.00

三、违约责任

1. 甲乙双方均应全面履行本合同约定，一方违约给另一方造成损失的，应当承担赔偿责任。

2. 甲方未按照合同约定的期限结算的，应按照中国人民银行有关延期付款的规定，延迟一日，需支付结算货款的万分之五的违约金；延迟 10 日以上的，除支付违约金外，乙方有权解除合同。

3. 甲方不得无故拒绝接收货物，否则应当承担由此造成的损失。

4. 合同解除后，双方应当按照本合同的约定进行对账和结算。

四、其他约定事项

本合同一式两份，自双方签字之日起生效。如果出现纠纷，双方均可向有管辖权的人民法院提起诉讼。

五、其他事项：

甲方：长沙远东服饰有限公司 乙方：上海佳美纺织品有限公司
签约代表：张远祥 签约代表：李美娇
开户银行：中国建设银行长沙远大支行 开户银行：中国建设银行三江路支行
账号：43002645026745125 账号：43005287893025857
2019 年 12 月 08 日 2019 年 12 月 08 日

商品购销合同 11-6

【业务 3-3-12】

收 料 单

2019年12月08日

供应单位：长沙瑞祥纺织品有限公司　　　　　　　编　号：第1157号
材料类别：原料及主要材料　　　　　收料仓库：材料库　　金额单位：元

材料编号	材料名称	规格	计量单位	数量 应收	数量 实收	实际成本 买价 单价	实际成本 买价 发票金额	运杂费	合计	单位成本
CL1001	天丝亚麻棉		米	5000	5000	50.00	250 000.00		250 000.00	50.00
合计									250 000.00	50.00

备注：
采购：杨浩　　　　　　会计：张进　　　　　　收料：陈娟

收料单 12-1

【业务 3-3-13】

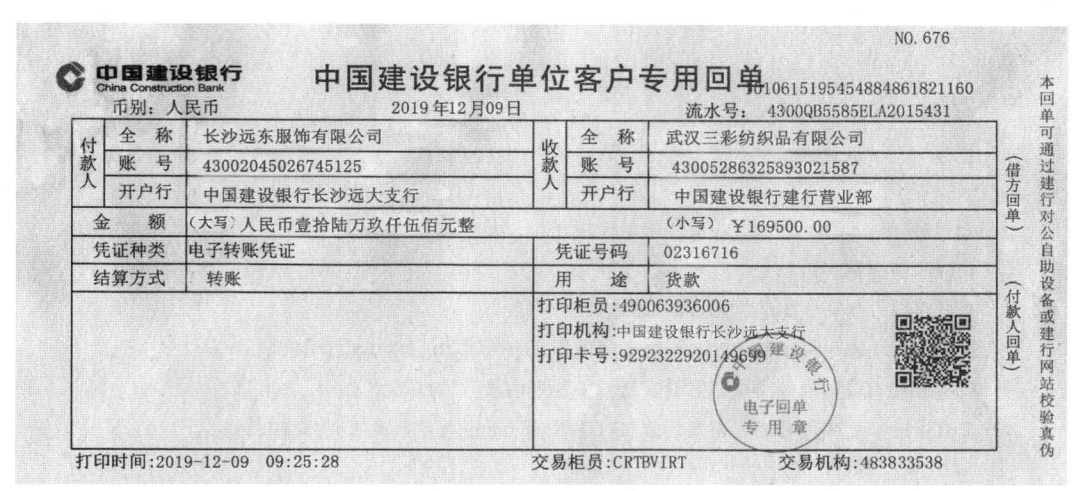

中国建设银行单位客户专用回单

NO.676

2019年12月09日
币别：人民币
流水号：4300QB5585ELA2015431

付款人	全称	长沙远东服饰有限公司	收款人	全称	武汉三彩纺织品有限公司
	账号	43002045026745125		账号	43005286325893021587
	开户行	中国建设银行长沙远大支行		开户行	中国建设银行建行营业部

金额：（大写）人民币壹拾陆万玖仟伍佰元整　（小写）￥169500.00
凭证种类：电子转账凭证　　凭证号码：02316716
结算方式：转账　　用途：货款

打印柜员：490063936006
打印机构：中国建设银行长沙远大支行
打印卡号：9292322920149699

打印时间：2019-12-09 09:25:28　交易柜员：CRTBVIRT　交易机构：483833538

网上银行支付回单 13-1

【业务 3-3-14】

材料领用汇总表

2019年12月11日　　　　　　　　　　　　　　　金额单位：元

用途	天丝亚麻棉			真丝乔其纱			缝纫线			纽扣			合计
	数量	单价	金额	数量	单价	金额	数量	单价	金额	数量	单价	金额	
生产产品耗用——男衬衫	6000	50.00	300000.00										300000.00
生产产品耗用——女衬衫				3000	60.00	180000.00							180000.00
车间一般耗用	10	50.00	500.00	5	60.00	300.00	80	10.00	800.00	120	35.00	4200.00	5800.00
管理部门耗用	10	50.00	500.00	5		300.00							800.00
合计	6020	50.00	301000.00	3010	60.00	180600.00	80	10.00	800.00	120	35.00	4200.00	486600.00

复核：张进　　　　　　　　　　　　　　　　　　　　　　　　　　制单：陈娟

材料领用汇总表 14-1

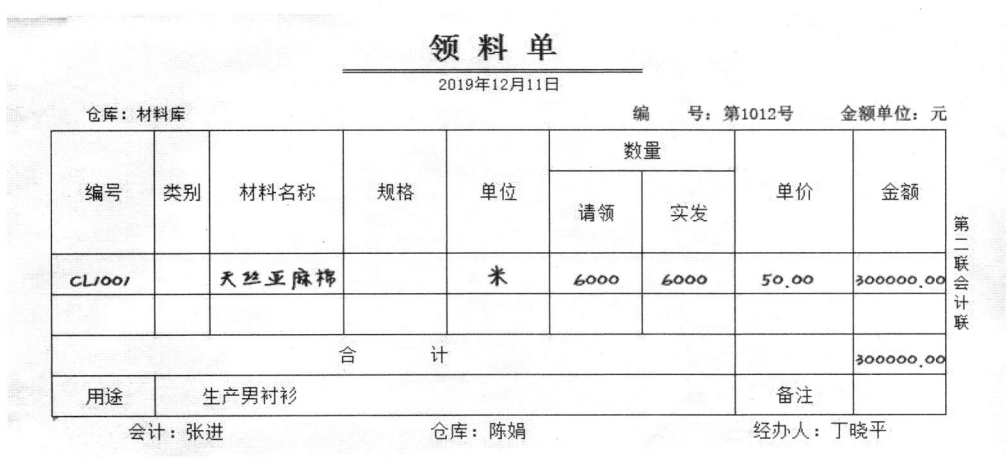

领 料 单

2019年12月11日

仓库：材料库　　　　　　　　　　　　　编号：第1012号　　金额单位：元

编号	类别	材料名称	规格	单位	数量		单价	金额
					请领	实发		
CL1001		天丝亚麻棉		米	6000	6000	50.00	300000.00
合　　计								300000.00
用途	生产男衬衫						备注	

会计：张进　　　　　仓库：陈娟　　　　　经办人：丁晓平

第二联 会计联

领料单 14-2

领 料 单

2019年12月11日

仓库：材料库　　　　　　　　　　　　　　　　编　号：第1013号　　金额单位：元

编号	类别	材料名称	规格	单位	数量 请领	数量 实发	单价	金额
CL1002		真丝乔其纱		米	3000	3000	60.00	180000.00
合　　计								180000.00
用途	生产女衬衫						备注	

会计：张进　　　　　仓库：陈娟　　　　　经办人：丁晓平

第二联 会计联

领料单 14-3

领 料 单

2019年12月11日

仓库：材料库　　　　　　　　　　　　　　　　编　号：第1014号　　金额单位：元

编号	类别	材料名称	规格	单位	数量 请领	数量 实发	单价	金额
CL1001		天丝亚麻棉		米	10	10	50.00	500.00
CL1002		真丝乔其纱		米	5	5	60.00	300.00
CL1003		缝纫线		卷	80	80	10.00	800.00
CL1004		纽扣		盒	120	120	35.00	4200.00
合　　计								5800.00
用途	生产车间领用						备注	

会计：张进　　　　　仓库：陈娟　　　　　经办人：丁晓平

第二联 会计联

领料单 14-4

领 料 单

2019年12月11日

仓库：材料库　　　　　　　　　　　　　　　　编　号：第1015号　　金额单位：元

编号	类别	材料名称	规格	单位	数量 请领	数量 实发	单价	金额
CL1001		天丝亚麻棉		米	10	10	50.00	500.00
CL1002		真丝乔其纱		米	5	5	60.00	300.00
合　　计								800.00
用途	管理部门领用						备注	

会计：张进　　　　　仓库：陈娟　　　　　经办人：丁晓平

第二联 会计联

领料单 14-5

【业务 3-3-15】

中国建设银行
现金支票存根
11214550
01230620

附加信息

出票日期 2019年 12月 15日

收款人:	长沙远东服饰有限公司
金　额	￥193180.00
用　途	发放工资

单位主管 周天昊　会计 张进

现金支票存根 15-1

【业务 3-3-16】

长沙远东服饰有限公司工资发放明细表

发放时间：2019年12月15日

部门	序号	姓名	应付工资 标准工资	奖金	缺勤扣款	合计	待扣款项 水电费	个税	合计	实发工资	签名
总经理	1	赵远洋	2400.00	2500.00		4900.00				4900.00	赵远洋
财务部	2	周天昊	2300.00	2200.00		4500.00				4500.00	周天昊
	3	张进	2100.00	2200.00		4300.00				4300.00	张进
	4	王清	2000.00	1800.00		3800.00				3800.00	王清
行政部	5	陈娟	2200.00	2000.00		4200.00				4200.00	陈娟
	6	刘霞	2000.00	1800.00		3800.00				3800.00	刘志祥
采购部	7	杨浩	2000.00	1200.00		3200.00				3200.00	杨浩
	8	赵峰	2000.00	1200.00		3200.00				3200.00	赵峰
销售部	9	丁晓平	2600.00	2000.00		4600.00				4600.00	丁晓平
	10	杨晓晓	2600.00	2000.00		4600.00				4600.00	杨晓晓
	11	杨峰	2600.00	1800.00		4400.00				4400.00	杨峰
生产部	12	丁小平	2600.00	1800.00		4400.00				4400.00	丁小平
	13	周甲仁	2600.00	1600.00		4200.00				4200.00	周甲仁
	14	马红运	2600.00	1600.00		4200.00				4200.00	马红运
	15	张茜	2100.00	1600.00		3700.00				3700.00	张茜
	16	王尼	1900.00	1600.00		3500.00				3500.00	王尼
	17	刘小红	2400.00	1600.00		4000.00				4000.00	刘小红
	18	陈冰	2400.00	1400.00		3800.00				3800.00	陈冰
	19	黄芬	2400.00	1400.00		3800.00				3800.00	黄芬
	20	周永华	2400.00	1400.00		3800.00				3800.00	周永华
	21	王旭林	2400.00	1200.00		3600.00				3600.00	王旭林
	22	陈周勇	2400.00	1400.00		3800.00				3800.00	陈周勇
	23	李晶	2400.00	1400.00		3800.00				3800.00	李晶
	24	刘晓晓	2400.00	1400.00		3800.00				3800.00	刘晓晓
	25	李莹	2400.00	1400.00		3800.00				3800.00	李莹
	26	周巧云	2400.00	1400.00		3800.00				3800.00	周巧云
	27	邓晨	2400.00	1400.00		3800.00				3800.00	邓晨
	28	陈杨	2400.00	1400.00		3800.00				3800.00	陈杨
	29	徐霞	2400.00	1400.00		3800.00				3800.00	徐霞
	30	黎前路	2400.00	1400.00		3800.00				3800.00	黎前路
	31	刘根股	2400.00	1200.00		3600.00				3600.00	刘根股
	32	廖黄金	2400.00	1100.00		3500.00				3500.00	廖黄金
	33	胡小文	2400.00	1100.00		3500.00				3500.00	胡小文
	34	陈超	2200.00	1100.00		3300.00				3300.00	陈超
	35	周楚	2200.00	1100.00		3300.00				3300.00	周楚
	36	邓莉	2200.00	1100.00		3300.00				3300.00	邓莉
	37	李文龙	2200.00	1100.00		3300.00				3300.00	李文龙
	38	刘晓英	2400.00	1100.00		3500.00				3500.00	刘晓英
	39	张慧	2600.00	1100.00		3700.00				3700.00	张慧
	40	陆台	2500.00	1100.00		3600.00				3600.00	陆台
	41	刘韬	2500.00	1100.00		3600.00				3600.00	刘韬
	42	郑文华	2400.00	1200.00		3600.00				3600.00	郑文华
	43	苏文	2400.00	1800.00		4200.00				4200.00	苏文
	44	雷英姿	2400.00	1200.00		3600.00				3600.00	雷英姿
	45	陈永	2400.00	1200.00		3600.00				3600.00	陈永
	46	徐旭	2400.00	1000.00		3400.00				3400.00	徐旭
	47	陈文茹	2600.00	1000.00		3600.00				3600.00	陈文茹
	48	刘巧华	2600.00	1000.00		3600.00				3600.00	刘巧华
	49	谭文	2600.00	1000.00		3600.00				3600.00	谭文
	50	李连利	2600.00	1080.00		3680.00				3680.00	李连利
	51	陆洲	2400.00	1000.00		3400.00				3400.00	陆洲
合计			121000.00	72180.00		193180.00				193180.00	

审核：周天昊　　　　　　　　　　　　　　　　　　　　　　　　　制单人：陈娟

工资发放明细表 16-1

【业务 3-3-17】

职工工资分配表

编制单位：长沙远东服饰有限公司　　　　　　　　　　　　　　　金额单位：元

应借账户		成本或费用项目	工资费用
生产车间	男衬衫	直接人工	96 000.00
	女衬衫	直接人工	54 000.00
	小计		150 000.00
制造费用	生产车间	工资	14 000.00
管理费用		工资	37 040.00
销售费用		工资	16 000.00
合 计			217 040.00

审核：周天昊　　　　　　　　　　　　　　　　　　　　　　　　编制人：张进

职工工资分配表 17-1

【业务 3-3-18】

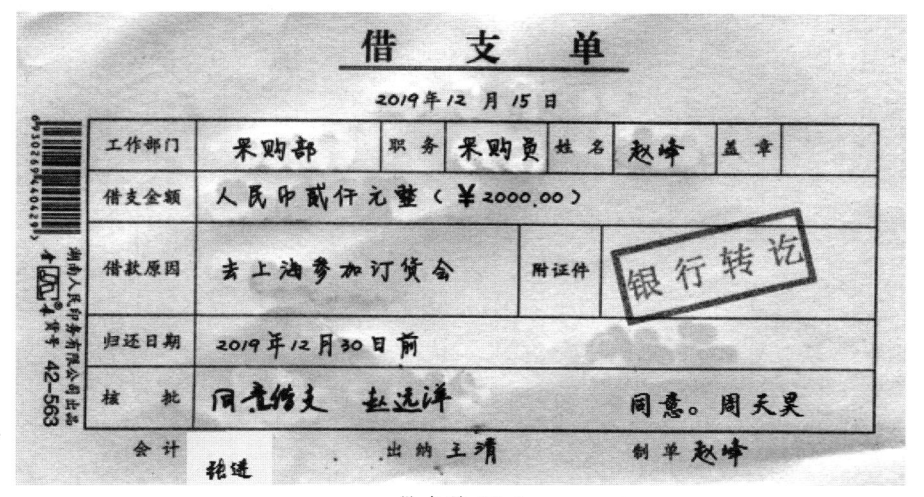

借支单 18-1

现金支票存根 18-2

345

【业务 3-3-19】

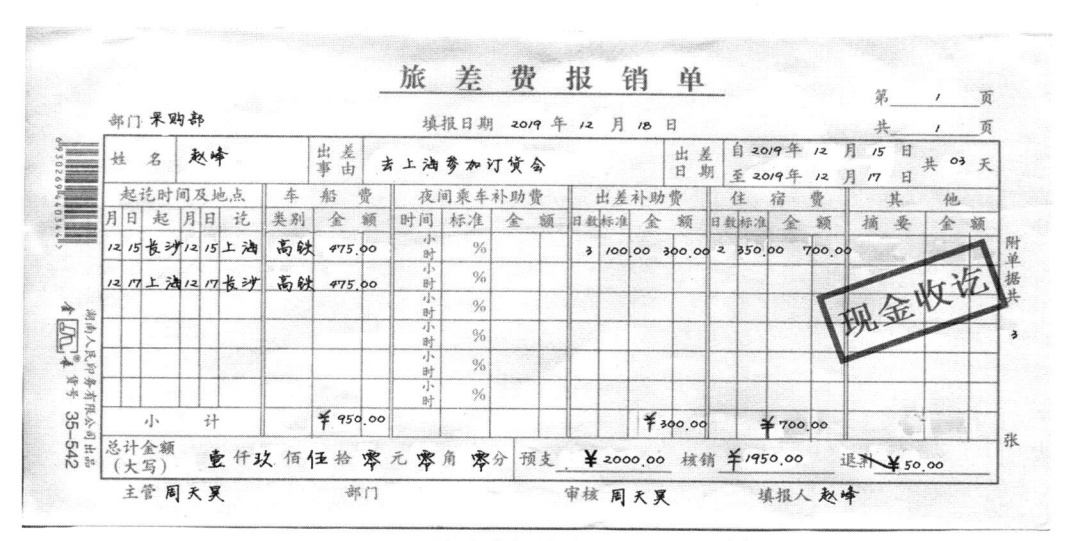

旅差费报销单 19-1

增值税普通发票（发票联）19-2

车票 19-3   车票 19-4

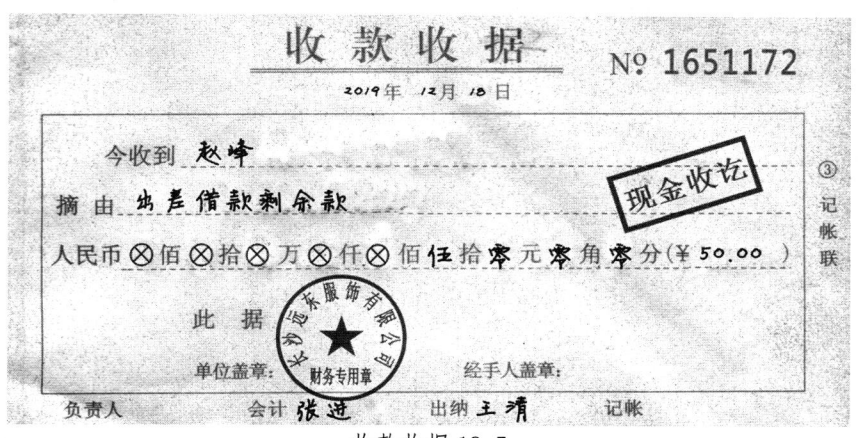

收款收据 19-5

【业务 3-3-20】

现金支票存根 20-1

【业务 3-3-21】

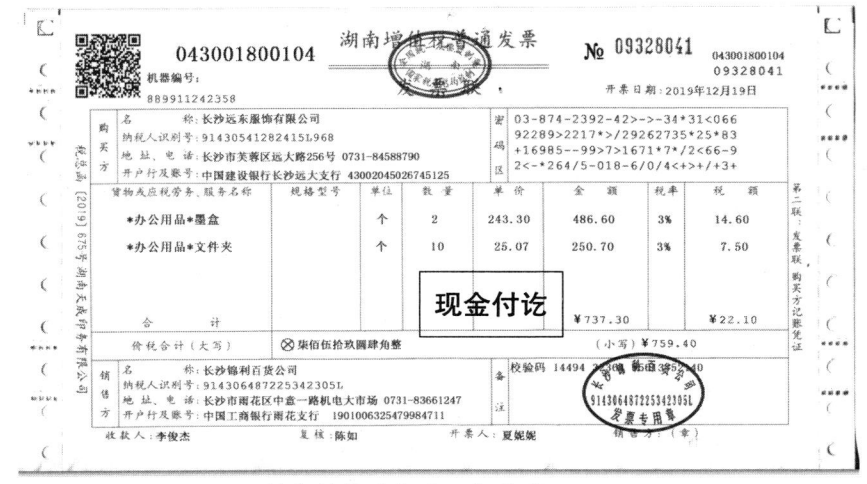

增值税普通发票（发票联）21-1

349

【业务3-3-22】

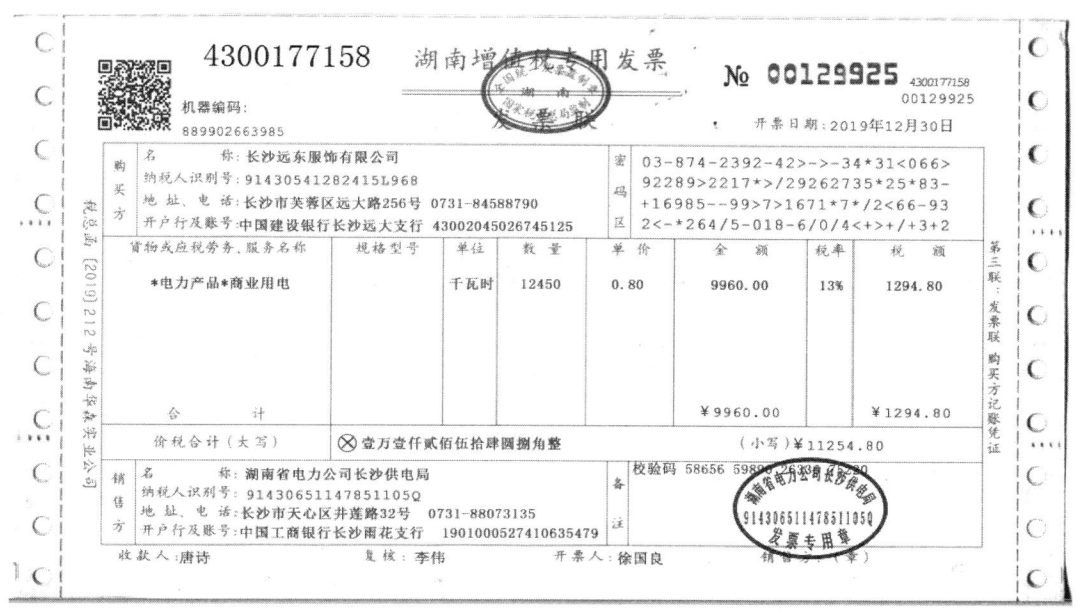

增值税专用发票（发票联）22-1

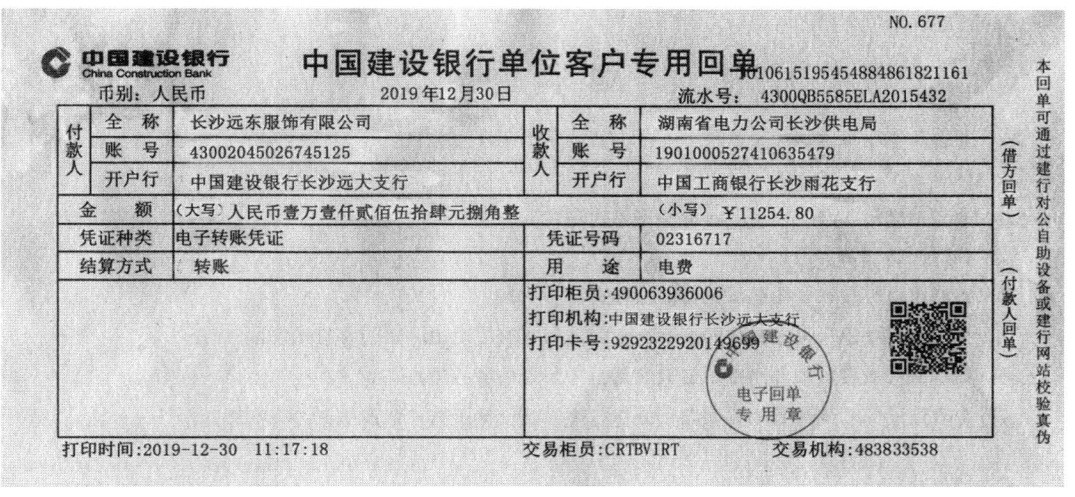

发票代码：4300177158　　No.00129925
开票日期：2019年12月30日

购买方	名称：长沙远东服饰有限公司 纳税人识别号：91430541282415L968 地址、电话：长沙市芙蓉区远大路256号 0731-84588790 开户行及账号：中国建设银行长沙远大支行 43002045026745125

货物或应税劳务、服务名称	规格型号	单位	数量	单价	金额	税率	税额
*电力产品*商业用电		千瓦时	12450	0.80	9960.00	13%	1294.80
合　计					¥9960.00		¥1294.80

价税合计（大写）：壹万壹仟贰佰伍拾肆圆捌角整　　（小写）¥11254.80

销售方	名称：湖南省电力公司长沙供电局 纳税人识别号：91430651147851105Q 地址、电话：长沙市天心区井莲路32号 0731-88073135 开户行及账号：中国工商银行长沙雨花支行 1901000527410635479

收款人：唐诗　　复核：李伟　　开票人：徐国良

网上银行支付回单22-2

中国建设银行单位客户专用回单　NO.677

2019年12月30日　　流水号：4300QB5585ELA2015432

付款人	全称	长沙远东服饰有限公司	收款人	全称	湖南省电力公司长沙供电局
	账号	43002045026745125		账号	1901000527410635479
	开户行	中国建设银行长沙远大支行		开户行	中国工商银行长沙雨花支行

金额：（大写）人民币壹万壹仟贰佰伍拾肆元捌角整　　（小写）¥11254.80
凭证种类：电子转账凭证　　凭证号码：02316717
结算方式：转账　　用途：电费

打印柜员：490063936006
打印机构：中国建设银行长沙远大支行
打印卡号：9292322920149699

打印时间：2019-12-30 11:17:18　　交易柜员：CRTBVIRT　　交易机构：483833538

外购电费分配表

2019年12月30日　　金额单位：元

受益对象	耗用量（吨）	单位成本	分配金额
生产车间	11500.00		9200.00
管理部门	950.00		760.00
合计	12450.00	0.80	9960.00

审核人：周天昊　　编制人：张进

电费分配表22-3

【业务 3-3-23】

增值税专用发票（发票联）23-1

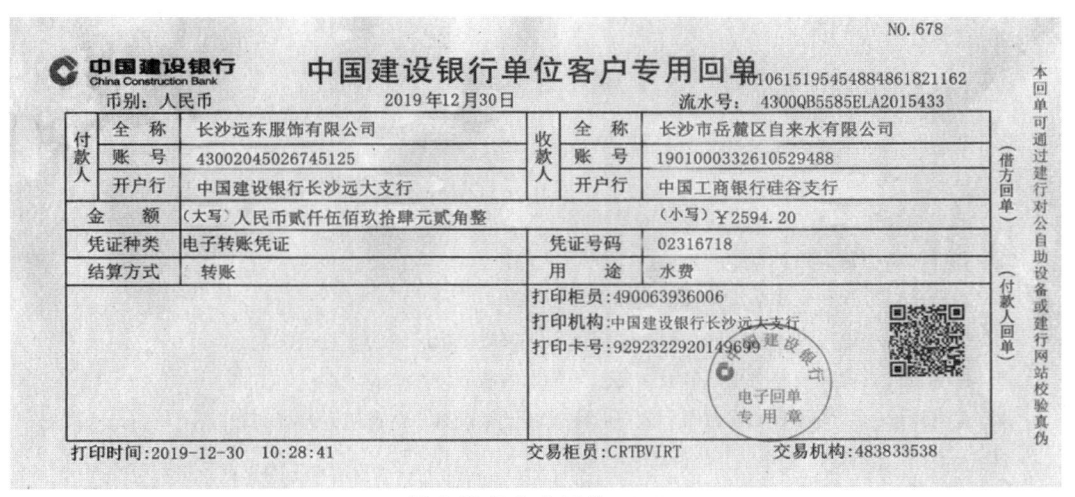

网上银行支付回单 23-2

外购水费分配表

2019年12月30日　　　　　　　　　　　　　　　　单位：元

受益对象	耗用量（吨）	单位成本	分配金额
生产车间	245.00		980.00
管理部门	350.00		1400.00
合计	595.00	4.00	2380.00

审核人：周天昊　　　　　　　　　　　　　　　　编制人：张进

水费分配表 23-3

【业务 3-3-24】

固定资产折旧计算表

2019年12月30日

金额单位：元

使用部门和固定资产类别		原值	固定资产月折旧率（%）	本月计提折旧额
生产车间	厂房	680000.00	0.40%	2720.00
	生产设备	600000.00	0.80%	4800.00
	小计			7520.00
管理部门	办公用房	720000.00	0.40%	2880.00
	运输设备	320000.00	2%	6400.00
	管理设备	160000.00	1.60%	2560.00
	小计			11840.00
合计		2480000.00		19360.00

审核人：周天昊　　　　　　　　　　　　　　　制单人：张进

固定资产折旧计算表 24-1

【业务 3-3-25】

制造费用分配表

2019年12月30日

金额单位（元）

产品名称	分配标准（生产工人工资）	分配率	分配金额
男衬衫	96000.00		24000.00
女衬衫	54000.00		13500.00
合计	150000.00	0.25	37500.00

审核人：周天昊　　　　　　　　　　　　　　　制单人：张进

制造费用分配表 25-1

【业务 3-3-26】

完工产品成本汇总表

2019年12月30日

金额单位：元

产品名称	单位	产量	直接材料	直接人工	制造费用	总成本	单位成本
男衬衫	件	4000	300000.00	960000.00	24000.00	420000.00	105.00
女衬衫	件	2500	180000.00	540000.00	13500.00	247500.00	99.00
合计		6500	480000.00	1500000.00	37500.00	667500.00	

审核人：周天昊　　　　　　　　　　　　　　　制单人：张进

完工产品成本汇总表 26-1

入库单

单号：RK0121

2019年12月30 　　　金额单位：元

入库单位（部门）	生产车间	验收仓库	成品库	入库日期	2019.12.30
编号	名称及规格	单位	数量 交库	数量 实收	实际价格 单价	实际价格 金额
CP2005	男衬衫	件	4000	4000		
CP2006	女衬衫	件	2500	2500		
	合计					

会计：张进　　经办人：丁晓平　　制单人：陈娟

入库单 26-2

【业务 3-3-27】

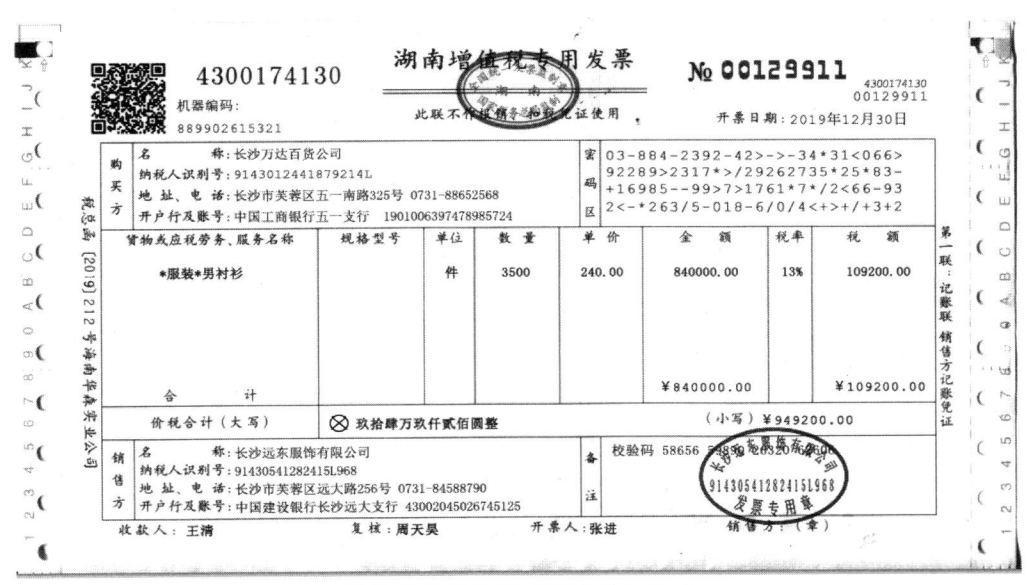

湖南增值税专用发票

发票代码：4300174130　No.00129911

开票日期：2019年12月30日

购买方
名称：长沙万达百货公司
纳税人识别号：9143012441879214L
地址、电话：长沙市芙蓉区五一南路325号 0731-88652568
开户行及账号：中国工商银行五一支行 1901006397478985724

密码区：
03-884-2392-42>->-34*31<066>
92289>2317*>/29262735*25*83-
+16985--99>7>1761*7*/2<66-93
2<-*263/5-018-6/0/4<+>+/+3+2

货物或应税劳务、服务名称	规格型号	单位	数量	单价	金额	税率	税额
*服装*男衬衫		件	3500	240.00	840000.00	13%	109200.00
合　计					¥840000.00		¥109200.00

价税合计（大写）：玖拾肆万玖仟贰佰圆整　　（小写）¥949200.00

销售方
名称：长沙远东服饰有限公司
纳税人识别号：91430541282415L968
地址、电话：长沙市远大路256号 0731-84588790
开户行及账号：中国建设银行长沙远大支行 43002045026745125

校验码：58656 53889 92062 20196

收款人：王清　　复核：周天昊　　开票人：张进　　销售方：（章）

增值税专用发票（记账联）27-1

产品销售单

2019年12月30日

单据编号：XC00120

购货单位：长沙万达百货公司　　地址和电话：长沙市芙蓉区五一南路325号 0731-88652568
纳税识别号：9143012441879214L　　开户行及账号：中国工商银行五一支行 1901006397478985724

编码	产品名称	规格	单位	数量	单价	金额	备注
CP2005	男衬衫		件	3500	271.20	949200.00	含税价
合计	（大写）玖拾肆万玖仟贰佰元整					（小写）¥949200.00	

销售经理：李旭　　会计：张进　　经手人：杨晓晓　　签收人：李欣

产品销售单 27-2

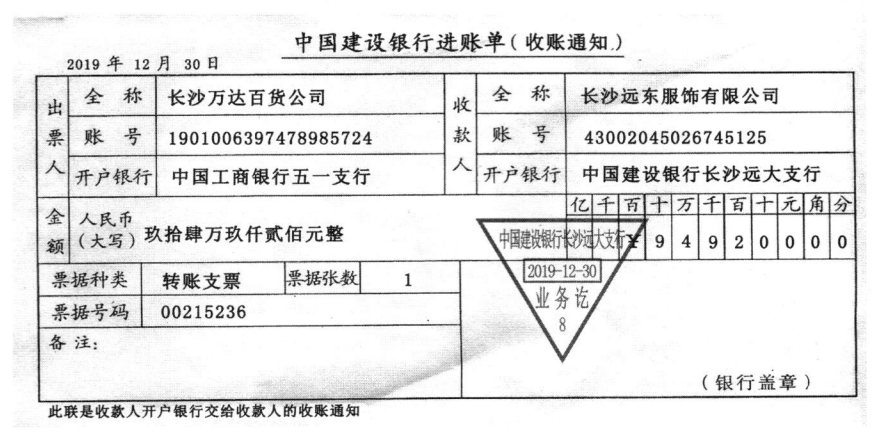

中国建设银行进账单（收账通知）

2019 年 12 月 30 日

出票人	全称	长沙万达百货公司	收款人	全称	长沙远东服饰有限公司
	账号	1901006397478985724		账号	43002045026745125
	开户银行	中国工商银行五一支行		开户银行	中国建设银行长沙远大支行

金额	人民币（大写）	玖拾肆万玖仟贰佰元整	亿 千 百 十 万 千 百 十 元 角 分
			9 4 9 2 0 0 0 0

票据种类	转账支票	票据张数	1
票据号码	00215236		
备注：			

（银行盖章）

此联是收款人开户银行交给收款人的收账通知

银行进账单（收账通知）27-3

商品购销合同

甲方（购货方）： 长沙万达百货公司
乙方（销货方）： 长沙远东服饰有限公司

根据《中华人民共和国合同法》及有关法律、法规规定，甲、乙双方本着平等、自愿、公平、互惠互利和诚实守信的原则，就产品供销的有关事宜协商一致订立本合同，以便共同遵守。

一、合同价款及付款方式：

本合同总价款为人民币 玖拾肆万玖仟贰佰元整 （￥949 200.00），签订合同后甲方支付货款人民币（￥949 200.00）。

商品于 当日 发出。

二、产品质量：

1．乙方保证所提供的产品货真价实，来源合法，无任何法律纠纷和质量问题，如果乙方所提供产品与第三方出现了纠纷，由此引起的一切法律后果均由乙方承担。

2．购销商品明细

商品名称	单位	数量	单价（含税）	金额（含税）
男衬衫	件	3500	271.20	949 200.00
合计				949 200.00

三、违约责任

1．甲乙双方均应全面履行本合同约定，一方违约给另一方造成损失的，应当承担赔偿责任。

2．甲方未按照合同约定的期限结算的，应按照中国人民银行有关延期付款的规定，延迟一日，需支付结算货款的万分之五的违约金；延迟 10 日以上的，除支付违约金外，乙方有权解除合同。

3．甲方不得无故拒绝接收货物，否则应当承担由此造成的损失和运输费用。

4．合同解除后，双方应当按照本合同的约定进行对账和结算。

四、其他约定事项

本合同一式两份，自双方签字之日起生效。如果出现纠纷，双方均可向有管辖权的人民法院提起诉讼。

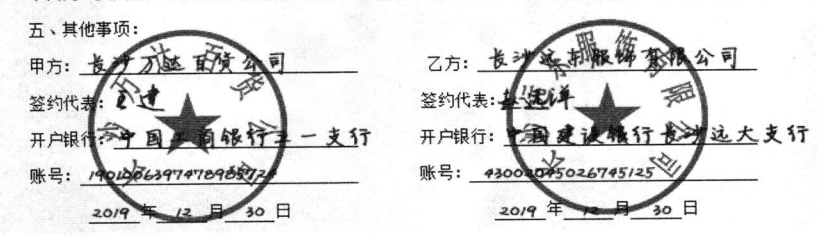

五、其他事项：

甲方： 长沙万达百货公司
签约代表： 刘进
开户银行： 中国工商银行五一支行
账号： 1901006397478985724
2019 年 12 月 30 日

乙方： 长沙远东服饰有限公司
签约代表： 杜远洋
开户银行： 中国建设银行长沙远大支行
账号： 43002045026745125
2019 年 12 月 30 日

商品购销合同 27-4

【业务 3-3-28】

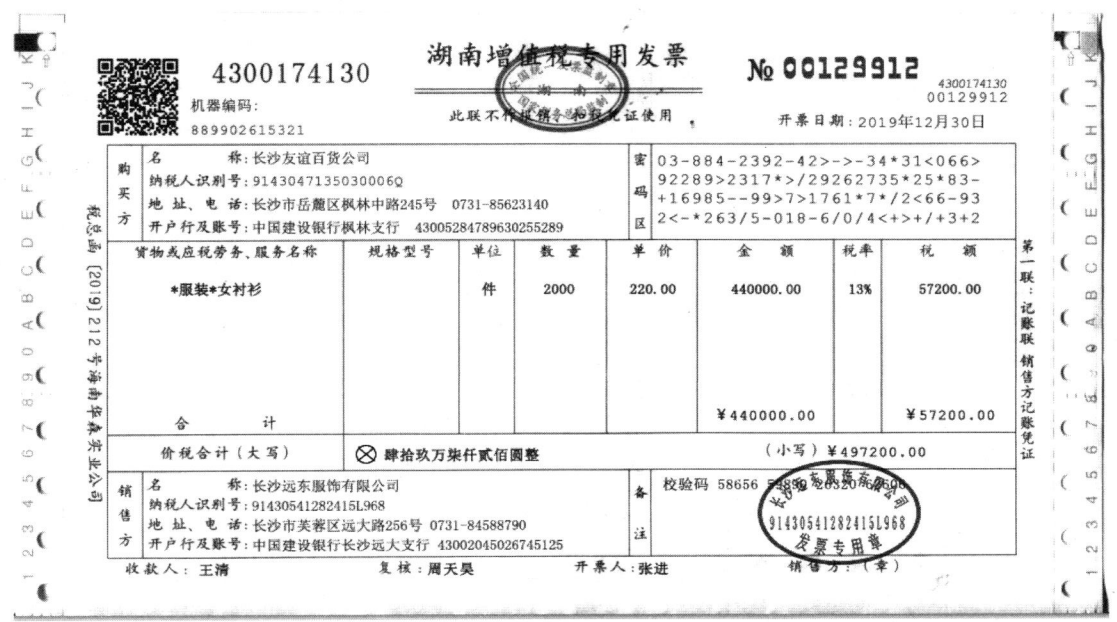

湖南增值税专用发票

No 00129912

4300174130
00129912

机器编码：889902615321

开票日期：2019年12月30日

密码区：
03-884-2392-42>->-34*31<066
92289>2317*>/29262735*25*83-
+16985--99>7>1761*7*/2<66-93
2<-*263/5-018-6/0/4<+>+/+3+2

购买方
名　　称：长沙友谊百货公司
纳税人识别号：91430471350300060Q
地址、电话：长沙市岳麓区枫林中路245号　0731-85623140
开户行及账号：中国建设银行枫林支行　43005284789630255289

货物或应税劳务、服务名称	规格型号	单位	数量	单价	金额	税率	税额
*服装*女衬衫		件	2000	220.00	440000.00	13%	57200.00
合　　计					¥440000.00		¥57200.00

价税合计（大写）　○ 肆拾玖万柒仟贰佰圆整　　（小写）¥497200.00

销售方
名　　称：长沙远东服饰有限公司
纳税人识别号：91430541282415L968
地址、电话：长沙市芙蓉区远大路256号　0731-84588790
开户行及账号：中国建设银行长沙大支行　43002045026745125

备注：校验码 58656 ...
91430541282415L968

收款人：王清　　复核：周天昊　　开票人：张进　　销售方：（章）

增值税专用发票（记账联）28-1

产品销售单

2019年12月30日

单据编号：XC00121

购货单位：长沙友谊百货公司　　地址和电话：长沙市岳麓区枫林中路245号　0731-85623140
纳税识别号：91430471350300060Q　　开户行及账号：中国建设银行枫林支行　43005284789630255289

编码	产品名称	规格	单位	数量	单价	金额（元）	备注
CP2006	女衬衫		件	2000	248.60	497 200.00	含税价
合计	（大写）肆拾玖万柒仟贰佰元整					（小写）¥497 200.00	

销售经理：李旭　　会计：张进　　经手人：杨晓晓　　签收人：张斌文

产品销售单 28-2

商品购销合同

甲方（购货方）：长沙友谊百货公司
乙方（销货方）：长沙远东服饰有限公司

根据《中华人民共和国合同法》及有关法律、法规规定，甲、乙双方本着平等、自愿、公平、互惠互利和诚实守信的原则，就产品供销的有关事宜协商一致订立本合同，以便共同遵守。

一、合同价款及付款方式：

本合同总价款为人民币 肆拾玖万柒仟贰佰元整 （¥497 200.00），签订合同后甲方在60天内支付货款。

商品于 当日 发出。

二、产品质量：

1．乙方保证所提供的产品货真价实，来源合法，无任何法律纠纷和质量问题，如果乙方所提供产品与第三方出现了纠纷，由此引起的一切法律后果均由乙方承担。

2．购销商品明细

商品名称	单位	数量	单价（含税）	金额（含税）
女衬衫	件	2000	248.60	497 200.00
合计				497 200.00

三、违约责任

1．甲乙双方均应全面履行本合同约定，一方违约给另一方造成损失的，应当承担赔偿责任。

2．甲方未按照合同约定的期限结算的，应按照中国人民银行有关延期付款的规定，延迟一日，需支付结算货款的万分之五的违约金；延迟 10 日以上的，除支付违约金外，乙方有权解除合同。

3．甲方不得无故拒绝接收货物，否则应当承担由此造成的损失和运输费用。

4．合同解除后，双方应当按照本合同的约定进行对账和结算。

四、其他约定事项

本合同一式两份，自双方签字之日起生效。如果出现纠纷，双方均可向有管辖权的人民法院提起诉讼。

五、其他事项：

甲方：长沙友谊百货公司　　　　乙方：长沙远东服饰有限公司
签约代表：邓长风　　　　　　　签约代表：王远洋
开户银行：中国建设银行伍家岭支行　开户银行：中国建设银行长沙远大支行
账号：43005228789630255289　　　账号：43002045026745125
　　　2019年12月30日　　　　　　　2019年12月30日

商品购销合同 28-3

【业务 3-3-29】

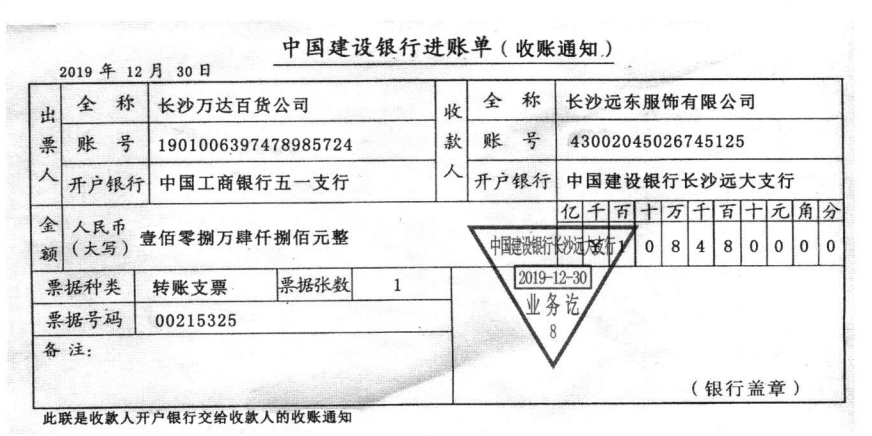

中国建设银行进账单（收账通知）

2019 年 12 月 30 日

出票人	全称	长沙万达百货公司	收款人	全称	长沙远东服饰有限公司
	账号	1901006397478985724		账号	43002045026745125
	开户银行	中国工商银行五一支行		开户银行	中国建设银行长沙远大支行

金额（大写）：人民币 壹佰零捌万肆仟捌佰元整

亿千百十万千百十元角分
0 8 4 8 0 0 0 0

票据种类	转账支票	票据张数	1
票据号码	00215325		
备注			

中国建设银行长沙故行 2019-12-30 业务讫 8

（银行盖章）

此联是收款人开户银行交给收款人的收账通知

银行进账单（收账通知）29-1

【业务 3-3-30】

产品销售成本计算表

2019年12月30日

金额单位：元

产品名称	销售数量（件）	单位成本	金额	备注
男衬衫	3500	105.00	367 500.00	
女衬衫	2000	99.00	198 000.00	
合计	5500		565 500.00	

审核：周天昊　　　　　　　　　　　　　　　　　　　制单：张进

产品销售成本计算表 30-1

产品出库单

2019年12月30日

单号：CK0121

提货单位	长沙万达百货公司	销售单号	XS1051	发出仓库	成品库	
编号	名称及规格	单位	数量（实发/应发）		单价	金额
CP2005	男衬衫	件	3500 / 3500		105.00	367500.00
	合计					367500.00

会计：张进　　　　仓库：陈娟　　　　经手人：杨晓晓

产品出库单 30-2

产品出库单

2019年12月30日

单号：CK0122

提货单位	长沙友谊百货公司	销售单号	XS1052	发出仓库	成品库	
编号	名称及规格	单位	数量（实发/应发）		单价	金额
CP2006	女衬衫	件	2000 / 2000		99.00	198000.00
	合计					198000.00

会计：张进　　　　仓库：陈娟　　　　经手人：杨晓晓

产品出库单 30-3

【业务 3-3-31】

增值税普通发票（发票联）31-1

转账支票存根 31-2

【业务3-3-32】

湖南增值税专用发票

发票代码：4300174130　　№ 00129913
机器编码：889902615321
开票日期：2019年12月30日

购买方	名称：长沙逸晨服装有限公司 纳税人识别号：914305478441X3256 地址、电话：长沙市岳麓区金星中路436号　0731-80145698 开户行及账号：中国建设银行桐梓坡支行　43001254789300251285

货物或应税劳务、服务名称	规格型号	单位	数量	单价	金额	税率	税额
*纺织品*天丝亚麻棉		米	1000	80.00	80000.00	13%	10400.00
合　计					￥80000.00		￥10400.00

价税合计（大写）　⊗玖万零肆佰圆整　　（小写）￥90400.00

销售方	名称：长沙远东服饰有限公司 纳税人识别号：91430541282415L968 地址、电话：长沙市芙蓉区远大路256号　0731-84588790 开户行及账号：中国建设银行长沙远大支行　43002045026745125

收款人：王清　　复核：周天昊　　开票人：张进　　销售方：（章）

增值税专用发票（记账联）32-1

材料销售单
2019年12月30日

购货单位：长沙逸晨服装有限公司　　地址和电话：长沙市岳麓区金星中路436号　0731-80145698
纳税识别号：914305478441X3256　　开户行及账号：中国建设银行桐梓坡支行　43001254789300251285

单据编号：XS0025　　金额单位：元

编码	材料名称	规格	单位	数量	单价	金额	备注
CL1001	天丝亚麻棉		米	1000	90.40	90400.00	含税价
合计	（大写）玖万零肆佰元整					（小写）￥90400.00	

销售经理：李旭　　会计：张进　　经手人：杨晓晓　　签收人：米悦

材料销售单 32-2

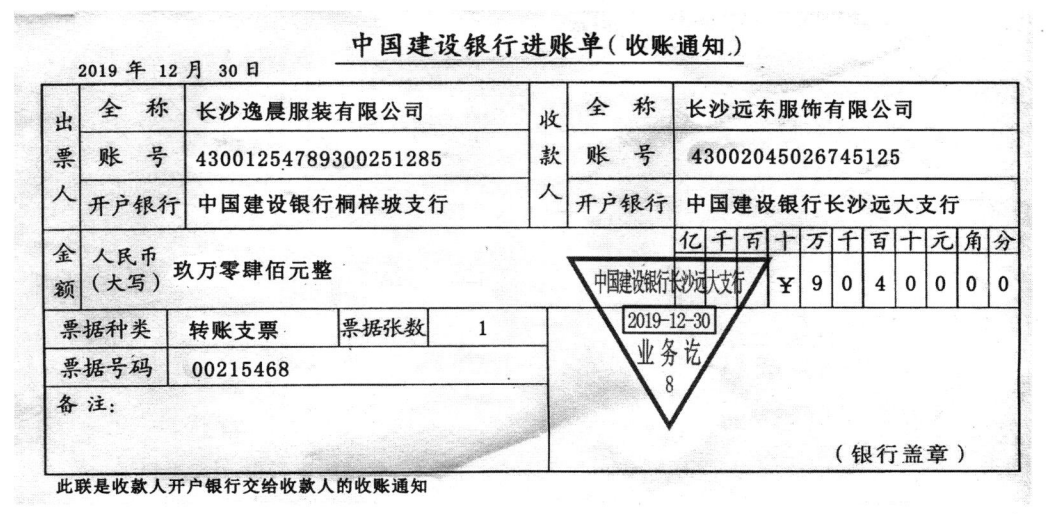

中国建设银行进账单（收账通知）
2019年12月30日

出票人	全称	长沙逸晨服装有限公司	收款人	全称	长沙远东服饰有限公司
	账号	43001254789300251285		账号	43002045026745125
	开户银行	中国建设银行桐梓坡支行		开户银行	中国建设银行长沙远大支行

金额　人民币（大写）　玖万零肆佰元整　　￥90400000（亿千百十万千百十元角分）

票据种类：转账支票　　票据张数：1
票据号码：00215468
备注：

中国建设银行长沙远大支行　2019-12-30　业务讫 8
（银行盖章）

此联是收款人开户银行交给收款人的收账通知

银行进账单（收账通知）32-3

商品购销合同

甲方（购货方）：　长沙逸晨服装有限公司
乙方（销货方）：　长沙远东服饰有限公司

根据《中华人民共和国合同法》及有关法律、法规规定，甲、乙双方本着平等、自愿、公平、互惠互利和诚实守信的原则，就产品供销的有关事宜协商一致订立本合同，以便共同遵守。

一、合同价款及付款方式：

本合同总价款为人民币　玖万零肆佰元整　（￥90 400.00），签订合同后甲方支付货款人民币（￥90 400.00）。

商品于　当日　发出。

二、产品质量：

1．乙方保证所提供的产品货真价实，来源合法，无任何法律纠纷和质量问题，如果乙方所提供产品与第三方出现了纠纷，由此引起的一切法律后果均由乙方承担。

2．购销商品明细

商品名称	单位	数量	单价（含税）	金额（含税）
天丝亚麻棉	米	1000	90.40	90 400.00
合计				90 400.00

三、违约责任

1．甲乙双方均应全面履行本合同约定，一方违约给另一方造成损失的，应当承担赔偿责任。

2．甲方未按照合同约定的期限结算的，应按照中国人民银行有关延期付款的规定，延迟一日，需支付结算货款的万分之五的违约金；延迟　10　日以上的，除支付违约金外，乙方有权解除合同。

3．甲方不得无故拒绝接收货物，否则应当承担由此造成的损失和运输费用。

4．合同解除后，双方应当按照本合同的约定进行对账和结算。

四、其他约定事项

本合同一式两份，自双方签字之日起生效。如果出现纠纷，双方均可向有管辖权的人民法院提起诉讼。

五、其他事项：

甲方：长沙逸晨服装有限公司　　　乙方：长沙远东服饰有限公司
签约代表：刘晨　　　　　　　　　签约代表：翟远洋
开户银行：中国建设银行橘槽坡支行　开户银行：中国建设银行长沙远大支行
账号：43001234789300251385　　　账号：43003045026745381
2019 年 12 月 30 日　　　　　　　2019 年 12 月 30 日

商品购销合同 32-4

【业务 3-3-33】

材料销售成本计算表

2019年12月31日

金额单位：元

材料名称	销售数量（米）	单位成本	金额	备注
天丝亚麻棉	1000	50.00	50 000.00	
合计	1000		50 000.00	

审核：周天昊　　　　　　　　　　　　　　制单：张进

材料销售成本计算表 33-1

材料出库单

单号：CK0122

2019 年 12 月 30 日　　　　金额单位：元

提货单位	长沙逸晨服装有限公司	销售单号	XS0025	发出仓库	材料库
编号	名称及规格	单位	数量（应发 / 实发）	单价	金额
CL1001	天丝亚麻棉	米	1000 / 1000		
	合计				

会计：张进　　　仓库：陈娟　　　经手人：杨晓晓

财务联

材料出库单 33-2

【业务 3-3-34】

应交城市维护建设税和教育费附加计算表

2019 年 12 月 31 日　　　　金额单位：元

税种＼项目	计税基数（增值税）	消费税	合计	税率	应纳税额
城市维护建设税	28755.00		28755.00	7%	2012.85
教育费附加	28755.00		28755.00	3%	862.65
地方教育费附加	28755.00		28755.00	2%	575.10
合计	28755.00		28755.00		3450.60

审核：周天昊　　　制单：张进

应交城市维护建设税和教育费附加计算表 34-1

【业务 3-3-35】

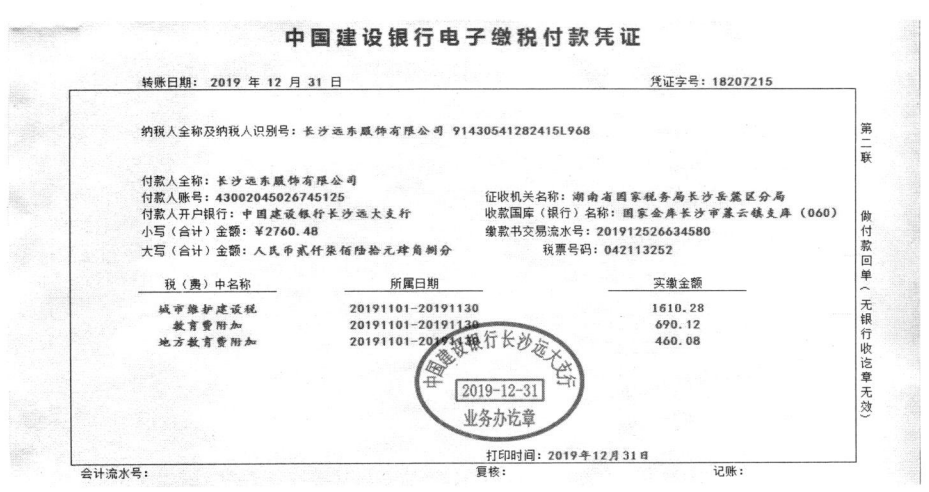

中国建设银行电子缴税付款凭证

转账日期：2019 年 12 月 31 日　　　凭证字号：18207215

纳税人全称及纳税人识别号：长沙远东服饰有限公司　91430541282415L968

付款人全称：长沙远东服饰有限公司
付款人账号：43002045026745125
付款人开户银行：中国建设银行长沙远大支行
小写（合计）金额：￥2760.48
大写（合计）金额：人民币贰仟柒佰陆拾元肆角捌分

征收机关名称：湖南省国家税务局长沙岳麓区分局
收款国库（银行）名称：国家金库长沙市蓼云镇支库（060）
缴款书交易流水号：201912526634580
税票号码：042113252

税（费）中名称	所属日期	实缴金额
城市维护建设税	20191101-20191130	1610.28
教育费附加	20191101-20191130	690.12
地方教育费附加	20191101-20191130	460.08

（中国建设银行长沙远大支行 业务办讫章 2019-12-31）

第二联　做付款回单（无银行收讫章无效）

打印时间：2019 年 12 月 31 日

会计流水号：　　　复核：　　　记账：

电子缴税付款凭证 35-1

【业务 3-3-36】

应交增值税计算表

2019年12月31日　　　　　　　　　　　　金额单位：元

项目	本月进项税额	已交税金	本月销项税额	进项税额转出	本月未交增值税
增值税	148 045.00		176 800.00		28 755.00
合计	148 045.00		176 800.00		28 755.00

审核：周天昊　　　　　　　　　　　　　　　　制单人：张进

应交增值税计算表 36-1

【业务 3-3-37】

中国建设银行电子缴税付款凭证

转账日期：2019年12月31日　　　　凭证字号：18207216

纳税人全称及纳税人识别号：长沙远东服饰有限公司 91430541282415L968

付款人全称：长沙远东服饰有限公司
付款人账号：43002045026745125
付款人开户银行：中国建设银行长沙远大支行
小写（合计）金额：￥23004.00
大写（合计）金额：人民币贰万叁仟零肆元整

征收机关名称：湖南省国家税务局长沙县蕊区分局
收款国库（银行）名称：国家金库长沙市蒜云镇支库（060）
缴款书交易流水号：201912526634581
税票号码：042113253

税（费）种名称	所属日期	实缴金额
增值税	20191101-20191130	23004.00

打印时间：2019年12月31日

会计流水号：　　　　复核：　　　　记账：

电子缴税付款凭证 37-1

【业务 3-3-38】

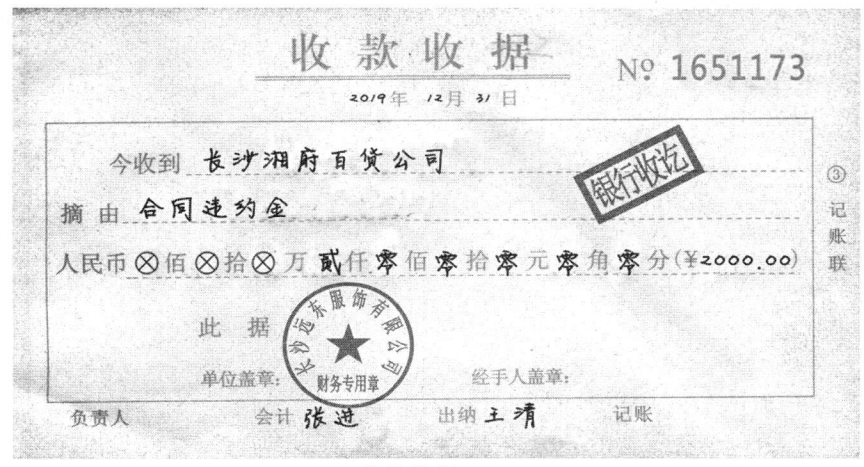

收款收据　No 1651173

2019年12月31日

今收到　长沙湘府百货公司
摘由　合同违约金
人民币　⊗佰⊗拾⊗万 贰仟零佰零拾零元零角零分（￥2000.00）

此据

单位盖章：　　　　　　　经手人盖章：

负责人　　会计 张进　　出纳 王清　　记账

收款收据 38-1

银行进账单(收账通知)38-2

【业务 3-3-39】

公益事业捐赠统一票据 39-1

转账支票存根 39-2

【业务 3-3-40】

损益类账户结转表

2019年12月31日　　　　　　　　金额单位：元

账户名称	借方发生额	贷方发生额
主营业务收入		1 280 000.00
其他业务收入		80 000.00
营业外收入		2000.00
主营业务成本	565 500.00	
其他业务成本	50 000.00	
税金及附加	3450.60	
销售费用	23 000.00	
管理费用	54 549.40	
财务费用	2500.00	
营业外支出	5000.00	
合　计	704 000.00	1 362 000.00

损益类账户结转表 40-1

【业务 3-3-41】

企业所得税计算表

2019年12月31日　　　　　　　　金额单位：元

利润总额	调增金额	调减金额	应纳税所得额	所得税率	应纳所得税额
658 000.00			658 000.00	25.00%	164 500.00
合计					164 500.00

审核：周天昊　　　　　　　　　　　制单人：张进

企业所得税计算表 41-1

379

【业务 3-3-42】

中国建设银行电子缴税付款凭证

转账日期：2019 年 12 月 31 日　　　　　　　　　　　　　　凭证字号：18207217

纳税人全称及纳税人识别号：长沙远东服饰有限公司 91430541282415L968

付款人全称：长沙远东服饰有限公司
付款人账号：43002045026745125
付款人开户银行：中国建设银行长沙远大支行
小写（合计）金额：¥50055.52
大写（合计）金额：人民币伍万零伍拾伍元伍角贰分

征收机关名称：湖南省国家税务局长沙县望区分局
收款国库（银行）名称：国家金库长沙市蕉云镇支库（060）
缴款书交易流水号：201912526634582
税票号码：042113254

税（费）种名称	所属日期	实缴金额
企业所得税	20191101-20191130	50055.52

（中国建设银行长沙远大支行 2019-12-31 业务办讫章）

打印时间：2019年12月31日

会计流水号：　　　　　　复核：　　　　　　记账：

第二联　做付款回单（无银行收讫章无效）

电子缴税付款凭证 42-1

【业务 3-3-43】

原始凭证：（无）。

【业务 3-3-44】

盈余公积计提表

2019年12月31日

金额单位：元

项目	分配基数	分配比例	分配额
法定盈余公积	2 250 000.00	10%	225 000.00
任意盈余公积	2 250 000.00	5%	112 500.00
合计			375 500.00

审核：周天昊　　　　　　　　　　　　　　　　　制表：张进

盈余公积计提表 44-1

【业务 3-3-45】

应付股利计算表

2019年12月31日　　　　　　　　　　　　　　金额单位：元

项　　目	分配比例
计提依据（净利润）	2250000.00
向投资者分配比例	20%
应付股利	450000.00

会计主管：周天昊　　　　　　　　　　　　　　制表：张进

应付股利计算表 45-1

【业务 3-3-46】

原始凭证：（无）。